叔本华系列

叔本华论道德与自由

［德］叔本华　著

Arthur Schopenhauer

韦启昌　译

上海人民出版社

译者序

顾名思义，《叔本华论道德与自由》收录的是德国著名哲学家叔本华（1788—1860）讨论人的道德与自由的 5 篇文章。道德或者不道德在叔本华哲学中有精确的涵义，我们本质中道德和不道德的成分并不是我们经头脑智力思考以后的结果，并不是由我们的认知，亦即由我们接受的教育所决定的。虽然道德抑或不道德，是我们根据一个人行为背后的推动力而对这一行为做的评判，但这些道德上的评判始终是针对做出这样行为的人，亦即行为背后这个人的本性，因为一个人的行为只是这个人的本性的外现而已，或者用叔本华的比喻，行为只是症状而已，行为背后的性格（本性）才是疾病。既然道德涉及的是人的本性，所以，就像叔本华所说的，道德关乎人的意欲（本性），与智力、认知没有直接的关联。这本书里讨论道德的文章，探究的就是人的本性及其发挥的规律，还有道德在人生中的涵义。

叔本华认为，意欲是构成这个世界一切事物内在的、真正的核心，是"自在之物"。我们所看见的自然界中的存在物（包括人、动植物、无机物）都是基本生命力、自然力，亦即意欲的载体，丰富多样的现象世界是意欲在各个级别的客体化结果。我们人类则是意欲最高级别的现象。智力则是派生的，是为盲目的意欲配备、帮助其生存和发展的工具，在本质上与动物的爪、牙、翼没有多大区别。至于人的智力如何帮助我们认识这一世界，那是认识论的范畴。在认识力不用为意欲效劳的时间里，智力自发地观照这一世界，在这一过程中我们的所见构成了美学的内容。但探讨我们的本性（在这里也就是探讨我们的个体性格、我们的意欲），以及这一本性如何在认知的帮助下发挥和表现出来，亦即如何外现为行为，那就是叔本华所说的道德学的范畴。所以，在叔本华的理论中，道德与意欲是密切相关的。

《论意欲的自由》和《论道德的基础》是阐发叔本华最高深思想的重要文章。这两篇应征文章是叔本华专门为解答挪威皇家科学院和丹麦皇家科学院所提出的"伦理学的两个根本问题"（叔本华语）而写。两篇文章根据有奖征文的规定匿名投稿。第一篇获得了挪威科学院的褒奖，第二篇则是丹麦科学院所收到的惟一应征论文。丹麦科学院在评语里认为此论文的作者不配获奖，因为作者一方面忽略了科学院所提出的问题，另一方面则提供了不需要提供的东西；并且作者谈论当代一些著名哲学家时的口气和方式，让人无法不感到义愤，等等。叔本华后来把这两篇文章结集出版时（书名是《伦理学的两个根本问题》），在两篇文章的封面分别特意标明"获得挪威科学院褒奖"和"不获丹麦科学院褒奖"。在这本书长达三十多页的前言里，叔本华对丹麦科学院所提出的问题和对叔本华的评语详列出来，细加分析和驳斥，以实例证明了叔本华所说过的话："科学院和哲学教席不过就是外在的门面，它们似乎是真理的化身，但同样，真理通常都拒绝在这些地方出现而另投别处。"这一篇异常犀利的批评文字，使丹麦科学院自此永远成为了文史掌故中的笑料。在叔本华成名后，叔本华拒绝了多个科学院（包括柏林皇家科学院）要接纳其为院士的请求，但惟独欣然接受并成为挪威科学院的院士，并在《伦理学的两个根本问题》的封面上，特意关照印上"挪威皇家科学院院士叔本华"，以奖励该科学院的正确判断力。

首先，《论意欲的自由》所要解答的问题是：人到底是不是自由地意欲做出这样或者那样的行为，而"自由"在这里的意思，根据叔本华的分析，就是"与必然性没有任何关联"、"不依赖于任何原因"（文章第一节）。这个在一般人看来不知有何意义的问题似乎与我们的生活并不密切相关。面对这样的问题，不少人不经思考就肯定地回答，甚至经过一番思考以后，人们也不会得出别的答案。人们会认为"这些关于意欲是否自由的辩论……说到底不过就是瞎扯而已"。其实，这一问题"至为细腻、耐人深思"，因为这问题所探究的是我们人作为大自然的一部分，是否与大自然的其他存在物一样，也遵循着大自然存在物的变化和活动所必然遵循的因果律？抑或在大自然的众多存在物当中，人作为大自然存在物系列中的最高级，是否惟独就是个例外，是否惟独可以不受大自然的因果律的限制，惟独可以无须原因就"自由"地产生出意欲以及行为的结果？或者虽然具备了充足的原因就必然在大自然的其他存在物那里引出或者造成结果，但惟独在人的身上，就算具备了充足原因（动因），也可以无法引出结果？确实，我们很多人都知道所有那些无机物、植物都不会有什么"自由"的，就算是动物，其实也受制于本性和它们眼前所见之物，并没有"自由"可言。但至于人是否有意欲的自由，那绝大部分人都会认为：人当然是拥有这样的自由的。但这样的看法到底意味着什么，绝大部分的人其实是不甚了了的。

正因为"所有现实外在世界之物所涉及的变化都服从因果律"，人当然也不会例外。这是因为根据叔本华的论述，每一个人所意欲做出并确实做出了的行为，是人的意欲构成（亦即性格构成）与动因相互作用以后引出的结果，情形就像 A 物质与 B 物质相互发生化学作用以后得出 C 变化（结果）一样。对于这大自然的众多经验之物，亦即对于大致划分的无机物、植物、动物和人，虽然"在因果律发挥其作用时，其变化的方式却有其相应的方式。因此，与三类有差别的物体，即无机物、植物和动物相应，那主导着变化的因果律也同样显现三种形式，亦即作为最狭窄意义上的原因（ursache）、刺激（reiz）和动因（motivation）。但形式的变化却一点都没有影响因果律的先验有效性，并因此影响由因果律所奠定的原因引出结果的必然性"。引出人的行为的"动因"也是原因的一种，那只是通过人的认知媒介才发挥作用的原因。动因只需被人发觉、理解，就有了可以发挥作用的其中一个条件。也就是说，要发挥作用的话，除了这一动因被人发觉、成为动因以外，这一动因还必须"对所要刺激的意欲是一个有决定力量的原因，因为甚至物理、化学的原因，甚至（对植物发挥作用的）刺激，也只有当对象物是对这些原因和刺激敏感的时候，这些原因和刺激才可以发挥出作用"。叔本华把人的性格和动因如何结合并产生出行为这一过程，与无机物和原因相结合、植物和刺激（原因）相结合所产生的变化、动物和动因（原因）相结合所产生的行动等联系起来对照和比较。叔本华的结论就是，虽然在大自然的存在物系列中，人处于最高级，其次是动物、植物和无机物，但所有这些大自然的存在物都一概遵循着由原因引出结果的同一样原理。引起人、动物、植物、无机物活动和变化的动因、刺激、物理和化学原因，各自的作用方式尽管不尽相同，例如推动人与动物活动起来的动因，首先必须经过人与动物的头脑理解，而刺激植物活动的刺激，则是经过光亮、空气等媒介才能发挥作用；至于无机物，作用的原因必须直接接触才发挥出作用。但是，原因引出结果的原理则是一样的。另外，在无机物那里所发生的变化，尤其是机械性的因果作用，原因与结果之间的关联是最明显的。引起植物活动的刺激原因则因为没有那么直接而稍为难以把握了。驱使动物活动起来的动因，其作用过程则需要更仔细的观察才能明白。至于驱使人们做出行为的动因，其作用过程则是最难明白的，因为能够引起人的行为的动因，并不像动物的动因那样始终是局限在直观可见的范围。人甚至可以不受直观所见之物的影响，可以让纯粹只是想法去决定自己的行为。所以，从无机物、植物、动物一直到人，活动（行动）原因与活动（行动）结果之间的关系越来越难以把握，但这并不等于这种关系因为难以被我们把握就不存在了。就像叔本华所指出的，在这一大自然，不需原因就能产生结果是根本不可能的。"先有本质，然后才有本质的发挥"是这一大自然的真理。无机物、植物、动物、人，其变化、活动和行为都是无机物、植物、动物、人的本质与这些本质以外的原因（动因）共同作用的结果。一如大自然其他事物的本质构成，人的意欲本质，亦即叔本华所说的人的性格构成，也是一种具体、实在、既定的存在，是不变的。有了动因以后，动因就根据存在物（人）的意欲构成（性格）而发生作用；其引出的结果就是这个人所做出的行为。叔本华是第一个把人的行为发生过程与大自然其他事物的活动过程放在一起考察。经过叔本华把大自然的各级存在物放在一起对照分析，我们更加明白了这些说法的具体涵义：人是大自然的一部分，人作为既定的存在物，其本质的发挥（行为）完全遵循着适用于大自然一切存在物的因果规律，就像我们中国古人所说的，天人是合一的。由于动因是在人的意识里发生作用，而人对自身的意识又笼罩在一片黑暗之中，所以，到底人做出行为的意欲是不是我们自由（亦即不需原因）地无中生有，就成了一个非常深奥的问题。就像叔本华所说的，这一问题的涵义甚至是常人所不能明白的，要他们回答这一问题则更是不可能。我们难道不是听过某些特别强调科学的著名物理学家和科学院院士，以无知者的无畏放言：中国文化把自然跟人归纳成一理是不对的；人世间有人世间的复杂现象和规律，跟自然界的复杂现象和规律根本是两回事；而近代科学的一个特点就是要摆脱天人合一的观念。这个例子只是表明了叔本华所讨论的这一问题的难度。叔本华这篇论文完全从现实世界的素材出发，亦即完全从哲学所采用的方法出发（亦即有别于不能实证的神秘主义领悟），以充分的论据，清楚、透彻地解答了这一巨大的难题，尽显思想家的本色。

在《论道德的基础》一篇，叔本华找出了道德根源和根据。而这也就是关于道德的学科——伦理学的本来目标。用叔本华表达得更好的语言吧："我认为伦理学的目标就是从道德的角度，说明和解释那些人与人之间差异极大的行为方式，找出其最终的根源。所以，除了循经验的途径，再没有别的其他途径可以找到伦理道德的基础；也就是说，我们只能首先调查是否真有一些我们必须承认其具有真正的道德价值的行为——这些也就是自动自觉的公正行事、纯粹发自仁爱和确实的慷慨行为。发现了这样一些行为以后，这些行为也就应作为既定的现象。对这些现象我们必须作出正确的解释，亦即找出造成这些现象的真正的原因。所以，我们必须证明确有这样的独特的推动力，驱使人们做出与其他行为迥然不同的行为。这一独特的推动力以及对这一推动力的敏感接受就是道德的最终原因，对这些道德原因的认识就成了道德的理据或说道德的基础。"叔本华指出，人的行为只有三种推动力：愿望自己快乐的利己心，愿望别人痛苦的恶毒心，愿望别人快乐的同情心。这三种道德上的基本动力"在每一个人的身上都是以不同，甚至是极不相同的比例存在。动因根据一个人身上这三者的比例而相应地对这个人发挥作用，引出这个人的行为。对一个利己心很重的人，只有利己的动因才会产生威力，而投合同情心和恶毒心的动因都敌不过利己的动因。这样的一个人既不会牺牲自己的利益去报复敌人，也不会牺牲自己的利益去帮助朋友。而另一个对恶毒的动因相当敏感的人，却经常会为了损人而不惜害己。这是因为具有这样性格的人，在给别人制造痛苦中所得到的快乐，超过了他们自己所要承受的同等痛苦。……这一类性格的人怀着狂喜投入到一场只能是两败俱伤的斗争中去。他们甚至在深思熟虑以后，谋杀了给他们造成过伤害的人，然后马上自杀以躲避惩罚。……相比之下，心的善良全在于对所有有生命之物都会怀有深切的同情，但首先是对人的同情……因此，一个人本性中的善良首先体现在控制自己不做出伤害别人的每一行为……其次，当别人承受痛苦时，能促使自己伸出援助之手。在这一方面，有些人会走得很远，就像那些往相反方向走得很远的恶毒之人一样。也就是说，一些具异常善良本性的人对别人的痛苦比对自己的痛苦更为上心，因此，他们为了别人而作出牺牲，以致自己比所帮助的人承受了还要多的苦痛。假如几个甚至许多其他人能够同时因自己的帮助而受益，那在迫切需要的时候，这些人会献出自己的生命"。所以，"根据人与人之间这种巨大的、与生俱来的、原初的差别，每一个人就相应地只会受到这个人最为敏感的那些动因的影响，正如某一物体只对酸、另一物体则只对碱起反应一样；并且就像这些物体不可改变一样，人的性格也是不可改变的。对善良的人能够发挥出强劲推动力的友爱和助人的动因，对于只能接收利己动因的人，却是不起任何作用的。但如果我们要驱使这些一心利己的人作出友爱、助人的行为，那我们就只能让这些人错误地以为：缓解别人的痛苦可以间接地以某种方式使自己得到好处（正如大多数的道德说教其实也是在这一意义上作出各种不同的努力）。但以此方式，这个人的意欲就只是遭误导而已，而不是他的意欲改善了。要真正改善一个人的意欲，就需要让这个人对动因的整个接受方式来一个翻天覆地的变化。因此，例如要让甲变得不再对别人的痛苦无动于衷；要让乙变得不再对造成别人痛苦感到快乐；让丙变得不再是自己个人的利益远远高于一切其他别的动因，不再是只要自己能够获得丁点利益，那其他别的动因就都无法再对他发挥作用。这样的一种改变却肯定比把铅变成黄金更加不可能。这是因为好比需要把这个人身体里面的心脏翻转过来，改造这个人最内在的深处。相比之下，我们所能做的一切，只是启发这个人的头脑理解，矫正他的看法，使这个人更准确地把握客观存在的事物和生活中真实的情况。但所做的这一切不过就是让这个人的意欲构成能够更加连贯、清晰、明确地显现，不受歪曲地表达出来。这是因为，正如做出许多良好的行为其实是受到虚假动因的诱使，是因为相信那善意虚构出来的这一说法：做出这些良好行为在今生或者来世得到好处；同样，许多的恶行也只是因错误理解人生境况所致。"

这样道德或者不道德就是与生俱来的了，"我们可以通过动因强制人们守法，但却无法强制产生出道德；我们可以重塑我们的行为模式，但却改变不了我们的意欲，而道德的价值只取决于意欲。我们改变不了意欲所要争取的目标，而只可以改变意欲为实现其目标所采取的途径"。教育（亦即矫正认识）的作用是很重要的，但那只是在上面所说的方面，还有就是，"我们所获得的教导可以改变可供选择的手段，但却改变不了我们最终的目标——这最终的目标是每一个人的意欲根据其原初的本质制定出来的。我们可以告诉利己主义者：如果他们放弃小小的好处，就可以换来更大的利益；我们也可以让恶毒者清楚地知道：给别人造成痛苦的话，那将给自己带来更大的痛苦。但要劝说别人放弃利己之心或者害人之心，我们却是无能为力的，正如我们改变不了猫捉老鼠的天性一样。通过增长见识，通过别人的教导了解了人生的状况，因此也就是通过启发头脑的思维，那甚至一个人善良的本性，也得以更有条不紊和更加完美地外现其本质。例如经由别人的指点和说明，我们终于看到了我们所做的事情经过长的时间和过程以后才会造成的结果，诸如只是间接造成的，只是随着时间的推移才会给别人带来的痛苦——而这些就出自我们当初所做出的一些我们认为并非不好的行为或事情。同样，我们会获得教训：许多出于好心而做出的事情却会引来不好的结果，例如，出于好心而宽恕和放过了坏人。我们尤其学会了'不要伤害任何人'的原则要普遍优先于'帮助别人'的原则，等等。在这方面而言，修养道德和学习理论道德学当然会有一定的效果；但能做的也就到此为止了，局限轻易就可看得出来。头脑是照亮了，但心却依然没有改善。最根本性的东西——无论是在道德方面，还是在智力或者体质方面——都是与生俱来的，人为努力和运用技巧始终只能起到辅助作用。每一个人之所以是他（她）这样的一个人，就好比是'凭着神灵的恩典'"。

叔本华雄辩的语言把人的行为根源及其道德上的涵义解释得如此剔透，一直以来困扰人们的内在本性，与外来教育、动因缠绵不清的关系被条分缕析。遗憾的是，这样的思想成果却仍然不为大众所知，在经历一个多世纪以后仍然那样"新奇"。

叔本华在这两篇文章所阐发的根本观点之所以至关重要，就是因为这些是正确认识人性、物理的关键的第一步。真正把握了最根本的观点以后，人人都可以对这些根本观点有所发挥和补充。所谓"纲举目张"是也。在这一意义上，"伦理学是最容易的学科"。

在《为何我们羞于暴露性行为以及性器官》和《论禁欲》里，叔本华描绘了可供我们选择的两条道路。对生存意欲的肯定构成了我们这一自然世界。生存意欲就是除了保存自己以外，还着眼于延续下一代。具体的表现就是强劲的性冲动。所以，叔本华把我们的性冲动形容为意欲的焦点，同时，透过性行为就可以一窥生存意欲的巨谜。但为何"这一人们借处以进入生存的行为，却是所有人在内心深处都为之感到羞耻的行为"？为何"人们要小心翼翼隐藏起这些行为？事实上，一旦自己的这些行为被人们撞个正着，所引起的慌乱就犹如在犯罪时被别人逮个正着一样。这样的行为，在我们冷静对其反省时，通常会引起我们的不快，在心境升华之时，想起这些行为会引起我们的厌恶"。为何"在这性行为完成以后，某种奇特的苦恼和懊悔就会尾随而至，在第一次完成这性行为以后，这种情形就尤为明显。而总的说来，一个人的本性越高贵，那他就越清楚地感受到这些心情"？"但惟有持续进行这样的性行为，人类才得以继续存在。假如乐观主义是对的，假如我们的生存是在大智慧指导下给予我们的、需要我们谢领的某一极好的礼物，因此，假如这一生存本身就是弥足珍贵、值得称颂和高兴的——假如是这样，那延续这一生存的性行为就应该表现出完全另外的一副样子才对呀。相比之下，假如这一生存是某种失足或者某种误入歧途所致，假如这一生存就是本性盲目的意欲的作品——这一意欲的作品要是真能得到至为幸运的发展，那也不过就是达成自身以消除自身——那延续这种生存的行为就必然是现在它这副样子。"这一肯定生存意欲所导致的结果就是不断地负债、还债，永无休止的劳作、困顿、苦难、无聊的人生，亦即佛教所说的六道轮回。

相比之下，禁欲却是对生存意欲的否定，是为获得最终的解脱所作出的努力。这也是真正的基督教、佛教、婆罗门教等所倡导的解救之路。值得注意的是，叔本华自始至终是以他的哲学理论进行探索。也就是说，叔本华是循着外在现实经验的途径进行考察，这是真正意义上的哲学途径。由此得出的结论，也正因此能让人信服。《论禁欲》和《通往解救之路》，为我们提供了叔本华对我们的生存本质、对我们将何去何从所作出的深刻、认真的思考。至于获救以后的境界，按照叔本华一贯的求实风格，他只能以"无"来形容，因为我们所运用的任何语言、意象都是属于这一意欲客体化的世界，并不足以形容意欲寂灭（亦即佛教的"涅槃"）的境界。道德的行为并不是目的，而是通往意欲寂灭、获得解救的手段而已。

这本书所讨论的现象是我们司空见惯的，因为这些涉及我们与大自然的本质及其作用规律。但叔本华透过这些现象所得出的见解与我们的流行观点迥然不同。如珠的妙语散落在书中的每一页，由严密的推理线索串联了起来。这样的思想作品，完全可以用叔本华描述普卢塔克作品的话语形容："我一翻开他的书，就好像长出了一对翅膀。"

叔本华虽然直到晚年才为人所知，但却是真正鼎鼎大名的思想家。他对后世众多的诗人、小说家、戏剧作家、音乐家、心理学家、哲学家发挥了巨大的影响力，托尔斯泰、契诃夫、瓦格纳、弗洛伊德、维特根斯坦只是崇拜叔本华的长串名字中有名的几个而已。当然，在叔本华的哲学里，这些大家所心仪的不尽相同。托玛士·曼和尼采把叔本华当作是自己的精神导师；托尔斯泰认为叔本华的哲学至为完美地解释了这一世界；弗洛伊德赞叹叔本华对人的潜意识和最内在心理的洞察，并视叔本华为当代精神分析学的先驱；卡夫卡惊讶于叔本华精确的语言，提出仅凭叔本华的语言，就值得我们阅读他的著作；瓦格纳除了陶醉于叔本华的形而上学以外，还把其对音乐本质的揭示作为解释自己音乐的理论；大学者王国维则以叔本华的悲观哲学阐释了《红楼梦》的意义。尽管如此，另一方面，叔本华的作品却在大众，甚至学者当中一向备受冷落，除了在他声誉达至顶峰的那段短暂时间以外。人们曾经试图解释这种反差，但始终不得要领。尤其让叔本华的崇拜者不解的是，在众多西方哲学家里面，叔本华的哲学著作是以异常清晰的文字表达而独树一帜的。我们比较容易理解叔本华的哲学为何会得到那些本身已很有自己独特思想的文学、艺术大家的欢迎，因为叔本华对人情、物理的揭示极其深刻；其洗练、精确的文字所承载着的，简直就是浑厚、天成的大自然缩影。面对叔本华作品里晶莹剔透的人类思想精华，心有灵犀的人自然就能马上产生共鸣。但我们也不能忘记，每个人首先是根据自身的素质能力对叔本华的作品作出反应。期望叔本华的高深思想能够一呼百应，本身就是自相矛盾的，因为人人都能轻易了解，那还有什么只是相对而言的"高深"呢。与为数众多的假冒"哲学家"、与那些肆意玩弄词语的故作高深者不同，叔本华作品中的朴素的深刻，与那些骗子的复杂的肤浅恰成对照。叔本华早就说过："真理在赤裸的时候是最美的；表达的方式越简朴，所造成的影响就越深刻。"正是因为叔本华著作的这一大特色，在哲学界中，尽管有不少人不同意叔本华的观点，但很少会有关于叔本华作品中的某一具体确切涵义的讨论，甚至讨论叔本华所阐发的思想也不多见。

尼采所写的《作为教育家的叔本华》长文，也只是讨论叔本华思想在德国长达几乎半个世纪无人知晓这一荒谬现象。这是因为叔本华的思想表达得清清楚楚，该阐发的已经很好地阐发了，或者很难比叔本华论述得更好了。所以，尽管叔本华的朴素语言不容易哗众取宠，但对那些只要对生活有着哪怕是点点真正的感悟、对思想还有点点敏感的人，叔本华那些关于世事人生的论述都会留下某些奇特的印象，因为叔本华的思想表达得实在是直接、明确和有力。所以，叔本华的哲学又同时颇受一些似乎没有多少正规"文化"，但却真实经历了生活的人的欢迎。因为像叔本华所说的："以人人都可以明白的方式表达出重要、深奥的思想是最困难不过的"，而叔本华正是做到了这一点。叔本华在世时，就经常收到没有受过很高"教育"的士官兵，甚至农夫寄来的感谢信件。尽管总的来说曲高和寡，识者寥寥，但叔本华的思想始终是不间断地、持久地对有能力接受者发挥着影响。就像法国作家安德烈·纪德所说的："读着叔本华的《作为意欲和表象的世界》，我就对自己说，这世界千真万确就是这样的！"

对于任何高深、复杂的思想体系，要三言两语的所谓概括而又不损害其神韵，以致让读者先入为主，几乎是不可能的。叔本华的思想体系结构完整、宏大，由正确、深奥的基本观点所衍生出来的有机整体中的各个部分，例如认识论、逻辑学、美学、伦理学等，都能互为呼应和彼此引证。而作为整个思想体系，叔本华的哲学又能与这地球上最古老的宗教和神秘主义，例如婆罗门教、佛教等，殊途而同归。还有就是对于这人生世事的几乎各个方面，叔本华都发表过令人回味不已的不凡见解。所有这些思想内容，现在已经固定在叔本华优美文字的形式里。哪怕只是改换另一种方式复述或者概括，那重新表达出来的东西，跟叔本华的思想与文字完美合一的论述文本相比，就像仿冒货跟名牌产品之比。那些要么是因无知而误解、要么是因恶意而诋毁的评论，就更是误人子弟而已，因为这些评论连还有几分形似的仿冒品都称不上了。至今确实还有很多人误以为读了哲学史中对某个哲学家或者某一哲学的介绍，就真的是掌握了这一哲学家的思想。人们很多时候的确就像叔本华所说的，只是"阅读对伟大思想家的评论，而不是阅读伟大思想家的著作"。就像相亲一样，虽然最终还是经过自己的眼睛才下结论，但人们还是习惯性地在见面前要听媒人的意见。但人们可曾想过，为何自己亲身获得的印象，如无意外总是与别人所说的有别？在相亲时，这不会构成什么问题，因为当事人是很认真的，不用别人的提醒，当事人自己都要对对象亲自过目。但在对待思想著作时，我们可就无法提起那股认真劲了。读了某本哲学史某一结论性的说法以后，甚至单凭某些貌似有学识之人的评论，就足以把这哲学家或者哲学打发了事。

尽管如此，在译者序里对叔本华的哲学核心理论作一番笨嘴笨舌的介绍还是免不了的。在介绍叔本华的同时，又能忠实于哲学家的思想，办法只能是尽量引用哲学家的优美话语。这就跟现在婚介所尽量运用高科技，让征婚者通过录像现身说法差不多。如果读者能够直接在叔本华的著作中，领会叔本华从前提到结论层层推进的思想，当然最聪明不过了。

我认为，叔本华的一生大致可分为三个阶段。这三个阶段分别由叔本华所居住的街道名字标示出来。叔本华是出生于波兰但泽的"圣灵"街（Heiligengeistgasse）114号。一直到30岁以前，叔本华圣灵般的精神思想种子因得到后天土壤、水分、阳光的配合而茁壮成长，并很早就结出硕果。早在25岁时就表现其思想天才的本色，那时发表的《论充足理性原则的四重根》到今天仍是认识论的名篇。在30岁不到的年纪，就写出了奠定其哲学体系的《作为意欲和表象的世界》第1卷，内容涵括大自然物理世界的各种现象和人的精神世界。叔本华从很年轻的时候，就对于自己明显的特质和今后要走的路有着非常清楚的了解。他20岁时，就对年长的文学家魏兰说："人生真是糟糕透顶的事情，我已决定要花费这一生去琢磨和探究这一糟糕透顶的人生。"但在春风得意，出版了奠定其思想体系的巨著以后，叔本华就开始一直走着背运。父亲死亡，巨额家财濒临失去，叔本华无论在大学教书还是出版著作（要求重版《作为意欲和表象的世界》不获出版商同意，甚至把西班牙作家格拉西安的著作翻译成德语也没有出版社出版），都无一如意，身体染病，精神忧郁。他贡献给世人的伟大思想，丝毫发挥不出作用。这段一直延续到晚年成名为止的"失败"命运，以31岁时搬到柏林"失败"大街（Niederlagstrasse）2号为标志。1843年，叔本华搬进了法兰克福"好风光"大街（Schöne Aussicht）17号，开始了生命中最"风光"的时期。同年就开始有评论家写出了赞扬叔本华哲学的文章，他的《作为意欲和表象的世界》也在相隔二十多年以后重版。叔本华那沐浴在荣耀之中、受人景仰的晚年，直至其逝世，就在"好风光"大街度过。

韦启昌

2005年8月于澳大利亚

2014年3月修改

目录

论意欲的自由

自由是一个神秘之谜。

——爱尔维修:《论精神》

挪威皇家科学院所提出的问题是这样的:

能否通过人对自身的意识以显示和证明:人的意欲(意愿)是自由的?

一、对几个关键概念的定义

对于这样重要、严肃、困难的一个问题,这样一个根本上恰恰也是所有中世纪和现代哲学所关注的首要难题,我们首先必须对这一问题所包含的几个关键概念作出极其精确的界定,亦即对这些重要概念作出细致的分析。

1. 什么叫作"自由"

"自由"这一概念,只要我们仔细思考一下,就可发现这其实是一个带否定特性的概念。一旦说起"自由",我们所想到的就是:不存在任何起妨碍作用的东西。相比之下,起妨碍作用的东西,作为显现力量的东西,却必然是带肯定特性的。根据起妨碍作用之物所可能有的性质和构成,自由的概念也就相应细分为各自差别很大的三类,亦即身体、物质(physische)上的自由,智力上的自由和道德上的自由。

A. 身体、物质上的自由意味着不存在任何种类的物质障碍。所以，在德文里，我们可说"自由的天空"（freier Himmel）、"自由的全景"（freie Aussicht，亦即视线可以不受障碍地极目远眺）、"自由的空气"（freie Luft，亦即自由流动的空气）、"自由的田野"（freies feld，亦即空旷、开阔的田野）、"一个自由的位置"（ein freier platz，亦即一个空着的、无人占用的位置）、物理学中的"自由热"（freie elektrizitat，亦即游离热）和"自由电"、"山洪的自由奔流（freier lauf des stroms，亦即不再受到山石或者水闸的阻碍）"，等等。"自由"（frei）一词的用法还包括"自由住宿"（freie wohnung，亦即免费住宿）、"自由费用"（freie kost，亦即免收费用）、"自由报刊"（freie presse，亦即免费报刊）、"邮资自由的信件"（post-freier brief，亦即邮资免付的信件）等。"自由"一词的这些用法都表示在享用这些物品时，并没有那通常所附带的不便条件。但在我们的思维里，"自由"却常常是动物的属性，因为动物的特质就是动物的活动发自动物的意欲（意愿），是出于主观随意，并因此被称为自由——假如没有什么物质障碍可以阻止和妨碍动物这些活动的话。但由于这些障碍可以分为各自差别很大的不同种类，而这些障碍所妨碍的又总是意欲。这样，为简便起见，我们就从肯定特性的一面去理解这一概念，从这一概念所想到的就是所有只是出于自己意欲（意愿）或者经由自己的意欲而活动起来的东西。经过这一转换，概念的涵义从本质上并没有发生什么改变。这样，只要动物和人没有受到皮带、绳索、监狱、瘫痪等阻碍，也就是说，只要并没有受到身体、物质方面的阻碍，相反，这些身体、物质的东西是与他（它）们的意欲相符，那动物和人就称为自由的——在自由概念的身体、物质的意义上而言。

自由的这一身体、物质方面的涵义，尤其是作为动物的属性，是"自由"这一概念原初的、直接的并因此是最常用的涵义。正因为这样，在这一意义上的"自由"概念，并没有可以让人产生疑问、会引起争议的地方；这一概念的现实性总能得到经验的证实。这是因为只要一只动物纯粹是出于自己的意欲做出行为，那这只动物就在上述意义上是自由的。在此，不会有人再去考虑是什么先对这动物的意欲发挥了影响。这是因为"自由"指的只是能够随意而为，亦即在动物做出行为时，并没有身体、物质方面的障碍；这是"自由"原初的、直接的并因此是最常见的涵义。所以，我们才会说天空中的飞鸟、森林里的走兽是自由的；人就其本性而言是自由的；只有自由的才是幸福的，等等。我们也才会说某某民族是自由的，其涵义是这一民族只受法律的管制和约束，而这些法律是这一民族自己制定出来的。这样，这一民族就只是遵循自己的意愿（意欲）。所以，政治上的自由可归类于身体、物质方面的自由。

但如果我们考虑的不是身体、物质上的自由，而是自由所包含的另外两类涵义，那我们涉及的就不是"自由"的常见涵义了，而是这一概念的哲学涵义。一旦涉及"自由"概念哲学上的涵义，那大家都知道，难度就会加大了许多。"自由"的哲学涵义又可分为完全不同的两类：智力上的自由和道德上的自由。

B. 至于智力上的自由，亦即亚里士多德[1]所说的"在思想方面可以任随己意或者无法任随己意"，我们在此考察，纯粹只是为了使自由概念的划分能够彻底。所以，我擅自把讨论智力上的自由的部分挪至本文的结尾处，因为到了本文的结尾，自由概念这方面的涵义已经得到了解释。这样，到了本文的末尾处，只需三言两语就可以处理完智力上的自由的问题。但在分类方面，智力上的自由却是因为与身体、物质方面的自由紧密相连而必须排在身体、物质方面自由的后面。

C. 因此，我现在就马上转到第三种自由，亦即道德上的自由，而这其实就是挪威皇家科学院所提出的问题中的"意欲自由"。

---

[1] 亚里士多德（Aristotle，前384—前322）：古希腊哲学家。著有《工具论》等著作。——译者注

道德上的自由一方面与身体、物质方面的自由相关，这让我们看到道德自由的起源肯定是迟于身体、物质方面自由的起源。正如我所说的，身体、物质方面的自由仅仅是与物质方面的障碍有关。只要没有了物质方面的障碍，就马上有了身体、物质上的自由。但在许多情形里，我们已经观察到：在没有物质障碍的情况下，一个人却可以纯粹受动因的制约而不会随心所欲地行事。诸如此类的动因，包括威吓、许诺、危险，等等。这样，问题就出来了：受到如此制约的人是自由的吗？或者，某一强有力的相反动因是否的确能够阻止某一随心所欲的行为，或者使这一行为成为不可能，作用就跟物质障碍一样？此问题的答案，对于具有健全常识的人来说并不困难。也就是说，某一动因永远不会像某样物质上的障碍一样地发挥作用，因为物质上的障碍轻易就可以完全压倒一个人的身体力量；相比之下，一个动因却永远不会就其自身而言是无法抗拒的，永远不会具有绝对的力量。其实，一个动因永远都有可能被另一更强有力的相反动因压过——只要出现这样一个动因，而具体情形中的那个人也能受这一动因影响的话。我们经常看到甚至是所有动因中的最强有力者，亦即保存生命的动因，仍然会有不敌其他的动因的时候，例如，在自杀，在为他人或他人的看法或许多种种的利益而献出生命的例子里，都可看到这样的情形。反过来，有人在被逼供之时，只要一想到招供了就会没命，那有时候就算最难熬的酷刑也无法奈何得了他们。虽然从这些例子可以清楚地看到，动因并没有纯粹客观（客体）和绝对的强制力，但却是带有某种主观（主体）的和相对的强制作用，亦即对相关的人而言的强制作用。无论是哪一种情况，所产生的结果都是一样的。这样，现在的问题就是：意愿（意欲）本身是自由的吗？

　　这样，"自由"从原先人们只想到的与能够做出的行为有关，在此却与意欲（意愿）发生了关联。而问题也就产生了：到底意欲（意愿）本身是不是自由的？认真思考一下就会发现，要把自由与意欲（意愿）拉上关联，那"自由"概念原初的、纯粹经验的，并因此是流行的涵义却是不足够的。因为根据这一涵义，"自由"意味着"与自己的意欲（意愿）相符"。如果我们现在询问这意欲本身是否自由，那我们其实就等于询问意欲是否与意欲自身相符一致了。这一点虽然是不言自明的，但这却还是没有告诉我们任何东西。根据自由的经验上的涵义，我们就说"如果我可以根据自己的意欲（愿）行事，那我就是自由的"。而以这句"我根据自己的意欲"，自由也就确定下来了。但现在，既然我们询问的是意欲本身是否自由，那问题就应该是这样的："你也可以意欲你所意欲的吗"？这样的发问似乎就是说：这意欲的背后还有这意欲所依赖的另一意欲。假设对这一发问的答案是肯定的，那第二个问题又随即出现了，"你可以意欲你意欲要意欲的东西吗"？这样就会一直层层往后深入，以至无穷，因为我们会认为某一意欲是依赖于另一更早、更深的意欲，会徒劳地试图找到我们可以认定是绝对不依赖于任何东西的最终意欲。如果我们愿意认定有这样的一个最终意欲，那我们也尽可以同样把第一个的意欲视为那随意认定的最终意欲——但这样，我们的发问就可以还原为完全简单的"你可以意欲吗"？不过，对此发问的肯定回答是否可以肯定意欲就是自由的——这就是我们想要知道，并且仍然是悬而未决的。"自由"那原初的、经验的、从行动中拿来的概念，因此就无法与"意欲"的概念产生直接的关联。所以，为能够把自由的概念运用于意欲，那就得对自由这一概念稍稍改变一下，亦即在抽象中理解其涵义。稍稍改变以后的结果就是：自由就应理解为不存在任何的必然性。经过这样的处理，"自由"的概念仍保留其否定特性——这一否定特性，我在本文一开始就认定了。这样，作为具有肯定特性的必然性概念，却为"自由"的概念提供了否定的涵义。必然性的概念因此就是我们首先需要讨论的。

这样，我们就会提问：必然是什么意思？一般的解释就是"必然就是不可能的相反，或者必然就是不可能是其他别的样子"。这种常规的解释只是玩弄字词、用另一种字词改写、复述原来的意思而已。这并不会让我们增进对这概念的认识。我所提出的是这样一个实实在在的解释：必然就是某一充足原因（根据）所引出的结果。正如每一准确的定义一样，这一句子也可以反过来理解而照样成立。根据这一充足原因（根据）是涉及逻辑方面的、数学方面的，抑或物理方面的，这一必然性相应地就是逻辑的（例如，具备某些前提以后，必然就可引出某一结论）、数学的（例如，一个三角形如果角度相同，那这三角形的边长也肯定一样），或者物理的和现实的（例如，只要具备了原因，就会产生某一效果）。只要具备了某一原因，那结果就会同等严格地伴随着必然性出现。只有当我们明白某样东西就是从某一原因所引出的结果，我们才会知道这一结果是必然的。反过来说，只要我们认出某一结果是出自某一充足原因，我们才会看出这一结果是必然的，因为所有原因都具强制性的。这一实在的解释是那样的适当和充分，以致"必然性"与"从某一充足的原因所引出的结果"简直就成了可以互换的概念，亦即无论在任何情况下，其中之一概念都可以取代另一概念。[1]

因此，缺少必然性就等同于缺少某一决定性的充足原因。人们会把偶然当作是必然的相反，但偶然性与必然性其实并不矛盾。也就是说，每一偶然发生的事情只是相对来说是偶然发生的。这是因为在这一现实世界——也只有在这一现实世界才会有偶然的事情发生——所发生的每一件事情与导致其发生的原因，都是必然的关系；相比之下，这一件事情与所有其他的一切，亦即与其在时间、空间相遇的其他一切，则是偶然的关系。既然缺少必然性就是"自由"的标志，那自由就必然是独立于一切原因，因此也就可以定义为绝对的偶然。这绝对的偶然是一个最成疑问的概念，我甚至不敢保证人们可以在头脑中设想这一概念。但这一概念却与自由的概念稀奇古怪地扯在了一块。不管怎么

---

[1] 读者可在我的《论充足根据律的四重根》第2版第49页，读到我对必然性的讨论。——叔本华注

样，自由就是与必然性没有任何关联；而这也就是说，自由是不依赖于任何原因的。现在，把这样的概念套用于人的意欲，那就等于说：一个人的意欲在外现（意欲活动）时，并不受到原因或者充足根据、理由的左右和决定，因为否则的话，一个人的意欲行为就不会是自由的，而是必然的了，因为从某一原因、根据（无论这原因、根据属何种类）所引出的结果都总是必然引出的。康德为自由所下的定义正是基于这一道理，根据康德的定义，自由是一种凭自身、自动就可开始一系列变化的能力。这是因为"凭自身"、"自动"，如果还原其真正本意，就是"在此变化之前没有原因的情况下"，而这就等同于"没有必然性"。虽然这样的定义让自由的概念似乎有了肯定的性质，但仔细思考一下，这一概念的否定特性还是凸现出来了。自由的意欲也就是不受原因、根据的决定。既然每一决定着其他东西的必然就是一个原因、根据，那自由的意欲就将是不受任何原因、根据决定的东西。这自由意欲的外现（意欲活动）因此就是绝对地和原初地由自身而发，而不是由在此之前的条件所必然带来，亦即并不会以服从规律的方式受到任何东西的左右和决定。碰上这样的概念，清晰的思维也就宣告结束，因为充足根据（原因）原则及其所有涵义是我们整个认知官能的基本形式。在此，这一充足根据（原因）原则却被取消了。但我们也不是完全没有表达这一概念的技术用语，那就是"无须根据、原因的自由"。顺便说上一句，这是表达所谓意欲自由的惟一一个清楚界定了涵义、实在和明确的概念。所以，碰上上述的概念，我们就免不了陷入含糊和模棱两可之中，情形就跟讨论并不会必然引出结果的原因、根据一样。每一个原因、根据所引出的结果都是必然的；每一必然性都是有因就有果。一旦假设了这样"无须原因、根据的自由"，那接下来的结果且作为这一概念的特质和标志，就是真具备这样"自由选择"的人，在某一完全具体、确定的外在情形下，做出两种彼此相反的行为都是同样可能的。

2. 什么是自身意识

答案就是：对我们自身的意识——这是相对我们对其他事物的意识而言的。对其他事物的意识是我们的认知官能的任务。在那些其他事物在我们这一认知官能里面显现之前，认知官能却有其让那些事物显现的特定形式。认知官能的这些形式因此就是事物有可能作为客体存在的条件，亦即作为物体（对于我们来说）而存在的条件。这些认知功能的形式，我们都知道就是时间、空间、因果律。虽然这些认知形式存在于我们自身之中，但这些认知形式的任务却只是为让我们能够意识到其他事物，一般都是与自身以外的其他事物相关。因此，虽然这些认知形式存在于我们自身之中，但我们却不可以以为这些认知形式是作对自身的意识之用。其实，这些认知形式只是使我们有可能意识到其他事物，亦即使我们有可能掌握关于其他事物的客观知识。

此外，我不会受到具有双重涵义的拉丁词"conscientia"[1]的诱导，把那些列在"良心"名下的人的道德感情冲动归入对自身的意识。这些"良心"名下的东西也列在实践理性，以及康德所宣称的绝对命令的名下。我之所以不会这样做，一方面是因为这些名为良心的道德感情冲动只是作为经验和反省回顾以后的结果，亦即作为对其他事物的意识的结果；另一方面，是因为在那些道德感情冲动里面，属于原初发自人性的、为人类所特有的东西，与由道德和宗教教育所添加进去的东西——这两者之间，还没有清楚、无可争议的界限。再者，通过把良心扯进自身的意识，进而把问题移至道德的地盘，重复康德的道德证明，或者更精确地说，重复康德关于自由的假设——这出自先验意识到的道德律令——所凭借的是这一结论："你可以这样的，因为你应该这样的。"这

---

[1] 在有奖征文所提出的问题里面，拉丁词"conscientia"的语意既可以是"意识"，也可以是"良心"；但联系整个词组"ipsius conscientia"，那明显就是"对自身的意识"的意思，而不会是"良心"的涵义。——译者注

不可能是皇家科学院征文的目的。

我上面所说的已经清楚表明：我们的总体意识，其绝大部分并不是对自身的意识，而是对自身以外的其他事物的意识，或说认知官能。我们的认知官能以其全部力量投向外在，并且是外在现实世界的舞台（从更深入考察的观点看，认知官能应说是现实外在世界的条件呢）。认知官能首先是以直观的方式认识、把握这一现实外在世界；然后，认知官能就反思、琢磨以此方式所获得的直观认识，并把这些认识加工、整理成概念。在语词的帮助下对这些概念进行无穷尽的组合，就构成了思维活动。在减去了我们总体意识中这绝大部分的内容以后，所剩下的部分就是对自身的意识。由此我们已经可以看出，自身意识的内容不会丰富到哪里去；这样，如果在我们对自身的意识之中，真还有某些材料是可以证明意欲（意愿）是自由的，那我们希望能够尽量搜罗到这些材料。

人们也曾经提出过：内在感官是对自身意识的工具。这一点我们不能全按照字面理解，而只能当作比喻，因为对自身的意识是直接的。不管怎么样，我们接下来的问题就是：对自身的意识包含什么？或者，一个人到底是如何直接意识到自身的？回答：完全是作为一个意欲着的人。每个人只要认真观察一下自己对自身的意识，那他很快就会发现：自身意识的对象物始终就是自己的意欲活动。我们当然不可能把意欲活动只是理解为断然和马上就化为行动的意欲活动、正式作出了的决定以及由此产生的行为。恰恰相反，谁要是有能力透过程度和类别的差别表面，把握到某些关键性的东西，就会毫不犹豫地也把所有这些算作意欲活动的外现：一切渴望、奋斗、愿望、希冀、怀念、爱恋、高兴、欢庆等，还有就是不情愿和抗拒的感情，所有的厌恶、反感、害怕、愤怒、憎恨、悲哀、痛苦，一句话，所有一切的情感和激情。这是因为这些情感和激情只是我们的意欲或强或弱的骚动而已，我们的意欲要么受到制约，要么可以恣意妄为；要么得到满足，要么无法得到满足。与此同时，我们的意欲就相应地时而像暴风雨般强烈，时而却又是轻微与柔和。这些骚动都与我们获得或者错失我们所欲望之物、与忍受或者终于去掉我们所厌恶的东西有着千丝万缕的关系。这些也就是同一样的意欲在作出决定和投入行动时所受到的明确的刺激。[1] 甚至我们所说的喜悦或者不快的感觉也可归入上述条目之下，因为虽然这些感觉彼此之间在程度和类别上差别很大，但这些彼此差别很大的东西却始终可以还原为刺激起来的渴望或者厌恶，因此也就是可以还原为意欲意识到自己得到了满足抑或没有得到满足，遭遇了障碍抑或可以自由地为所欲为。这些感觉甚至包括身体上舒服的或者是痛苦的感受；以及在这两极端之间无数的感觉。这是因为从本质上，所有的情绪就是作为与意欲相符或者与意欲相背的东西直接进入了我们的自身意识。严格来说，甚至我们的身体也只是作为意欲向外作用的器官而为我们所直接意识，我们的身体也只是接收舒服或者痛苦感受的大本营。但这些感受本身，正如我刚才已经说了的，可以还原为对意欲的直接刺激：这些刺激要么是与意欲相符，要么就是与意欲相背。不管我们是否把这些只是喜悦或者不悦的感觉也包括其中，我们反正就发现：所有上述那些意欲的骚动，那些变换着的意愿或者不再意愿的情绪及其不停的此起彼落，构成了自身意识的惟一对象，或者如大家愿意的话，构成了内在感觉的对象。这些自身意识或内在感觉的对象，与处于外在世界、为我们所理解和知道的东西有着一种全面的、普遍认可的关系。但是，我们所理解和知道的外在世界，正如我已经说了的，并不在直接的对自身的意识之中。所以，我们一旦与外在世

------

[1] 值得注意的是，基督教教会之父奥古斯丁已经完全认识到这一点。相比之下，如此之多的现代人却对此无法看清，大谈其"情感官能"。也就是说，在《上帝之城》的第十四篇里，奥古斯丁说起"灵魂的刺激"——这些他在前一篇里分为四类："渴望"、"恐惧"、"高兴"、"悲哀"。他说："在所有这些情绪里面，都可以发现意欲的存在；事实上，这些情绪不过就是意欲受到刺激所致：因为渴望和高兴难道不就是意欲同意我们想要的东西，恐惧和悲哀难道不就是意欲不同意我们所不想要的东西吗？"——叔本华注

界发生接触，我们也就到达了对自身的意识与对其他事物的意识领域接壤的界限。我们在外在世界所察觉的对象，却是诱发意欲上述所有活动和行为的材料和动因。但人们可不要把这视为"骗取论据"，因为我们的意欲活动总是以外在物作为对象，我们的意欲活动，目标指向和围绕着这些对象，并且，意欲活动起码是由它们作为动因所引起——这是无人可以否认的。否则，那意欲就会完全与外在世界所隔绝，因困于自身意识的黑暗内在之中。现在还有待探究的，只是那些外在世界的物体是如何必然地决定着意欲的活动。

所以，我们发现自身意识强烈地、严格来说甚至是惟独只专注于意欲。至于自身意识是否可以在这惟一的素材中找到作为论据的事实，并以此说明意欲是自由的——对这种意欲的自由我们在之前已经讨论过了，字词的意思也已变得确切和清晰——就是我们所关注的问题。经过一轮快速行驶以后，现在我们就径直往我们的目标航行。在这之前，我们已经明显接近这一目标了。

二、意欲与自身意识

当一个人意欲着，也就是意欲着某一对象物；这个人的意欲活动始终是以某一对象物为目标，并且也只有把意欲活动与这意欲活动的对象物联系起来以后，我们才可以设想这种意欲活动。那么，"意欲着某一对象物"到底是什么意思呢？意思就是意欲活动其实首先是我们自身意识的对象，现在，由于某一事物进入我们对其他事物的意识，亦即由于认知功能的对象的出现，意欲活动产生了。这某样事物在与认知官能的这一关系中，被称为动因，诸如此类的事物同时也是供意欲活动的素材，因为意欲活动是以这些素材为目标。也就是说，意欲活动的目标就是造成这些素材的变化，亦即对这些素材有所反应。意欲活动的整个本质就在这种反应之中。由此已经可以清楚看到，没有动因，意欲活动就不会发生，因为意欲活动就会缺少了诱因和素材。不过，现在的问题是：如果这些事物出现在认知官能的面前，那意欲活动是必然发生，还是不会发生？是完全不会发生，还是另一种完全不同的，甚至是完全相反的意欲活动才会发生？也就是说，意欲对这些事物不会有所反应，还是在完全一模一样的情形里，意欲可以有不同的，甚至是彼此完全相反的反应？一句话，意欲活动会由动因必然引起吗？换句话说，当动因进入意识的时候，意欲是否保留着活动或者不活动的完全自由？

这样，上述所讨论过的、证明只能惟一运用在这里的抽象意义上的"自由"概念，在此就意味着否定必然性。既然"自由"是这样的涵义，那我们的难题也就随之确定了。但我们却必须在直接的自身意识里寻找解决这一难题的论据事实，仔细检查自身意识的陈述，而不能以简短的定论一刀割掉死结了事，就像笛卡儿[1]所做的那样。笛卡儿不曾多加思考就断言：

> 我们对此问题的看法是：我们确切意识到我们是自由的，不受命运控制的。没有什么比对这一点的理解更加清晰、完全。
>
> ——《哲学的原理》

莱布尼茨[2]在《论神的善良和仁慈》中就已批评过这种断言是站不住脚的。具体在这一问题上，莱布尼茨本人也似风中的芦苇，左右摇摆。经过一番明显自相矛盾的论证以后，莱布尼茨最后得出了这样的结论：意欲虽然会受到动因的影响，但这种影响却不是必然的。所以，他说：

> 我们所有的行为都是被决定的，从来就不是不受影响，因为总有某

---

[1] 笛卡儿（Rene Descartes，1596—1650）：法国数学家、科学家和哲学家。著有《方法论》等著作。——译者注
[2] 莱布尼茨（Gottfried Wilhelm Leibniz，1646—1716）：德国自然科学家、数学家、哲学家。著有《单子论》等著作。——译者注

一根据和原因在影响我们做出这样而不是那样的事情，虽然这一根据原因并非必然地决定我们这样做。

我对此的意见是，莱布尼茨这样一条在两个答案之间的中间路线是站不住脚的。我们不可以由于思想摇摆而宁走中间路线，得出这样的看法：动因决定了意欲——但那只是在某种程度上；意欲受到动因的影响，但那只是在某种程度上；与此同时，意欲也可以不受到动因的影响。这是因为我们一旦承认某种力遵循着因果律，并因此承认这力发挥出作用，那当这力遭遇阻碍时，我们只需根据阻碍的程度而相应加强这力度，那这力就会完成其效果。如果用10杜卡收买不了一个人，但却已使这个人动心，那增至100杜卡就可以达到目的，等等。

我们就带着我们的难题审视那直接的自身意识，其涵义在这之前我们已经确定了。那么，这自身意识能够就那抽象的难题给予我们什么样的证明和解释呢？那抽象的难题也就是：在某一既定的、亦即我们智力所了解了的动因出现了以后，意欲活动是否随之展开？必然性的概念到底可不可以套用在这一过程？我们的自身意识能否告诉我们在这种情形下，不随着动因展开意欲活动到底是可能还是不可能？如果我们期望从自身意识那里获得关于因果律，特别是关于动因以及伴随着这两者的必然性的一些透彻、深刻的解释和说明，那我们可就错了，因为每个人都有对自身的意识，只是太过简单和极为有限。自身意识没有能力对这些难题发表什么意见。其实，上述概念是由投向外在的纯粹理解力所创造，并且只能放在反省理智的论坛里讨论。而那天然的、简单的，并且的确是单纯、幼稚的自身意识，甚至不能明白这一难题的涵义，要回答这一难题则更是不可能的。自身意识关于意欲活动的证词，每个人在自己的身上都可以听到这些证词，在去除了所有无关重要、外在不相关的枝节，还原为赤裸裸的内容以后，其实表达的就是这样的意思："我可以意欲，当我意欲要做出某一行为（行动）时，我身体可活动的四肢就会马上实施这一行为；只要我意欲做出这一行为，那我就必然做出这一行为。"其实，这就等于说，"我可以做我意欲要做的事情"。直接的自身意识所给予的证词不外就是上述这一句话，不管人们如何把这证词翻过来倒过去变换形式。自身意识的证词所涉及的也就始终是能够做出与意欲相符的行为。这也就是在一开始我们就已提出的"自由"概念的现实、原初和流行的涵义。根据"自由"的这一涵义，"自由"指的就是"与意欲相符"。自身意识绝对地表示了这种自由，但并没有解答我们所提出的问题。自身意识告诉了我们有行为的自由，在有了意欲活动的前提条件下，但现在要问的问题是意欲活动是不是自由的。也就是说，我们要探究的是意欲活动本身与动因之间的关系，但自身意识的证词——"我可以做我意欲要做的事情"，却不包含这一关系的内容。我们的行为，亦即我们身体的动作是依赖于我们的意欲，这当然是自身意识所给予的证词，这与我们的意欲行动不依赖于外在环境却是完全不同的两码事。而正是意欲行动不依赖于外在环境构成了意欲的自由。在意欲是否自由这一问题上，自身意识却无法给我们提供证词，因为这里所涉及的是在自身意识的范围之外。原因就在于意欲的自由涉及了外在世界（这作为对其他事物的意识为我们所了解）与我们的决定之间的因果关联，但自身意识却是无法判断那完全是处于自身意识范围以外的东西，与处于自身意识范围之内的东西之间的关系。如果认知能力对两者之一无从认识，那认知能力是无法确定这两者之间关系的。显而易见，意欲活动的对象和目标——正是这些对象和目标决定了意欲的行动——是在自身意识的范围以外的对其他事物的意识的领域。只有意欲活动本身是在自身意识之中，但我们现在要探询的是对象、目标与意欲活动之间的因果联系。自身意识的任务只是感受意欲活动，以及对身体四肢的绝对控制和操纵——这也就是"我所意欲"这句证词所表达的真正意思。正是行使这种对身体、四肢的控制和操纵，亦即做出行为（行动），才让自身意识得以确认其为意欲行动。这是因为只是还在酝酿之中的，只是愿望而已，而一旦酝酿结束，那就是决定。也只有在已做出行为以后，这一行为才向自身意识表明这已是决定，因为直到付诸行动以前，这愿望还是可以改变的。这样，我们已经差不多明白为何我们会受到那假象的迷惑。由于受到假象的迷惑，那些天真、纯朴、没有哲学修养的人就误以为：在某一既定的情势下，做出彼此相反的意欲行为都是可能的。他们还一边以自己的自身意识作证，误以为自身意识表明了这一点。也就是说，这些人混淆了愿望（打算）和意欲两者。人们可以有彼此相反的两种愿望（打算），但却只能意欲这其中之一；而到底意欲什么，那就只能通过做出的行动才让自身意识知道。关于那自有其法则的必然性——正因为这必然性所发挥的作用，在两个相反的愿望当中，只有这其中之一的愿望，而不是另一愿望，才成为意欲行动和付诸行为——自身意识却无法向我们提供任何情况，因为自身意识完全是后验地了解到事情的结果，而不是先验就可以知道。各种彼此相反的愿望伴随着引起这些愿望的动因，在自身意识中不停地变换出现。对于这每一个愿望，自身意识都告诉我们：如果愿望成为意欲的行动，就可以化为实际行为。这是因为虽然愿望和打算化为意欲行为的纯粹主体（主观）可能性对于每一个愿望和打算来说是存在的，并且正好就是那句话所说的，"我可以做我意欲要做的事情"，但这种主体（主观）可能性却完全只是一种假设，是有其前提的；这只表示"如果我意欲要这样做的话，那我可以做出这样的事情"。只不过要成为意欲行为所需的决定性的因素却不在自身意识之中，因为自身意识只是包含了意欲活动，但却不包含决定了意欲活动的原因和理由，而这些原因和理由却在对其他事物的意识里面，亦即在认知官能的范围。相比之下，客体（客观）可能性在这里却起着关键性的作用。这客观可能性存在于自身意识范围以外的客体世界。动因、人都是作为客体隶属于这客体世界。所以，这客观可能性是自身意识所不熟悉的，是属于对其他事物的意识。上述愿望成为意欲行为的主体可能性，就跟一块石头可以迸发出火花的可能性是一样的性质，但石头能否迸发出火星却是以钢铁为条件，而客体方面的可能性则在于这钢铁。在下一节的讨论里，我们不再像现在所做的那样，从内在的一面考察意欲行为，而将从外在的一面进行考察。也就是说，我们将考察意欲行为的客体方面的可能性。这样，当这难题经过来自两个不同角度的光线照亮以后，问题就会变得清楚了。同时，我所举出的例子也将更加阐明这一难题。

自身意识的这一感觉："我可以做我意欲要做的事情"时刻伴随着我们，但这感觉只是表明了我们意欲的决定或者我们意欲的明确行为，虽然是出自我们的内在深处，但却总是马上就过渡到直观所见的世界，因为我们的身体一如其他所有一切，都是属于这直观的世界。这一意识构成了连接内在世界和外在世界的一道桥梁。要不是这一道桥梁的作用，这内外两个世界之间就被一道不可逾越的鸿沟所分开，因为在外在世界，我们有的纯粹是在每一意义上都是独立于我们的直观所见的客体（物体）。而在内在世界，我们有的则只是单纯感觉到的、不会化为任何结果的意欲活动。

如果我们询问一个全然不带偏见的人，那他大致上会以下面这些话表达那直接的意识——而人们则常常把这直接的意识误以为就是意欲的自由——"我可以做我所意欲要做的事情。我要往左走的话，就往左走；我要往右走的话，就往右走。到底我要往哪一边走完全取决于我的意思（意欲）。所以，我是自由的。"这些陈述当然完全是真实、正确的，但这人在说出这话的时候，已经有了意欲的前提，亦即假定了意欲已经作出了决定。这样，这人的意欲是否自由的问题并不就此得到了解决。这是因为这些陈述一点都没有告诉我们：意欲活动本身的开始到底是依赖其他东西的，还是独立自主的。这些陈述只是说出了这意欲活动一旦开始了以后所引出的结果。或者更精确地说，这些陈述只告诉了我们意欲活动一旦开始，身体的动作就不可避免地出现。正是在这些陈述背后的意识，使那些不怀偏见、没有哲学修养的人，把意欲是自由的视为某样完全是直接确切的事情；他们也就把意欲是自由的作为毋庸置疑的真理表达出来，并且的确是无法相信哲学家会真心怀疑这一真理。他们在心里认为所有关于意欲是否自由的辩论纯粹就是经院哲学的过招，这些你来我往的交锋说到底不过就是瞎扯而已。持有这种看法的人有可能还是其他领域的出色学者哩。正因为人们总是随时都可确切感觉到意欲是自由的——这经由意识所获得的，当然也非常重要；正因为人类本来和首要就是从事实际事务，而不是理论探索的，所以，人会更清楚地意识到自己意欲行动的主动一面，亦即自己的意欲行动所发挥作用的一面，而不是被动的，亦即依赖于其他东西的一面。为此理由，让一个没有哲学修养的人理解我们的难题的真正涵义，要让这个人明白这一问题所问的并非是他每次意欲活动以后的结果，而是引起他每次意欲活动的原因；要让他懂得虽然他的行事完全只依赖于他的意欲活动，但现在我们要求知道的是：他的意欲活动本身是依赖和取决于什么东西，是完全不依赖于任何一切，还是依赖于某样东西？要让这个人明白所有这些是相当困难的。他当然可以做出这一事情——如果他意愿的话，他也同样可以做出那一事情——如果他意愿的话，但现在，他应该集中精神想一想：他是否可以既意愿这样的东西，同时又意愿那样的东西呢？带着这样的目的，我们就向这个人提出这样的问题："对你的两个彼此相反的愿望，你的确会既听从这个愿望又听从那个愿望吗？例如，对两个彼此排斥的占有物，你是否同等程度地既愿意挑选这一个，也愿意挑选那一个？"这个人会说："或许做出选择对我来说是困难的，但我意愿选择这个抑或那个却永远是完全取决于我，而不是取决于哪一控制力量，因为我有完全的自由去选择我所意愿（意欲）的东西。在这种情况下，我将听从我的意愿（意欲）行事。"现在如果我问他："但你的意愿（意欲）本身是由什么决定的呢？"那他就会根据自己的自身意识回答说："完全是由我决定，而不是任何其他别的！我可以意愿（意欲）我所意愿（意欲）的东西；我所意愿的东西，我就意愿它。"他说出后一句话的时候，并不是故意要说出同义反复的冗辞，也没有在内在意识中想到过要依赖同一律——因为只有根据同一律，他的说法才是真的。相反，在追问之下，迫不得已的时候，他就说起他意愿中的意愿，就好像他在谈论我中之我一样。经过一连串的追问，他已退到自身意识中的内核——在这里，他的"我"和他的意愿（意欲）已经不分彼此，除此再也没有什么还可以对这两者作一判断了。至于在上述的选择中，他意愿（意欲）这一东西而不是那一东西——在此，假设他这个人和供选择之物是既定的——有可能还有一个与他最终的选择结果不一样的结果吗？是否根据已经给予的资料，选择的结果就已经是必然地确定了下来，就像在三角形里，最大的角必然面对最大的边长一样？这些问题与那天然的自身意识相隔那样的遥远，这些问题甚至是自身意识所无法理解的，要自身意识能有现成的答案，或者能只是还未萌芽的答案种子，直率地把这交出来，则更是不可能的事。这样，正如我已经说过的，那些不怀偏见、但没有哲学修养的人一旦真正弄明白这一问题的涵义以后，面对这问题所必然带来的困惑，这些人总会选择逃避。他们会搬出上述那直接的确切感觉以抵挡，"我愿意（意欲）做什么，就可以做什么；我想愿意（意欲）什么，就愿意（意欲）什么"，就像上文所说的那样。他会一次又一次不厌其烦地试图这样说，以致很难让他直面他老是想方设法回避的真正问题。但这也很难怪他，因为这一难题至为细腻、耐人深思。这一难题直达人的最内在的本质，因为我们想要知道的是：一个人是否也和世界上的所有其他事物一样，由于自己的构成而从此成为一个明确的存在物，并且就像大自然的所有其他存在物一样，有着自己确定、永恒的素质，这些素质随着外在机会的出现而必然作出反应，因此，这些素质从这方面看都带有其不变的特性（性格）。所以，这些素质以及那些可作些微调整的东西，是完全听任外在机会和诱因的限定和左右，抑或人类惟独就是大自然的例外？我们终于让这一个人明白摆在他面前这一耐人深思的问题，让他清楚知道了现在我们要探询的是他的意欲活动的根源，要探询的是他的意欲活动是否根据某些法则而展开，抑或这些意欲活动完全不用遵循什么法则就可以开始。此后，我们就会发现：那直接的自身意识并不包含关于这一问题的任何情况，因为那一纯朴、不怀偏见的人在回答这一问题时就是从自身意识出发。他所提出的种种勉为其难的解释暴露出了自己根本就是茫无头绪。他一会儿从在自己和他人身上获得的经验中寻找根据，一会儿又借助泛泛普遍的理解力规则找出理由。但无论怎么样，他在解释的时候那种心中没底和摇摆不定已足够显示出：对于那一个他终于弄明白了涵义的问题，他那直接的自身意识无法提供什么资料，虽然在这之前，在错误理解这一问题的时候，他的自身意识马上就能给予现成的答案。原因归根到底就在于这一事实：一个人的意欲就是这个人本身，是这个人存在的真正内核；因此，人的意欲构成了人的意识的基础；要越出自己那绝对是既定和现存的意识，他是无能为力的。这是因为这个人本身就是他所意欲，他所意欲就是他的本质。因此，如果我们问他是否也可以意欲（意愿）与他所意欲的不一样的东西，那就等于问他是否也可以是一个与他现在不一样的另一个人。对此问题，他是不知道答案的。出于同样的理由，如果哲学家要想在这棘手的问题上能有清晰的认识——哲学家有别于一般人只是受过训练——那哲学家就要求助于自己的理性，因为理性提供了先验的知识；就会求助于自己的理性官能，因为理性官能对那些先验知识斟酌、思考；还有就是求助于自己的经验，因为这些经验可以把自己与他人的行事罗列面前，让判断力知识对其理解和检验。现在，哲学家就得求助于所有这些，因为所有这些是判断事物的最终和惟一有这能力的裁判庭。虽然这一裁判庭要做出决定并非像自身意识作出决定那样容易、直接和简单，但要解答我们的难题，上述这些是充分和足够的。既然头脑提出了问题，那头脑也就必须予以回答。

此外，如果我们那直接的自身意识并不能为这一深奥、细腻、难解、抽象推论的问题提供答案，那是不足为奇的。这是因为自身意识只是我们整体意识中的相当有限的一小部分。我们的这一整体意识，虽然其内在阴暗不清，但却以其所有的客观认知能力，完全投向于外在。这意识中所有完全确切，亦即先验确实的知识，的确就只涉及外在世界。在涉及外在世界方面，我们的意识可以根据某些植根于这意识本身的普遍规律，对于外在世界中什么是可能的，什么是不可能的，什么是必然的，能够肯定地作出判断，并以此方式先验地奠定了纯数学、纯逻辑，甚至纯粹的基本自然科学。然后，把先验意识到的形式应用在以感官接收到的资料上面，我们就有了直观的外在现实世界以及由此而来的现实经验。另外，把逻辑和构成逻辑根源的思维能力应用在外在现实世界之中，我们就有了概念和种种的思想。这些又会产生出各种科学和科学方面的成就，等等。所以，外在世界就在我们的眼前，明亮、清晰。但我们的内在世界却是昏暗一片，就像一副漆黑了的望远镜，因为没有什么先验的定理可以照亮自己那黑夜般的内在世界，这些灯塔只是向外照射的。就像此前所讨论的，那所谓的内在感官所感受的，除了我们的意欲以外，别无其他；那所谓的内在感觉，究本寻源，其实就是我们意欲的骚动。意欲的内在感觉为我们提供的，就像我在上文已经表明了的，不外乎就是意欲活动和不意欲活动，以及这一确切感觉："我意欲要做的就可以去做"。这一句话其实只是表明了："我可以看到我的意欲的每一行为都马上（以一种我完全无法了解的方式）显现为我身体的某一动作、行为。"并且，严格来说，这一句话对于认知主体来说，是经验的命题。除了这些，这一句话就再没有包含更多的东西。而对所提出的难题，自身意识这一裁判庭却无力解决。甚至我们可以说，真正意义上的这一难题，根本就不应交由这裁判庭仲裁，因为它并不明白这一难题。

现在，我就用更简短、更容易的字词，把我们从探询自身意识中所获得的、对这一问题的回答再一次概括如下。每个人对自身的意识都非常清楚地表明：我可以做出我所意欲的行为。那么，如果可以设想一个人能够意欲彼此完全相反的行为，那当然就可以推论，这个人也可以做出两种完全相反的行为——如果他意欲要这样做的话。这样，理解力粗糙的人就会把这混淆为：在某一既定的情形里，一个人也可以意欲做出完全相反的两种行为，并把这称为意欲的自由。只不过上述自身意识的陈述（"我可以做我所意欲要做的行为"），却绝对没有包含这样的意思。恰恰相反，这句陈述只告诉我们这一点：在两样完全相反的行为当中，如果他意欲要做出这一行为的话，那他可以做出这一行为；如果他意欲要做出那一行为的话，那他也同样可以做出那一行为。至于在某一既定的情形里，这个人是否可以意欲要这样做的同时又意欲要那样做，却是悬而未决的。我们需要对这一难题作更深的考察，而并不只是透过自身意识就可以对此难题有一定论。表达我所概括的意思最简短的、虽然带点学究味道的公式就是：自身意识的陈述只是涉及意欲"a parte post"（之后），关于自由的问题，我们探讨的却是意欲的"a parte ante"（之前）。所以，自身意识那无可否认的陈述，"我可以做我所意欲要做的行为"，一点都没有包括和定夺意欲就是自由的，因为意欲的自由意味着在某一既定情形下，因此也就是对于某一既定的个人，每一意欲行为并非由这个人所处的外在情势所必然决定，而是既可以出现这样的意欲行为，也可以出现那样的意欲行为。在意欲是否自由的问题上，自身意识却是完全沉默不语，因为这一问题完全是在自身意识的范围以外。这一问题涉及外部世界与人之间的因果关联。如果我们问一个具有健康理解力、但没有哲学修养的人，他根据自己自身意识的陈述，信心十足地宣称意欲是自由的，那意欲的自由指的是什么呢？那这个人就会回答说，意欲的自由就是"我可以做出我所意欲要做出的事情——只要我的身体没有受到阻碍的话"。这样，他谈论的就始终是他的行为与他的意欲的关系。但是，正如我在第一节已表明了的，这仍然只是身体上（物质上）的自由而已。如果我们进一步问他，在某一既定的情形里，他是否可以既意欲要做出某一行为又意欲要做出与此恰恰相反的另一行为？那虽然他会迫不及待地给予肯定的回答，一旦他开始明白这问题的涵义时，他就开始迟疑不决了，到最后就会陷入迷惑和混乱之中。为了摆脱这种迷惑和混乱，他又会老调重弹，"反正我就可以做出我所意欲要做出的行为"，以负隅顽抗，拒不接受所有的说理和辩论。对这一话题的正确答案应该是，"你可以做出你所意欲做出的行为，但你在你生命中的每一既定的一刻，却只能意欲做出某一既定的行为，除此以外绝对不会意欲做出其他别的"。关于这一点，我希望在下一部分能为大家扫除一切疑虑。

经过这一节的说明和分析，我们已经可以回答，并且是否定回答皇家科学院所提出的问题，但那只是在大体上回答了问题，因为在下一部分的讨论中，这一部分对自身意识中的事实情形所作的阐述将得到更加完整的补充。我们所给予的否定回答甚至还可以在一种情况下得到多一次的检验。也就是说，现在如果我们带着这一问题求助于我们之前所提过的惟一具能力的权威，亦即求助于纯粹理解力、求助于对理解力所获得的材料进行反省思维的理性和从理解力和理性那里获取的经验，那如果所有这些得出了大概这样的结论："无须原因、根据的自由"并不存在，人的行为一如自然界的所有其他事物，在每一既定的情形里都会作为某种原因所导致的结果而必然出现。如果结论是这样，那这就更让我们确信：在直接的自身意识里，根本就不可能有任何资料可以证明这"无须原因、根据的自由"。这样，运用"从不可能推论出不会真实存在"(a non posse ad non esse) 的逻辑推论方式，即先验确定否定性真理的惟一可能的途径，我们的否定回答除了具有在这之前我已阐述的经验上的基础以外，还另外获得了理性的基础。这样，我们的结论就会双倍牢靠了。这是因为，我们认为自身意识的直接陈述，与根据纯粹理解力的基本原则以及把这些原则应用在经验以后所得出的结果，两者之间形成明显矛盾是不可能的，因为我们的自身意识不可能是这样的虚假。在此需要补充说明的是，甚至由康德[1]所提出的关于这一话题的所谓二

---

[1] 康德（Immanuel Kant，1724—1804）：德国哲学家。著有《纯粹理性批判》、《实践理性批判》、《判断力批判》等著作。——译者注

律背反，对于康德来说，也不是以这样的方式产生的，亦即命题与反命题各出自不同的认知根源：一个大概是出自自身意识的陈述，另一个则出自理性和经验。其实，康德的命题与反命题都是出自据说是客观的根据，经由理性推论而成。但在这事情上，命题完全是基于理性的懒怠，亦即命题是建立在究本溯源过程中要停止在某一处的需要。而反命题的成立则确确实实有着所有的客观根据。

因此，我们即将要做的间接探究是在认知官能的领域和认知官能所审视的外在世界的范围里进行；这一探究将在同一时间也把许多光线投向至今为止我们所进行的直接探究，并使这直接探究得以完备，因为这种间接探究向我们揭示了：人的那种天然的幻象，是源自我们对自身意识那些至为简单的陈述所作的错误解释——一旦我们的自身意识与我们对其他事物的意识（这也就是认知官能，它与自身意识一道植根于同一个主体）出现矛盾的时候。的确，只有在下面进行的间接探究结束之时，那句伴随着我们的行为、行动的话，"我意欲（意愿）"，其真正涵义和内涵才会在光线照射之下有所显现；对我们所意识到的行为的原初性和随意性，其原理我们才有所了解——正因为我们意识到这行为是原初和随我们意的，这些行为才成为了我们的行为。只有这样，我们至此为止所作的那种直接探究才告完备。

三、意欲与对其他事物的意识

现在，如果我们带着这一难题求助于认知官能，那我们预先就会知道，因为这一认知官能从根本上就是投向于外在的，所以，意欲不可能是这认知官能直接察觉和注意的对象，正如意欲是自身意识所直接察觉和注意的对象那样。但自身意识在我们现在探讨的问题上却是无能为力。其实，在这里我们能够考察的只是意欲的生物。这些生物在我们的认知官能的审视下，呈现为客体（客观）的和外在的现象，亦即呈现为我们经验的对象。现在我们就对这样的生物加以考察和评判，一方面是根据普遍的、为总体经验以及这些经验的可能性而确定下来的、先验确实的规律，另一方面是根据我们那现成的、确实存在的经验所提供的事实。也就是说，我们现在不再是面对那只有内在感官才可感受的意欲本身，就像在此之前我们所做的那样，而是转而审视那些意欲着的、受意欲驱动着的意欲生物，这些是我们外在感官感知的对象。如果说我们现在遭遇的不便之处就是，对于我们所要探究的真正对象，我们不得不间接地和从较远的距离加以考察，以此换来的一大优势就是从现在开始，我们在探究中就有了一副完美得多的工具，而不再是那阴暗、呆滞、片面、直接的自身意识，或者所谓的内在感官。也就是说，我们现在就可以应用那为帮助我们客观把握事物而设的、有着种种外在感官和力度装备的理解力。我们这一理解力的最普遍和最基本的形式，据我们发现，就是因果律，因为惟独通过因果律的中介，我们才有了对现实外在世界的直观：因为依靠因果律，我们把通过感觉器官所感受到的刺激和变化，马上和直接就理解为"结果"，并且，我们（用不着接受指引、教育和经验）就可以马上从这些结果看到造成这些结果的"原因"——这些原因在这理解的过程中显现为在空间中的物体。[1] 由此可以毫无争议、清楚无误地看到：我们是先验地意识到因果律，因此，在涉及所有总体经验的可能性方面，我们意识中的因果律就是必然性——在此我们并不需要康德为此重要的真理所提供的间接、困难、事实上并不足够的证明。因果律作为一条普遍的规律是先验确立的；所有外在世界的现实事物无一例外地服从这一规律。因果律之所以毫无例外地放之四海而皆准，就是因为这一规律的先验特性。因果律所涉及的从根本上就只是变化。因果律告诉我们：无论哪里、无论何时，在客体、现实的物质世

---

[1] 对这个理论的详细解释，读者可参阅我的《论充足根据律的四重根》第2版第21页。——叔本华注

界里，一旦发生了变化，那无论这变化是大是小，是多是少，在这变化之前必然也发生了某些变化；而要发生这某些的变化，在这之前又必然已经发生另外别样的变化。这样的连环变化就这样一直无穷无尽。这往前推溯的连串变化填充着时间，就犹如物质填充着空间，但这连环变化的始点却是我们无法看见的，甚至无法设想的，要假定有这一始点则更是不可能。这是因为这一反反复复不厌其烦地重新冒出来的问题，"是什么引起这一变化"？永远不会让理解力找到一个可以停顿下来的地方，哪怕我们的理解力在这不断回溯的过程中已经厌倦不堪。所以，引起这些变化的第一个原因是根本无法设想的，正如时间的起点和空间的边界是无法设想的一样。因果律也同样告诉了我们：当更早的变化，亦即原因发生了以后，由此变化所带来的随后的变化，亦即结果，就会完全不可避免地发生，因此也就是必然地发生。因果律以其必然性特征，证明自己就是充足理性原因、理由、根据原则的形态之一，而充足理性原因、理由、根据原则是我们总体认知官能的最普遍的形式。正如在现实世界里，这一原则表现为因果相循，在思想世界里，这一原则表现为认识根据的逻辑性；甚至在空间的、但却是先验直观到的空间里，这一原则也表现为各个部分的位置严格必然相互依靠的规律——把这种位置上的必然相互依靠，专门和细致地演示出来就是几何学的惟一课题。因此，正如我在本文开首已经说了的，"必然"和"某一既定的原因、根据所引出的结果"——这两个概念是可以互换的。

所以，所有现实外在世界之物所涉及的变化都服从因果律；因此，这些变化一旦发生，无论是在何时何处，这些变化总是必然地和不可避免地发生。并没有这一规律的任何例外的情形，因为这一规律先验地适用于所有可能的经验。至于这一规律在某一既定情形的具体应用，我们只需问一问：这一变化是否涉及外在经验的现实物？如果是的话，那这涉及现实物的变化就是服从因果律的应用。换句话说，这一变化的出现是因为某一原因的缘故，出现这一变化是必然的。

现在，如果我们带着这一普遍的、先验确定的并因此无一例外适用于一切可能的经验的规律，仔细一点审视我们的经验本身，并考察在我们经验中的现实物，我们的因果律就与涉及这些现实物的变化相关，那我们很快就会发现这些现实物其实有着某些深刻的根本差别。人们根据这些根本的差别，早就对这些现实物进行了分类。也就是说，一类现实物是无机体，亦即无生命体；另一类现实物是有机体，亦即有生命体，而这一类有生命体又可以分为植物和动物。各类动物虽然在本质上彼此相似，也与动物的概念吻合，但在完美程度的序列中却有其多样、细腻的等级差别，从最接近植物、几乎与植物分不出两样的一类动物，一直到那些最完美、最吻合动物概念的动物，一应俱全。在这完美等级不一的序列中，处于最顶端的就是我们人类。

现在，如果我们不要受到这种类繁多、样式多样的外表的迷惑，而是把所有这些东西集合在一起，只视为我们经验中的外在、现实之物，把先验牢不可破、适用于所有可能经验的因果律，应用在涉及这些物体的变化，那我们就会发现：虽然经验的事情无论在何种情形里都根据先验确定的规律而发展，但所有在本质上有很大差别的经验之物，在因果律发挥作用时，变化的方式却有其相应的方式。因此，与三类有差别的物体，即无机物、植物和动物相应，那主导着变化的因果律也同样显示出三种形式，亦即作为最狭窄意义上的原因（ursache）、刺激（reiz）和动因（motivation）。但这形式的变化却一点都没有影响因果律的先验有效性，并因此影响由因果律所奠定的原因引出结果的必然性。

原因在最狭窄意义上来说就是这样的东西：因其缘故，经验之物就有了机械的、物理的和化学的变化。原因所引起的变化具有这样的两个特征：第一个特征就是牛顿第三定律在这里的应用，亦即"作用与反作用是对等的"。换句话说，此前的状态（我们所称的原因），与接下来我们称为效果（结果）的状态经受同一样的变化。第二个特征就是根据牛顿第二定律，作用的结果与作用的原因，其程度是大小一致的；因此，随着作用原因的加强，作用的结果也同样加强了。这样，只要我们知道了作用的方式，那我们就可以根据作用原因的强度，马上计算、量度和知悉作用结果的程度，反之亦然。但在实践应用第二个特征时，我们可不要把真正的结果与其肉眼可见的现象相混淆。例如，在挤压某一物体时，我们可不能期望这一物体的体积会随着挤压力度的增加而不断缩小。这是因为物体被挤进的空间不断减少；这样，阻力也就随之不断增加。虽然所造成的真正后果，亦即物体（受）压缩，确实是与原因成正比增加，就像马略特定律[1]所说的那样，但这却不可以理解为上述肉眼可见的现象也是这样。再者，在许多情形里，当作用力达到了某一特定程度时，作用力的整个作用方式就会骤然发生改变，因为反作用力的作用方式改变了，而这又是因为：这反作用力在此之前的作用方式在某一体积有限的物体上面已经穷尽了。所以，例如，把热传导给水，在一定程度之内会把水加热，但当热超过这一程度的话，那只能把水快速蒸发掉而已。在此，同样是上述原因与结果在程度上成正比的关系。在其他许多例子里，也是同样的情形。这些最狭窄意义上的原因，在所有无生命的、亦即无机体身上产生了变化。对这类原因的认识和假定，指导着我们研究所有涉及机械学、流体动力学、物理学和化学对象的变化。无机体或说无生命体的真正和根本特征，就是惟一只受到这一类原因的支配和影响。

第二类原因就是刺激。首先，这类原因所产生的作用并没有遭遇正比例的反作用；其次，这类原因与其结果，两者在强度（程度）上一点都不对称。这样，对于这一类原因，我们就不可以根据原因的程度而量度或者预先计算出结果的程度。事实上，增加一点点的刺激就会取得相

[1] 又名玻意耳定律。马略特定律是在恒温下有关气体的压缩与膨胀的关系式。即在温度恒定的条件下，一定量气体的压强与体积成反比。它是物理和化学的基本定则。马略特（Edme Mariotte，1602—1684），法国物理学家和植物生理学家。——译者注

当大的结果（或说效果）；或者，刚好相反，多加一点点的刺激就会完全消除在之前已产生的效果，甚至会引起完全相反的效果。例如，人们都知道通过温度和在泥土中拌进石灰，可以让植物生长得特别快，因为这些原因以刺激的方式作用于植物的生命力。但只要这些刺激稍稍超出了一定的限度，那非但不会提升和加速植物的生命，而且还会造成植物的死亡。同样，我们可以通过喝酒或者吸鸦片明显加强和提升我们的精神力，但刺激一旦超出适当的分量，就会引起反效果。这一类原因，亦即刺激，决定了这样的有机体身上的变化。植物所有的变化和发展、动物身体的所有纯粹有机性和植物性的变化或者机能也因刺激而发生和展开。光、热、空气、营养、药物、接触、授粉等都以这样的方式作用于植物，作用于动物身体的有机和植物机能。动物的生活有其完全不同的范围，这我马上就会讨论，相比之下，植物的整个生命惟独按照刺激而展开。植物吸收营养、生长；冠部全力向光亮处伸展，根部则尽力向更肥沃的土地伸展；植物的授粉、萌芽——所有这些都是因刺激而引起的变化。为数很少的某几种植物还可以因刺激而迅速地活动。这些植物因此被人称为敏感的植物。比较为人所知的就有含羞草一类。植物的特性就在于惟独和无一例外地受到刺激的左右和决定。因此，要形容植物的话，那就是：其身体所特有的、与其本质相符的活动和变化，惟一和总是由刺激所引起。

第三类作用原因就是动因（动机），受这一类原因的驱动是动物的特性。动因驱动也就是以认知为媒介的因果作用。那自然存在物如果在逐级向上的序列中达到了一定的级别，就有了更多复杂，并因此更加多样的需求；这时候，动因也就出现了，因为达到这些级别的生物再也不可以纯粹守株待兔似地等待接受刺激来满足它们的需求，而必须去发现、挑选和抓住更多的途径以满足其需要。正因为这样，纯粹只是能够接受刺激并由刺激引出活动，就由能够接受动因所取代了。也就是说，现在，这些生物具备了可以产生表象的官能、具备了智力（虽然这智力在完美程度上有着无数的级别）。这智力体现为神经系统和脑髓，以及与此密切相关的意识。至于动物生命是以植物生命为基础，而作为基础的植物生命纯粹是因刺激而展开，那是大家都知道的事实。但动物作为动物而展开的所有活动，也正因此所有那些依赖于生理学上所说的动物机能的活动，却是因为认知某一客体而展开，亦即随着动因而展开。据此，要形容动物的话，那就是：其特有的、与其本性相符的外在活动和变化，总是由动因所引起，亦即因某些出现在意识（在此意识已是前提条件）中的表象而展开。在动物序列之中，无论产生表象的能力，即与此相关的意识如何在级别上参差不一，但在每一只动物的身上都足够把动因呈现给这些动物，驱使这些动物活动起来。在这个过程中，那在自身意识中显现出来的内在动力——动因所引起的是这内在动力的个别外现——就是我们所说的"意欲"。

　　至于某一机体到底是因为刺激还是因为动因而活动起来，就算是从外在的角度观察，即此刻所采用的观察角度，我们也可以区别开来，因为刺激的作用方式与动因的作用方式，差别实在是太明显了。这是因为刺激永远是通过直接的接触，甚至通过吸收而发挥作用，就算吸收不如直接接触（例如，空气、光亮、温度就是通过直接接触而发挥刺激作用）那么明显可见，但刺激所发挥的作用也还是透过这样的情形显示出来：刺激所发挥的作用与刺激的持续时间和强烈程度有着某种明显的关系，虽然这种关系并非在各级刺激程度下都保持一样。相比之下，如果是动因引起活动，那所有这些区别都完全消失了。这是因为在动因发挥作用的情形里，动因的真正和首要的作用手段并不是环境，而完全只是认知。那作为动因发挥作用的东西只需被发觉、被认识就可以了。至于这作为动因的东西在距离上是远还是近，进入我们的统觉时是否清晰，所有这些差别在此一点都不会改变所造成的效果。只要发觉了某一动因，那这一动因就会以完全同样的方式发挥作用——前提是这动因对所要刺激的意欲是一个有决定力量的原因。这是因为甚至物理、化学的原因，甚至刺激，也只有当对象物是对这些原因和刺激敏感的时候，这些原因和刺激才可以发挥出作用。我刚才说"这动因对所要刺激的意欲"，是因为正如我已提到过的，所谓的"意欲"，在这里指的就是让这生物可以从内在和直接了解的东西；这意欲使动因得以发挥作用，这意欲是那些由动因而起的活动背后的秘密弹簧。至于惟一只受刺激而活动起来的机体（植物），我们把那持久的内在条件称为生命力；那些只是由最狭窄意义上的原因所活动起来的东西，其持久的内在条件则名为自然力或者特质。在给事物以某种解释时，我们已经预先假定了这些力是不可解释的，因为现在正谈论的存在物的内在，并没有自身意识可以直接与这些力相通。如果我们离开那总体的现象，要探讨康德所说的自在之物，那就会产生这样的问题：在不具认知能力，甚至不具生命的存在物当中，那对外在原因作出反应的内在条件，从本质上是否与我们身上的、我们所说的意欲是同一样的东西——就像当代一个哲学家[1]所试图表明的那样？我搁置不讨论这一问题，但却无意反对这一观点。

但在另一方面，我却不能不讨论在动因发挥作用的过程中，因为人的意识优越于动物意识所带来的差别。人的意识的特别之处，亦即我们称为理性的东西，就在于人并不像动物那样，只是能够直观理解外在世界，而且还有能力从对外在世界的直观理解中提取抽象的普遍概念。为能把在感觉意识中的概念固定和保存下来，人们用字词把它们标示出来，然后就可以无数次地组合字词。这样的字词组合，一如组成这些字词的概念、意思，虽然总是与那直观认识的世界相关，但却是构成了我们所说的思维的真正要素。这样，人类才有可能拥有了相对所有其他物种的巨大优势，亦即拥有了语言、思考，拥有了对过去的回顾、对将来的筹谋；才有了计划和实现这一计划的决心；众人才能够按照计划共同

---

[1] 不言而喻，我这里说的是我自己。只是因为按照有奖征文的要求，作者必须隐匿姓名，我才不以第一人称说话。——叔本华注

协调行动，人类也才得以发明了国家、科学、艺术，等等。所有这些都是因为惟独人类才有能力拥有非直观的、抽象的和普遍的表象——这些表象也就是人们所说的概念，因为每一个这样的概念都涵盖了许多单个的事物。而动物，甚至是最聪明的动物，都不具备这种能力。所以，动物有的只是对事物的直观表象；动物因此只能认识现有的东西，纯粹只是生活在现时之中。因此，让动物的意欲活动起来的动因必须始终是现存的、直观可见的。结果就是动物只有极少的选择。也就是说，可供动物选择的，只有那些在其狭窄的视野范围之内，可以让其有限的理解力能够直观把握的东西，亦即现存于时间和空间之物。而这些直观可见之物当中作为动因的最有力者，马上就决定了动物的意欲活动。在这过程中，动因的因果作用非常明显。在此，表面上似乎的例外就是驯兽所产生的作用。驯兽就是通过习惯让动物形成恐惧。而在某种程度上，本能却是真正的例外——只要动物是因为本能的作用，在其整个行为模式中，是出于某种内在的冲动而活动起来，而并非真的是由动因引起这些活动。但在具体、单一的行为细节中，在每时每刻，动物的行为仍然是由动因细致地确定。这也就使其某种程度上的例外情形回到规律中去。在此对本能作详尽讨论是跑题的。我在《作为意欲和表象的世界》第 2 卷第 27 章对本能作了专门的讨论。相比之下，人则由于其非直观表象的能力——人以此思维和回顾——人的视野就变得广阔得多。人的视线范围包括了不在眼前的、过去的和将来的事情。这样，对于人来说，动因的范围就大得多了。与那局限于现时此刻的动物相比，人也就有了多得多的行为选择。人的感觉直观所见的、存在于目前时、空之物，就一般来说不再是决定着人的行为的东西；决定人的行为的只是人的头脑里面的思想和念头——这些思想和念头使人不受现时此刻印象的影响。一旦一个人无法让自己的思想决定行为，那我们就会说这个人行事有欠理智，而如果这个人惟独只按照深思熟虑以后的想法行事，并因此全然不受眼前印象的左右，那我们就会赞扬他行事合乎理智。关于这一点，即人是经由这一类人所独有的、动物并不具备的表象（抽象概念、思想）而展开活动，我们甚至从人的外在都可以看得出来，因为人所做的每一件事情，包括最琐碎的小事，以至于一举手一投足，都带有目的和计划的痕迹。这样，人的行为、活动就明显有别于动物的行为、活动。我们简直可以看到，人就好像是由细小、看不见的牵线（纯粹由看不见的思想所组成的动因）引导其做出行为，而动物则由粗大、肉眼可见的牵线（现时直观所见）操纵其行为。人的行为活动，就只是在这方面与动物的行为活动有别。对于人来说，一旦某一思想能够作用于意欲，那就会成为动因，就像直观所见可以成为动因一样。但所有的动因都是原因，所有的因果都有其必然性。人凭借自己的思维能力可以把那些他感觉到对其意欲产生影响的动因，按照自己所喜欢的次序，变换着和重复着呈现出来，摆在自己意欲的面前——这就是我们所说的反复斟酌。人有了深思熟虑的能力，并得益于这一能力，有了比动物可能有的多得多的选择。这样，人当然是相对自由的，亦即其意欲不受现时直观所见之物作为动因的直接强制束缚；而动物则是完全受制于其直观所见之物所发挥的动因作用。相比之下，人可以不受现时所见之物的影响，只是根据自己的思想（这些思想也就是人的行为的动因）行事。但正因为人有着这种相对的自由，所以，那些受过教育、但却不曾深思的人就误以为这就是使人明显优越于动物的意欲的自由。但这种自由纯粹只是相对的，亦即只是在涉及现时直观所见方面；这种自由纯粹只是比较上而言的，亦即与动物相比较而言。这种相对的自由只是动因的种类有所改变，但动因发挥作用的必然性却是一点都没有取消，甚至没有稍为减少。那抽象的、构成了思想的动因，与那些直观所见的、构成了现实之物的动因一样，都是外在的、决定了意欲行为的原因。所以，这些抽象动因和其他的动因一样都是原因，并且和其他种类的原因一样始终是现实的、物质的动因，只要这些抽象动因的确是基于在某时某处从外在所获得的印象。这些抽象动因的优势只在于这些动因的引线较长而已，我指的是抽象动因并不像纯粹直观所见的动因那样，与时间、空间紧密相连，而是可以通过概念和思想，跨过更长的空间和时间距离，通过更长的链条发挥作用。这是人的器官的构成及其所具有的异常敏感性所带来的结果，这也就是人的脑髓或说理智的结果：人脑受到并接纳了抽象动因对其的作用。但这一事实却丝毫不曾取消抽象动因的因果性和与此相关的必然性。因此，只有短视至极的人才会把人的这种相对的和比较上而言的自由视为绝对的自由，视为"无须根据、原因的自由"。事实上，由人的这种相对自由而来的反复斟酌的能力，带给我们的不是别的，而是动因与动因之间那通常都让人难受的冲突。面对各个不同的动因，当事人举棋不定，人的整个意识和情绪就成了不同动因相互间较量的战场。也就是说，各个动因轮番向意欲发力；这样，意欲就类似于一个物体受到方向相反的不同的力的牵引。直到最后，最强有力的动因压倒了其他的动因，决定了意欲的活动。动因轮番相互较量以后的结果，就被称为决定或者决心；这一最终结果是以完全的必然性出现的。

现在，如果我们再一次浏览整一系列的因果形式，并把第一类的最狭窄意义上的原因、第二类的刺激和最后一类的动因（而这又可再分为直观的动因和抽象的动因两类）各自划分清楚，那我们就会发现：当我们在这方面从低级到高级逐一审视那系列的存在物时，原因和结果也随着越来越彼此分离、越来越清楚地彼此区别开来、越来越分属不同的种类。在这逐级向上的审视过程中，原因变得越来越非物质性和越来越难以捉摸。这样，原因与结果相比，结果看上去就越来越明显，原因则越来越不清楚。这样，总括起来，对原因与结果之间的关联，我们再也无法直接理解和把握。但这种情况却最少出现在机械性因果作用的情形里。所以，机械方面的因果作用是所有因果作用中最容易把握的。正因为这样，在18世纪，人们就错误地试图把一切的因果作用都还原为机械性的因果作用；以机械性的原因去解释所有物理的和化学的作用和变化。然后再以这些物理和化学的作用和变化解释生命的变化过程。现在法国还有人坚持这一错误的做法，而在德国这一错误做法也流行了起来。一个物体撞上另一个静止的物体并使之运动起来，前者所传给后者的运动也就是前者所失去的运动。在这一例子里，我们仿佛看到了原因摇身一变成了结果：两者是完全同一类的，是可以精确计量出来，并且是肉眼可见的。所有纯机械性的因果作用其实都是这样的情形。但我们将发现，随着我们逐级审视更高一级的因果关系，所有这里所说的情形就逐渐不再出现了，我们所看到的就是本段开始时所说的情形。例如，当温度作为原因而得出这些不同的结果，诸如膨胀、燃烧、熔解、蒸发、温差电，等等；或者当蒸发作为原因而得出冷却或者结晶的结果；或者当摩擦玻璃作为原因而得出自由电及其奇特现象的结果；又或者当金属板慢慢氧化作为原因而得出电池电及其所有电子的、化学的和磁学上的现象的结果。也就是说，原因与结果越来越分别开来，越来越属于不同的种类和性质，两者的关联也越来越无法让人把握；结果似乎包含了比原因所带来的更多的内容，因为原因显得越来越不那么物质性、越来越不那么容易让人一目了然。这种情形在有机体那里尤为明显，因为在有机体那里，原因只是刺激而已：刺激可以是外在的，例如，光、热、空气、土壤、营养；也可以是内在的，例如，机体内的汁液和机体内部各部分之间的互相刺激。这些刺激所得出的结果则显现为种类不计其数、形态纷呈的植物和动物生命及其无穷无尽的复杂性。[1]

　　但随着原因与结果越来越分属不同的类别和性质、越来越难以算量、两者的关系越来越无法理解，因果关系所特有的必然性是否也就随着有所减弱了？不，一点都不曾减弱。正如一个滚动的球必然会把静止的球活动起来，同样，如果用另一手接触莱顿瓶，莱顿瓶也必然放电；砒霜也必然会毒杀每一生物；干燥保存的种子历经数千年都不曾出现变

---

[1] 就原因与结果区别开来的更详尽讨论，读者可参阅我的《论自然界的意欲》中"天文学"一节。——叔本华注

化，一旦把这种子放置在合适的土壤、暴露在空气、阳光、温度和水分之中，那这种子就会发芽、长叶并最终长成一株植物。原因是越来越复杂，结果也是越来越与原因有别，但从原因引出结果的必然性却不曾减弱分毫。

虽然在植物生命和动物生命那里，刺激与所引起的机体机能运作，无论在哪个方面都相当不同，两者也是清楚区别开来，但这刺激与结果却不是真的截然分开的。两者之间还是有某种接触的，无论这种接触是多么细腻、肉眼多么难以辨认。原因与结果的完全分开，也只在动物生命中方才出现，因为动物的行为是由动因引出的。这样，在此之前始终是物质上的因果联系，到了动物那里，原因与结果就完全分离了，原因与结果的性质也迥然不同，并且，原因也首要是非物质的，只是头脑中的表象而已。因此，在动因引起动物活动的情形里，原因与结果的不同特性、原因与结果的互相分离、从原因到结果的无法算量、原因的非物质性，以及因此在效果上因果的似乎不相对称，等等，都达到了极致。对这类因果关联的无法理解就是绝对的了——如果我们只是从外在来了解这类因果关联的话，就像我们对待其他的因果关联那样。但在此，补足外在认识的，是另一不同种类的内在的认识。对内在原因（动因）出现以后作为结果所发生的事情，我们有着切身的了解。我们可以用一特定的术语加以表达，那就是意欲。只要我们认识到那是因果关系，并且以我们理解力的根本形式思考的话，那我们就会明白表示：现在正讨论的动因作用的情形，就跟之前所讨论的刺激作用的情形一样，因果关系中并没有失去那必然性。此外，我们发现动因作用形式与我们已经讨论的那另外两种因果关系形式是完全类似的，动因的作用形式只是因果关系形式中的最高一级，是由前两种因果形式经过逐渐过渡而成。在最低等的动物身上，动因仍然是与刺激密切相连：例如，植物形动物、放射虫、贝壳类动物等都只有相当微弱、朦胧的意识。它们的朦胧意识刚好足够帮助这些低等动物察觉到食物或猎物，并在这些食物送上门来的时候吞噬它们，还有就是至少帮助这些动物变换更加适宜的栖居地。因此，在这些低等动物那里，动因所发挥的作用仍然是完全直接、断然、明白地展现在我们的眼前，跟刺激的作用没有两样。小虫受到光亮假象的蒙蔽而一头飞进火焰中去，苍蝇放心大胆地停在蜥蜴的头上，而在此之前蜥蜴就当着这苍蝇的面吞吃了它们的同类。在此谁又会认为这些动物拥有自由？在那些更高级和更聪明的动物那里，动因所引出的结果变得越来越间接了。也就是说，动因与其引出的行为越加清楚地分别开来，以致我们甚至可以把动因与行为之间的距离差别程度作为测量动物的智力的标准。到了人的级别，动因与行为之间的距离已变得无法测量。相比之下，甚至在最聪明的动物身上，那作为动因驱使这些动物行动起来的头脑表象仍然始终是直观的；就算这些聪明动物有可能做出选择，那这种选择也只是在现时直观的表象之间进行。一只狗会在听见其主人的呼唤和看见一只母狗的同时，不知如何是好，这两个动因中更强有力的一个会决定这只狗的行动。最终产生的行动结果却是必然的，一如机械的原因所必然引出的结果。甚至在机械因果的过程中，我们也一样可看到物体在失去平衡以后，左右摇摆好一会儿，直至最终确定了重心以后，才倒向了重心所在的一边。只要动因局限在直观的表象，那这些动因与刺激和原因的密切关联就是明显的，因为这些作为原因的动因，是某样现时存在的现实之物，并且的确必然是经由光亮、声音、气味等在身体上作用于感官，哪怕这种对身体的作用只是相当间接的。此外，在这种动因作用的情形里，原因及其结果都同样是明白无误地显现在旁观者的眼前，旁观者看到了动因的出现，然后这动因就不可避免地引出动物的行为——只要没有另一同样明显可见的动因，或者先期对动物的训练发挥出相反作用的话。对这样的因果关联是根本不可能有所怀疑的，所以，人们不会想到动物还有"无须根据、原因的自由"，亦即可以在没有原因的情况下做出行为。

但如果意识是有理性的，也就是说，如果具备了非直观的认识，亦即头脑中有了概念和思想，那动因就是完全独立于现时和现实的环境。这样旁观者就无法看见这些动因了，因为现在这些动因只是人脑中的思想，引起这思想的源头却是在头脑之外，并且经常是头脑以外很远的地方。也就是说，这些思想有些是来自多年以前的个人经验，有些是源自口头或者文字流传下来的传统，甚至是年代相当久远的传统。不管怎么样，这些思想动因的源头始终是现实和客体的，虽然经过了复杂外在情势的错综组合，再加上动因之中已混杂了许多谬误和以讹传讹的东西，到最后，许多愚蠢的思想也成了我们的动因。除此以外，人们还经常向所有他人、有时甚至向自己隐藏起自己行为的动因。也就是说，人们不敢承认那驱使自己做出这样或者那样事情背后的真实原因。与此同时，看到一个人做出了某一行为以后，我们就会猜测这一行为背后的动因，因为我们确信一个人的行为的背后必有动因，正如我们在看到某一死物活动起来时，同样认定必有其活动起来的原因一样。我们确信：无论是这个人的行为还是某一死物的活动，不可能是没有原因的。反过来，根据这一道理，我们在制定计划和行动的时候，也会自信地把动因对人的作用考虑进去，正如我们也会以同样的自信算量机械装置所能产生的机械作用——前提是我们对与之打交道的人的性格必须了如指掌，就像我们对梁的长度和厚度、轮子的直径、所要负荷的重量也了如指掌一样。每一个人只要是把眼睛投向外在、与他人打交道和从事实际业务，那就都会根据这样的假设行事，因为人的理解力，天生就是为这些目的服务的。一旦从理论上和哲学上对此问题作出判断——人的智力其实并非为进行理论探讨而设，把自己作为判断的对象，那人们就会因为上述抽象动因的非物质特性（那些只是思想而已）而作出错误的判断；因为这些抽象动因并非与现时此刻和外在环境紧密相连，并且，制约这些抽象动因的相反动因也只是头脑中的思想，所以，人们就会受到迷惑，就会怀疑抽象动因的存在，甚至怀疑这些抽象动因是否真的必然发挥作用。人们就会误以为自己已做出来的行为其实当初也可以不做出来，误以为意欲无须原因就可以自己做出决定，误以为意欲的每一个行为都是一个没有前因的开始，但这一行为却可以引起一连串长无尽头的变化。这一谬误更由于错误理解了我们在上一节已作详尽讨论的自身意识的表达而变得振振有辞——自身意识的表达就是，"我可以做出我意欲要做的事情"。尤其是自身意识在如此表达的时候，都总是正受到不止一个彼此互相排斥、只是暂时有所要求的动因的作用。所以，所有这些因素结合在一起，就自然产生了某种假象，人们错误地以为在我们的自身意识中确实有着意欲的自由。人们所说的意欲的自由，意思就是意欲可以抗拒纯粹理解力和大自然的所有法则，在没有充足原因的情况下决定自己的行为；在既定的情况下，同一个人既可以做出这样的事情，也可以做出完全相反的另一样事情。

为专门和清楚地说明我们这论题之中的重大谬误及其形成原因，使我们在上一节对自身意识所作的讨论补充完整，现在，就让我们想象一个人正站在街头，对自己说："现在是晚上六点钟了。我已结束白天的工作。现在我可以去散步，也可以到俱乐部去；我也可以爬上塔顶看看日落，要不就是到剧院看戏；我同样可以拜访这位亲戚或者那位朋友，甚至可以跑到城外去，从此在野外离群索居，再也不会返回俗世。我要怎么做全都取决于我，我对此有着完全的自由。但是，我不想做出任何这样的事情，而是自愿回家去见我的妻子。"犹如水说出这样的一番话："我可以卷起大浪（的确是这样！例如，在大海风暴中），我也可以冲下山去（的确是这样！例如，在汹涌奔流的河床），我也可以急流直下三千尺，溅起一片白沫（的确是这样！例如，在瀑布里），我也可以自由自在地喷射上空中（的确是这样！例如，在喷泉里），最后，甚至可以沸腾和蒸发掉（的确是这样！例如，在80度的温度里）。尽管如此，我现在却不会做出任何这样的事情，而是自愿平静地留在这波平如镜、清澈见底的水塘里。"正如水只能在某一决定性的原因出现以后，才可以有所动作，同样，例子中的那个人也只能在特定的条件下，才会做出他误以为可以自由做出的事情。在原因还没出现之前，他不可能做出相应的行为，原因一旦出现，他就必然做出相应的事情，一如水一旦处于相应的处境中，就必然会有相应的状态一样。人们之所以错误理解自身意识，并由此犯下这样的错误和产生这样的幻觉，误认为一个人可以在此刻同时做出所有这些事情，是因为每次只有一幅图像出现在这个人的头脑想象里，而在这幅图像出现的瞬间，其他图像被排除。这样，每当这个人在头脑中设想那驱使他做出某一可能行为的某一动因，他的意欲就会蠢蠢欲动，他就会马上感受到这一动因对他的意欲所产生的作用，他的意欲因此也受到了诱惑。用术语加以形容，那就是"意欲的刺激"。但现在，这个人却误以为可以把这意欲所受到的"刺激"一举变为"意欲"或"意欲的行为"，亦即可以实施所建议的行为。这只是假象而已。这是因为反省回想会马上介入，会马上提醒这个人除了此刻这一动因以外，还有朝着其他方向的，甚至完全是与这一动因背道而驰的其他动因。这样一来，这个人就不会真的做出原先想做的事情。在不同的、互相排斥的多个动因接二连三地出现在头脑想象中的时候，在始终伴随着这一内在表白——"我可以做我所意欲的事情"的情况下，意欲就像上足了润滑油、转动灵活、现又受到无定向风吹拂得团团转的风信鸡，因为想象力接二连三地把各种各样的动因呈现给意欲。面对每一个可能的动因，这个人都会认为：自己可以意欲这样做，也就是说，可以让风信鸡固定在某一方向。但这只是幻象而已。这是因为"我可以意欲这样做"其实只是假设性的，这句话的潜台词是"如果我不是更意欲做出其他事情的话"，而更意欲做出其他的事情也就意味着这个人不可以意欲做出这一事情。现在让我们回到那个在六点钟盘算着种种可能的男人，并且假设他现在注意到我就站在他的身后，就他何去何从发表哲学议论，并否认他有自由做出他认为可以做出的事情。这样的话，这个人就会为了反驳我而做出他认为有可能做出的其中一桩事情。不过，正因为我否认他有自由，正因为我的话对他的抵触心理发挥了作用，那就成了足以驱使他不惜做出其中一桩事情的动因。但是，这一动因也只能驱使这个人做出上述所列出的其中一两项最易行的事情而已，例如，上剧院看戏，但却肯定不会让他做出最后的一项行为，即从此跑出城外，离群遁世。因为要做出这样的行动，为了反驳我，这一动因实在是太弱了。同样，许多人会错误以为，如果手上拿着上了膛的手枪，他也可以开枪了断自己。要开枪了断自己，机械手段是最不重要的。最关键的却是需要某一异常强烈的，并因此是相当稀有的动因；这一动因以其非比一般的强力，足以压倒对生活的眷恋，或者更准确地说，足以压倒对死亡的恐惧。真的出现了这样一个动因以后，这个人才会真的开枪了断自己，并且他必然要开枪了断自己——除非在这时候，又有了一个更强有力的相反动因，以阻止这一开枪行为，如果还真有这样一个动因的话。

我可以做出我所意欲的事情。如果我意欲（愿意）的话，我可以把我所拥有的一切捐献给穷人，以致自己也成为穷人中的一员——如果我意欲（愿意）的话！但我却无法真有这样的意欲，因为与此相反的动因对我产生了太强有力的作用。而如果我的性格是另外一种样子，甚至是一个圣人，那我就会有捐献所拥有的一切的意欲。我真要是这样的圣人，那我就不这样意欲也不行。也就是说，我就必然要这样做。所有这些都与自身意识中的表白"我可以做出我所意欲的事情"并行不悖。直至今天，一些没有思想的假冒哲学家还误以为从这样的话就可看出意欲是自由的，并因此把意欲的自由视为意识中的一个既定的事实。在这方面，古尚先生[1]是佼佼者，所以，值得在此隆重为他写上一笔。在其 1819—1820 年讲授、1841 年出版的《哲学历史的进程》中，古尚先生教导我们说，意欲的自由是意识中最确实、可靠的事实。他还批评康德只是通过道德律证明意欲的自由，并把这种自由作为一种假设提了出

---

[1] 维克多·古尚（1792—1867）：法国哲学家。著有《18 世纪哲学史》等著作。——译者注

来，因为这意欲的自由确实就是一个事实，"为何还要证明那已经查明和验证的东西"（第50页）？"自由是一个事实，而不是一种信仰。"而在德国，却不乏无知者把过去两个世纪中伟大思想家就此问题上的看法，全当作耳边风，顽固坚持在上一节已分析过的、被他们以及大众错误理解了的自身意识的事实，宣称意欲的自由是铁一般的事实。或许我说他们是无知者，是冤枉了他们，因为有可能他们并非他们看上去的那样无知，而只是饥饿所使然。这样，他们就会为了一块干瘪的面包而教授一切能够取悦于国家高级部门的东西。

如果我们说正如台球桌上的一个台球在受到某一撞击之前不会滚动起来，同样，一个人在某一动因拉曳或者驱使他之前，不会从其坐着的凳子上站起来；一旦有了这样一个动因，那这个人站起来就成了不可避免的、必然要发生的事情，就跟球在受到撞击以后必然要滚动起来一样——如果我们这样说，那这绝对不是一个比喻或者是一个夸张的说法，而是赤裸裸的、完全没有夸张的真理。期待一个人做出某样他完全不会得到利益或者不会感到兴趣的事情，就犹如期望一块木头没有受到引线的拉曳就可以向我移动过来。如果有人对人们说出这样的道理，并遭遇顽固的反驳，那他可以很快解决问题，他只需安排一个第三者突然紧张地高叫"屋梁要倒下来了！"这样，那些持反对意见的人就会明白：要把人们赶出屋子的话，动因与最有力的机械原因同样有力。

这是因为人就跟我们所有经验的对象物一样，同是时间和空间的现象；因为因果律对于所有这些现象都是先验有效的，并因此是无一例外地有效，所以，人也必然地受制于因果律。我们的纯粹理解力先验地说出了这一真理，整个大自然中随处可见的类似情形确认了这一点，我们每时每刻的经验也证实了这一点——除非我们被假象所迷惑。假象之所以产生，就是因为自然界的存在物，其级别越高，这些存在物也就相应越复杂，这些存在物接受作用原因的敏感性也就相应提高和相应变得更加细腻，从只是接受纯粹机械原因的作用，逐渐扩展至接受化学的、电力的、刺激的、感觉的、智力的、直至理性的原因的作用。在此，发挥出作用的原因，其类别是与这些大自然存在物的级别同步相应的：对各个不同级别的存在物，相应不同类别的原因才会产生作用。所以，原因变得越来越不那么明显可见和越来越非物质性，以至到最后，那些原因已是肉眼难辨。但这些原因仍然是我们可以理解的。所以，在具体特定的情形，我们会坚信不疑地假定某一结果必有其原因，并能经过一番调查以后发现其中的原因。这是因为到了最高一级的存在物，发挥出作用的原因已升格为只是头脑中的想法——这一想法与那一想法之间互相交战，直至这些想法中的最强有力者最终胜出，并驱使当事人行动起来。所有这些的发生都是伴随着严格的因果关联，跟纯粹机械原因作用所遵循的严格因果关联并没有两样，因为多个机械原因也是在复杂的关系中互相发挥出作用，作用以后的结果，经精确计算恰如所料地出现。由于肉眼看不见原因，那些带电的小软木球在玻璃里朝着各个方向似乎毫无来由地活蹦乱跳，就像人的活动似乎没有原因的一样。但对事情作出判断的不应是眼睛，而应该是理解力。

如果认为人的意欲是自由的，那人的每一个行为都将是一件无法解释的奇事，是没有原因的结果。如果我们试图在脑海里想象一下那"无须原因的自由"是怎样的一种情形，那我们很快就会认识到：在此理解力马上变得完全施展不开，因为理解力没有了可以思维这样事情的形式。这是因为充足原因原则，亦即现象与现象之间相互限定和相互依赖的原则，是我们认知官能的最普遍的形式；根据不同的客体，这一原则采用不同的样式。现在正讨论的例子里，我们必须想象出一些这样的东西：它们可以限定其他事物，但却不受任何其他事物的限定；这些东西不依赖于任何事物，但其他事物却得依赖它们；可以不带必然性地，因而是不需原因就产生出 A 结果，同时，又可以产生出 B 结果、C 结果或者 D 结果，并且是在同一样的情况下，随意产生以上随便哪一种结果，亦即在产生出 A 结果的时候，A 不需要具备相对于 B、C、D 的某一特别之处（因为如果有了这一特别之处，那就成了动因，A结果的产生也就成了因果的发展）。这样，我们就回到了在这篇论文开首我所提出的大有疑问的绝对偶然的概念。我重复一遍：要明白这种绝对偶然是怎么一回事，理解力完全是无能为力的——就算有人真能把这种情形呈现给理解力的话。

现在，就让我们回想一下原因到底是什么。原因就是在此之前所发生的变化——这变化必然引起了随之而来的变化。在这世界上，根本没有什么原因是全凭原因自身引出结果，或者从无中引出结果。其实，原因要引出结果，总得要有某样东西可以让这原因对其发挥作用；原因只不过是在这一时间、这一地点和这一特定的存在物身上引起了某一变化，这一变化始终与这存在物的本质相符；因此，这一存在物本身就必然具备了产生这一变化的潜力。所以，每一个结果都是出自两种因素：一种是内在的因素，另一种是外在的因素。也就是说，一种因素是那原初的潜力——原因就对其发挥作用；另一种因素就是那决定性的原因——正是那决定性的原因必然引起那潜力的外现。每一种因果关联以及基于这因果关联的解释，都预先假定了某种原力的存在，所以，基于因果关联的解释永远解释不了事情的全部，而总是留下某样无法解释的东西。我们可在物理学和化学中看到这样的情形：在物理学家和化学家所提出的解释里，他们都预先假定了自然力的存在：这些自然力外现在现象当中，而把现象还原为这些自然力，就是人们所给予的全部解释。自然力本身是无法解释的，但却是所有解释所根据的原则。自然力也不隶属于因果关联，而是让每一个原因都有了因果关联，亦即让每一个原因都有了发挥作用的能力。自然力本身是所有这一类作用的共同基础，在所发挥的每一作用里，都有自然力的存在。正因为这样，磁力（磁场）现象被还原为一种名为电的原力。解释也就到此为止了。这样的解释只是告诉我们这样一种原力得以显现的条件，亦即让这原力发挥出作用的原因。对天体物理的解释也预先假定了引力这一原力的存在：由于这一引力的存在，个别的原因就在决定天体运行的轨道时发挥了作用。化学上的解释也预先假定了存在秘密的力：这些秘密的力就外现为根据某些化学计算法关系的亲和力，所有的作用结果最终都是以这些力为基础；有了所指出的原因以后，作用结果就会精确出现。同样，生理学上的所有解释都预先假定了生命力的存在：这一生命力以一特定的方式对具体的内在或外在的刺激作出反应。所有的学科都是预先假定了原力的存在，甚至像机械学这样一门容易把握的科学，在解释原因时，诸如推力和压力，也是预先假定了不可入性、内聚性、僵性、硬性、惯性、重力、弹性等的存在；这些与上述无法解释的自然力一样，同样是深不可测的。因此，无论在何种情况下，原因所决定的不外就是那些无法解释的原力在何时、何处外现出来而已。只有在预先假定了这些力的存在的情况下，原因才成为原因，亦即必然导致某些结果。

最狭窄意义上的原因以及刺激是这样，动因何尝不也如此？因为从根本上，动因发挥作用的过程与因果关联并没有分别，而只是因果关联的一种，亦即经过认知媒介的一种因果关联。所以，在动因发挥作用时，原因（动因）也只是引起一种原力的外现——我们除了把这原力的外现还原为这一原因以外，就无法更进一步，因此对这原力无法进一步作出解释。但对这原力——我们称为意欲——不仅可经由外在加以了解，就像我们从外在了解自然力一样，而且我们也可以从内在经由自身意识直接了解它。只有预先假定了意欲的存在，并且在单个的情形里，这意欲有着确定的构成成分——只是有了这样的假定以后，那针对这意欲的原因才可发挥作用（在此，这发挥作用的原因就是我们所说的动因）。意欲这一特别、具体确定了的个体构成，就是我们所说的性格。并且的确就是所说的验知性格，因为这不是先验就可知悉，而是经验以后才可了解的东西。由于各自不同的个体性格，对于同一样的动因，各人就有各自不一样的反应。性格首要决定了各种不同的动因在某一个人身上的作用方式，因为动因所引出的所有结果，其基础根源是性格，正如由最狭窄意义上的原因所引出的结果，其基础根源是普遍自然力，由刺激所引出的结果，其基础根源是生命力一样。与自然力一样，性格同样是原初的、无法改变的和无法解释的。在动物那里，不同种属的动物具备不同的性格；在人那里，不同的个人则具备不同的性格。只有在最高级和最聪明的动物身上，才会出现看得出来的个体性格，但种属性格仍然是主要的。

（1）人的性格具有个体性；每个人的性格都不一样。虽然种属的性格是所有个体性格的基础，因此，主要的素质会在每一个人的身上再现，但在每个人的身上，那些主要素质却有着明显或多或少的程度差别，那些主要素质相互也有着不同的组合和相互限制，以致我们可以认为：个人性格之间的道德差别可以比得上个人之间的智力差别——这样说已经包含了很多的意思。这道德和智力上的差别远远大于一个巨人与一个侏儒、阿波罗神与特西特斯[1]之间身体外貌上的差别。因此，相同的动因对不同的人却会引出完全不同的结果，就像阳光会把石蜡晒白，但却把氯化银晒黑；高温会把石蜡变软，但却把黏土变硬一样。所以，仅知道动因，我们仍无法预知一个人的行为结果，因为要预知这个人做出什么样的行为，就必须精确了解这个人的性格。

（2）一个人的性格是验知的。只有在经验以后，我们才了解到这一性格。这不仅对别人的性格是这样，要了解自己的性格也是如此。所以，我们经常不仅对别人，而且也对自己感到失望——当我们发现别人或者自己并不真的如我们一厢情愿以为的那样，具备这样或者那样的素质，诸如公正、无私、勇气等，并且具备这些素质到我们所认为的程度。因此，在作出某一困难抉择之前，直到我们终于作出了决定——在这期间，我们到底将作出什么样的决定，对于我们自己都是一个谜，就

---

[1]阿波罗是希腊神话中音乐、诗歌之神，是青年男子的完美典范。特西特斯则是在特洛伊战争中，希腊队伍里一个畸形、下流、怯懦的军官。——译者注

跟别人将作何决定我们并不知道一样。随着认知一会儿把这个动因，一会儿又把另一个动因更清晰地呈现给意欲，对意欲试图发挥作用，我们就相应地一会儿相信会偏向这一边做出决定，一会儿又相信会偏向那一边做出决定；与此同时，"我可以随心所欲"就造成了意欲是自由的假象。最后，更强有力的动因对意欲发挥了它的威力，终于做出了的选择却经常并非是我们一开始时所以为的。所以，不到最后，人们还是不会知道别人，甚至不知道自己在某一特定的情形里会如何作为，除非曾经经历过这特定的情形。只有经历过考验以后，我们才可以确切知道他人甚至知道自己。但经过考验以后，我们就可以放心了：经受了考验的朋友、佣人是可以信赖的。总的来说，对待一个我们精确了解的人，就像对待某样我们已经清楚了解其特性的物品一样：我们可以充满自信地预知能够期望这个人做出些什么和不能够期望这个人做出些什么。谁要是做出了某样事情，不管那是好事还是坏事，只要相同情形再度出现，就会再度出手。正因为这样，需要得到别人给予很大和非比一般的帮助的人，就得求助于那些曾经以事实证明了是豪侠仗义、热心助人的人；而谁要想雇佣杀手，那就得从手上已沾上了鲜血的人那里物色人选。根据希罗多德[1]（《历史》）的叙述，塞拉古斯的杰伦急需把相当一大笔钱悉数交付给某一个人，让他在全权处置的情况下把钱带出国外。杰伦挑选了卡达穆斯完成这一任务，因为事实曾经证明卡达穆斯是一个极为诚实、可靠的人。杰伦对卡达穆斯的信任最后证实完全正确。同样，只有通过经验，在有机会的时候，我们才对自己有了了解。我们对自己的信任或者不信任就以对自己的了解为基础。根据我们在某种情况下所表现出来的审慎、勇气、诚实、缄默、细腻、及其他当时情形所需的优秀品质，或者根据终于暴露出来的在这方面素质的欠缺，我们在事后随着对

---

[1] 希罗多德（Herodotus，前484—前425）：希腊历史作家。著有《历史》等著作。——译者注

自己的了解而相应对自己感到满意或者不满。只有对自己的验知性格有了精确的认识，一个人才有了人们所说的获得性格。具有获得性格的人也就是精确了解了自己的素质——不管这些素质是好是坏——并从而确切知道可以信赖自己会有什么样的表现、不可以指望自己做出什么样的行为，等等；这样的一个人现在就可以巧妙和技巧地发挥自己特别的角色，既坚定又优雅。而在此之前，由于性格只有经验以后才可了解，他只是随波逐流地、听其自然地发挥展示出自己的作用。现在，这个人就再不会——就像人们所说的——违反自己的性格。而一旦发生违反性格的事情，那都是因为人们在具体情形里错误认识自己所致。

　　(3) 一个人的性格是持续如一的，终生保持不变。在年岁、社会关系，甚至知识和观点的可变外衣下，隐藏着的是那同一个真实的人，全然不变、始终如一，就犹如藏身在甲壳里面的鳖鱼。一个人的性格只是在方向和材料方面似乎经历微调和修正，而这些微调和修正是一个人处于不同的人生阶段和有了不同的需要所带来的结果。一个人是永远不会改变的：一个人在某种情形下做出过某种的行为，那以后在一模一样的情形再度出现时（当然，在此包括了这个人对当时情形的正确认识），这个人也会再度同样作为。我们通过日常生活的经验就可证实这一真理。而证实这一真理的最让人惊讶的经验例子，就是我们在过了二十或三十年以后重又见到所认识的人时，用不了多久我们就会发现这个人重施以前的故伎。虽然很多人会以言词否认这一真理，但在自己的行动上却是认准这一真理的，因为人们永远不会再度信任那些给他们发现曾经哪怕是一次不诚实的人，而会相信那些在此之前已证实是诚实的人。这是因为有了这一真理作为基础，我们才有了认识人的可能，我们才有可能如此坚定信任那些经受住考验的人。就算某一次我们信错了别人，我们也从不会说："他的性格改变了"。而是说："我看错这个人了"。正是基于这一真理，当我们要对某一行为作出道德上的评判时，我们首先就要确切了解这一行为后面的动因；但在了解了这行为的动因以后，我们对此行为的赞赏或者批评就再不会与这一动因有关，而转而针对受到这一动因驱使的这个人的性格。这个人的性格就是做出这一行为的第二个因素，并且是惟一潜伏在这个人身上的因素。基于同样的真理，一个人一旦失去自己真正的名誉（并不包括骑士荣誉这一傻瓜荣誉），就再永远难以复得；这个人就永远带着记录曾经做过无耻行为的印记。就像人们所说的，这耻辱烙在了这个人的身上。所以才有了"一次偷窃，终生是贼"这一俗语。基于同样的真理，每当国际事务中需要得到内奸的内应外合，那人们会找到、利用和重赏这一内奸。最终达到目的以后，如果人们是精明的话，就会除掉这一内奸，因为外部形势会发生变化，但人的性格是不会改变的。基于同样的真理，故事文学家的最大败笔就是他笔下的人物性格并不是固定的，亦即其性格并非贯彻始终，就像文学大师所塑造的人物那样。文学大师所塑造的人物，性格是恒常不变的，自始至终都带有一种自然力的严格连贯性。在《附录和补遗》中的"伦理道德散论"，我通过莎士比亚剧中一个详尽的人物例子表明了这一点。的确，正是基于这同样的真理，我们才有了良心的可能——假如良心就是在往后的岁月里，经常让我们回忆起在年轻时候所做过的劣行。例如，卢梭[1]自己偷窃了东西，却反过来诬蔑女仆马里安偷窃。这件事发生四十年了，但还是让卢梭良心不安。这也只有在性格保持不变的前提下，才有可能出现这种良心不安的情况。与此恰成对照的是，到了老年，我们不会因为青年时可笑的无知和错误、曾经做过的至为荒唐、可笑的傻事而羞愧。这是因为所有这些是认知的问题，并且这些已经改变了；我们早就不会再干那些傻乎乎的事情了，就像我们早已不穿幼年时的衣服一样。基于同样的真理，一个人尽管对自己道德方面的缺陷有着最清晰的认识，甚至为此感到厌恶，甚至诚意地下定决心改进自己，但

---

[1] 卢梭（Jean-Jacques Rousseau，1712—1778）：法国启蒙思想家、哲学家、教育家、文学家。著有《社会契约论》等著作。——译者注

却仍然无法如愿。尽管这个人郑重其事地立下誓言、诚恳地作出保证，一旦又有了机会，就又重蹈过去的覆辙——对这样的事情，甚至他自己也吃惊不已。只有人的知识才可以矫正。因此，这个人终于认识到：在此之前他所运用的这样的方法或者那样的手段，并不会帮助他达到他所要达到的目标，或者说这些方法和手段所带来的坏处更甚于好处。在认识到这一点以后，他就改变方法和手段，目标却是不会改变的。美国的惩教制度就是基于这一道理，因为这套制度并不计划改良人的性格、人的内心，而只是帮助矫正一个人的头脑认识，只是向这个人表明：他由于自己性格的缘故始终不渝地追求自己的目标，但他在此之前所踏上的不诚实的途径，其实更难抵达他的目标；走上这样的道路会遭遇更多、更大的麻烦和危险——这是与采用诚实、工作、知足等实现目标的方法相比较而言的。总的来说，改进和改良的范围只局限在认知方面。性格是不会改变的，动因以必然性发挥作用，但这些动因却必须先通过认知这一关，因为认知是动因的媒介。而认知是可以得到各种各样的扩展，可以在不同程度上不断得到矫正。所有的教育都是为了达到这一目的。通过获得知识和见解以锻炼和培养理性，这在道德上是重要的，因为这会让人们有机会看到要不是这样锻炼和培养理性的话就无法看到的动因。只要我们无法知道动因的存在，那这些动因对于我们的意欲来说就是有等于没有。因此，就算是外在情形不变，一个人在第二次遭遇这同样的外在情形时，与第一次的遭遇相比，其实已经有了极大的差别。也就是说，假如这个人在两次遭遇同一外在情形的中间时间里，掌握了正确和完整理解这一外在情形的能力，那么，在第一次遭遇这外在情形时他所无法知道的动因，现在在第二次遭遇中就会对他发挥出作用。在这一意义上，经院哲学家们说得很对，"最终原因并非因其本质，而是因其是否被认识而发挥作用"（根据苏阿雷斯[1]的《形而上学的辩论》）。道

---

[1] 苏阿雷斯（1548—1617）：西班牙学者、神学家。——译者注

德上的影响除了矫正一个人的认识以外，不会发挥更多的作用。试图通过言词和说教来消除一个人的性格缺陷，并从而改变这个人的性格，改变这个人的内在道德，就完全等同于通过外部的作用，试图把铅变化成金子，或者试图通过精心栽培，让橡树结出杏子。

早在阿波莱伊斯[1]的《关于行使巫术的自辩》里，阿波莱伊斯就明白无误地表达了人的性格不可改变的观点。在这部著作里，阿波莱伊斯为所受到的从事巫术的指控自辩时，促请人们注意他那广为人知的性格。他是这样说的，

一个人的性格有着某样确切的证据，这证据让我们看到，这个人自然而然地总是以同一方式倾向于做好事或者做坏事，也是这个人做出犯罪行为抑或不做出犯罪行为的一个确切根由。

（4）个人的性格是与生俱来的。一个人的性格并不是巧妙、精心培养以后的结果，也不是偶然所处的环境的产物，而是大自然本身的作品。这个体的性格在孩提时就露出苗头。在这时候，在这小孩所做的小事情上面就已显现出将来他在大事情方面的表现。所以，尽管两个小孩在极为相似的环境下长大并受到了相同的教育，但这两个人却显现出截然不同的性格。就算到了垂暮之年，这两人的性格也维持不变。就其基本特征而言，性格甚至是可以遗传的，但那只是从父亲那里遗传过来，而智力则得之于母亲。关于这一话题，我建议读者参阅《作为意欲和表象的世界》第2卷第43章"论遗传"。

从我对于个人性格本质的解释，当然可以推论：美德和劣性是与生俱来的。对于抱有种种错误定见的人，或者对于那些裹脚布哲学及其口口声声的实际利益，亦即对于坚持狭隘观念和小学生般幼稚观点的人，

---

[1] 阿波莱伊斯（2世纪）：罗马小说家。——译者注

这一真理不会让他们舒服，伦理学之父苏格拉底却对此真理坚信不疑。据亚里士多德所言（《大伦理学》），苏格拉底说过：

> 要做出好事抑或坏事，并非我们所能控制的。

亚里士多德对此的反驳意见明显是站不住脚的，其实他自己也持与苏格拉底同样的意见，并且在《尼各马可伦理学》中最清楚不过地表达了出来，

> 具体的性格特征是以某种方式得之于大自然，并为一个人所特有，因为如果一个人具公正、节制或勇敢等素质，那他从出生起就已拥有这些素质。

如果我们大概地浏览一下亚里士多德在《论美德和劣性》一书中所扼要罗列出来的美德和劣性，就会发现所有这些素质如在真人身上出现的话，那这些东西就只能理解为与生俱来的；并且，也只有当这些素质是与生俱来的情况下，这些素质才是真实的。而发自思考、任随我们的主观意愿而表现出来的，其实就变成了某种的做假，是不真实的。因此，在外在情形的压力之下，这些表现是否还能继续、是否能够经受得住考验，却是我们一点都不敢保证的。就算把爱——这不为亚里士多德和古希腊人所知的基督教的美德——考虑进去，情形也没有两样。一个人身上始终不变的善良和另一个人身上根深蒂固、屡教不改的凶恶本性，例如，安冬尼奥、哈德尼安和提图斯的善良性格，卡里古拉、尼禄、多米迁的残暴性格——这些怎么可能是突然从外而至，是偶然外在环境或者纯粹只是知识和教诲得出的结果！可别忘记，教育尼禄的老师是塞内加啊。其实，一个人的美德与劣性，其种子是深藏在这个人与生俱来的性格里面，深藏在这个人的这一真正内核。正是这任何不带偏见的人都自

然会确信的这一道理，使帕特库洛斯[1]这样评论卡图：

> 这个人的所作所为最接近美德懿行。由于这个人天性的缘故，他在各方面都更像是神灵，而不是凡人。这个人在做出公正行为的时候，从来不是为了显示自己是个公正的人，而是因为他无法不这样做。
>
> ——《罗马史》

但如果我们认为人的意欲是自由的，那就绝对无法看出美德和劣性到底是从何而来，也无法解释为何在同一样环境下长大的两个人，在完全相同的外在环境、在对待同一桩事情时，会做出完全不同、截然相反的两种行为。不同性格之间事实上存在的原初和根本的差别，是与意欲自由的看法格格不入的，因为认为意欲是自由的，也就等于认定每一个人在每一既定的情形下是同样可能做出彼此完全相反的行为。这样，一个人的性格从一开始必然被认定像一张白纸，就像洛克所说的人的智力那样；人的性格就不可以有任何这样或那样的倾向，因为如有这样或者那样的倾向，那就会取消了"无须根据、原因的自由"所认为的完美平衡。一旦认为人的意欲是自由的，那我们现正讨论的不同人的不同行为方式，其原因就不会是在人的主体方面。但这原因却更加不会是在客体方面，因为如果原因是在客体方面的话，那就是客体之物决定了我们的行为，那我们所盼望的自由也就完全没有了。现在充其量还只剩下这惟一的后路，把事实上各自差别极大的种种行为方式的源头，锁定在主体和客体之间的中间地带，也就是说，认为人的行为方式的差异是出自主体对客体的不同理解方式，亦即出自不同的人各自对客体的认识。这样，所有的一切就都还原为人们对自己所处外在环境的或正确或错误的认识。经这样一处理，人们行为方式的道德方面的差别就变换成只是判

---

[1] 帕特库洛斯（前19—30）：罗马历史著学家。著有《罗马史》等著作。——译者注

断方面的准确性差别，道德也就脱胎而成了逻辑。那些坚持认为意欲是自由的人，为了摆脱这令人窘迫的困境，到最后可能会说：虽然性格上的差别并非与生俱来，但这种差别却是由外在环境、人所接受的印象、人生经验、耳濡目染的榜样教诲等各方面的差别造成的；而一旦由此定形了不同的性格，那随后所引出的不同行为方式，就可以以此得到解释。对此的回应就是：首先，如果情况真是这样的话，那一个人的性格就会迟迟才露面（实际上，一个人的性格在还是小孩的时候就可以看得出来），大多数人到死也还没有获得其性格。其次，那据称造成了我们性格的外在环境，却是完全不在我们的能力控制之中，并且是由偶然，或者说是由天意所决定了的。如果性格是出自纯粹偶然的不同环境，而不同的行为又出自性格，那对这些不同行为的道德上的责任就不复存在了，因为人所作出的行为归根到底明显就是纯粹的偶然或说天意的产物。所以，一旦假设意欲是自由的，那人们所做出的不同行为的根源，因此也就是美德与劣性的根源，以及人们为此该承担的责任，就都变得因失去支撑而飘忽不定、无处可以生根立足了。由此可以看出，意欲是自由的假设，无论乍一听起来多么迎合思想粗糙的人，但从根本上却既与我们的道德信念相抵触，同时，正如我已足够表明了的，也与我们理解力所遵循的最高原则相悖。

正如我在上文已经充分阐明的，一如所有的原因，动因能够必然发挥作用并不是没有前提条件的。现在我们已经了解到了这一前提条件，或者说动因能够发挥作用的基础。那就是：一个人与生俱来的个人性格。正如在大自然的无生命界，每一结果都是两个因素的必然产物，也就是说，在无生命界，这两种因素就是外现出来的普遍自然力和引起这自然力外现的特定原因；同样，一个人所做出的每一样行为，都是这个人的性格和进入这个人头脑的动因的必然产物。具备了这两者，就不可避免地引出行为结果。要引出另外不一样的行为结果，那就要么在这个人的头脑中出现另一动因，要么这个人换上另外一副性格。此外，我们本来还可以有把握地预知，甚至可以精确计算出一个人将要做出的行为——如果不是因为一方面很难探究和洞察一个人的性格，另一方面动因经常是隐藏着的，并且这些动因也总是受到其他动因的相反作用，而那些其他动因只存在于这个人的头脑思想里面，是外人无法接触到的。一个人所追求的总体目标从根本上是由他那与生俱来的性格所确定的。这个人为实现这一目标所采用的方法和手段，一方面是由外在环境，另一方面由这个人对这外在环境的理解所确定。至于这个人对其外在环境理解的准确程度，那又取决于这个人的理解力及其培养。所有这些所引出来的最终结果就是这个人的行为、做事，因此也就是这个人在这一世界上所要扮演的整个角色。我在这里关于个人性格学说的结果，歌德也同样准确和诗意地表达在一节优美诗歌里，

> 在你降临世上的那一天；
> 太阳接受了行星的问候，
> 你随即就永恒遵循着，
> 让你出世的法则茁壮成长，
> 你必然就是你，你无法逃脱你自己，
> 女巫斯贝尔和先知已经这样说过；
> 时间，力量都不能打碎，
> 那既成的、已成活的形体。

所以，原因必然引出结果，其前提条件就是每样事物的内在本质——不管这内在本质只是在这事物上显现出来的普遍自然力、生命力还是意欲。每一存在物，不管是何种类，都总是对所出现的作用原因，根据自己特有的本质而相应作出反应。这世上的一切事物都无一例外服从这一规律。这一规律由经院派哲学家的这一句子表达了出来。"operari sequitur esse"（"先有本质，后有这些本质的发挥"）。正是因为这一规律，

化学家才可以通过试药或试剂来检验某样东西，而我们则可以通过特定的情形以考验一个人。无论是在何种情况下，外在原因所必然引出的，都是已隐藏于本质之中的东西，因为这本质中的东西只能根据自己的本质作出反应，除此之外，别无其他的选择。

在此我们必须记住，每一种存在（existentia）都是以某一本质（essentia）为前提。也就是说，每一既成和存在之物都正因此成为某物，都必然具备确定的本质。这一存在物不可能既已存在，但又什么都不是，也就是说，这一存在物不可能像形而上的存在那样，亦即不可能是某物，但却又不具有确定的素质和成分，也没有出自这些素质和成分的明确发挥方式。相反，正如还不存在的某一本质无法提供其现实（康德以100塔勒的著名例子讲解了这一道理），同样，没有本质的存在也是无法提供其现实的。这是因为每一既成的存在物都必须具备某一为这既成之物所特有的本质，因此既成之物就成了现在的样子；这一本质是这一既成之物永远固守的，原因则必然引出这一本质的外现。但这本质本身却一点都不是原因的产物，也不会因为那些原因而改变。所有这些道理不仅适用于大自然的所有其他存在物，同时也适用于人及其意欲。人除了其存在以外，也有其本质，亦即也有其根本的素质。一个人的根本素质构成了这个人的性格，这性格只需要外在的诱因，就会显现出来。所以，期望一个人在同一样的处境下，一会儿做出这样的行为，另一会儿又做出另外完全不一样的行为，就犹如人们期望同一株果树，在今年夏天长出樱桃，在明年夏天则长出梨子。意欲是自由的说法，只要仔细考察一下，其实就意味着存在物可以不具本质。这也就是说，某样存在物既是某物，同时又什么都不是，亦即同时又不是某物。这因此是自相矛盾的。

正是因为对此道理有着深刻认识，同时也是对先验确切的，并因此是无一例外行之有效的因果律有着深刻的认识，所以，各个时代所有真正深邃的思想家，不管他们在其他方面的观点如何彼此差异，但在这方面的看法却是一致的。他们都同意在有了动因以后，意欲行为就必然展开；他们都摒弃"无须原因、根据的自由"。正因为那些没有能力思想、被表面假象和偏见、定见牵着鼻子走的不计其数的大众，每时每刻都顽固不化地对抗这一真理，所以，那些思想家才为了以最断然，甚至最夸张的字词宣扬这一真理，不惜走进极端。最著名的例子就是比里当[1]所提出的驴子例子。在过去的一百年里，人们徒劳无功地试图在比里当仍存的文字里找到这一例子的出处。我本人就有一本比里当的《似是而非的论辩》，这个版本显然是在 15 世纪印刷，既没有标明印刷地点、印刷的年份，书上甚至没有页码。我多次在这书里试图找到他的著名例子的具体出处，但都无法如愿，虽然几乎在书的每一页都提到这驴子的例子。贝尔[2]关于比里当的文章是自那以后所有有关这一话题的文章的基础。贝尔说人们只知道一部比里当的《似是而非的论辩》。这是很不确切的，因为我就有一本整四开本的比里当的《似是而非的论辩》。另外，既然贝尔就此事情花费了如此心力，那他就应该知道自那以后人们似乎都不曾注意到的事情，亦即比里当所用的著名例子——这在某种程度上已成了我在这篇文章所辩护的伟大真理的象征——其实早在比里当之前就已经有人提出来了。这一例子见于但丁的著作。但丁生活在比里当之前，是但丁那时候各科学问的大师。并且，但丁说的是人，而不是驴子。下面这四行诗是但丁的《天堂篇》第四部分的开首语，

> 如果两边与自己同等的距离，
> 都摆放同样的食物。
> 那一个人直到饿死，

---

[1] 比里当（Jean Buridan, 1300 前—1358 后）：法国亚里士多德学派哲学家、逻辑学家。——译者注
[2] 贝尔（Pierre Bayle, 1647—1706）：法国思想家。著有《历史和批判辞典》等著作。——译者注

仍无法凭自由的意愿，

把其中一边的食物送进嘴里。

事实上，我们甚至在亚里士多德的著作《论天堂》第二部分找到这一例子。亚里士多德是这样说的：

同样的例子就是如果一个人是同等程度的饥和渴，而他与食物和饮水相距同等的距离，那这个人就必然因不知该作何选择而呆立不动。

比里当从这些来源中拿来例子，并把例子中的人换成了驴子，纯粹只是这位捉襟见肘的经院哲学家一向保持的习惯，要举出例子的话，要么是苏格拉底和柏拉图，要么是驴子。

关于意欲是否自由的问题确实就是一块试金石，以此我们可以把深刻的思想者与头脑肤浅之辈区别开来；或者说这是一条分界线，在此这两类人分道扬镳，因为深刻的思想者都会认为，有了既定的性格和动因，由这两者就必然引出一定的行为结果；而头脑肤浅之辈则与大众一样顽固坚称意欲是自由的。但也有一些人是选择中间路线的。在深感困惑和混乱之下，干脆巧妙地避重就轻，给自己也给别人转移目标；不是以字词作掩护，就是把问题反复翻过来、倒过去，直至大家再也不知道要讨论的问题是什么。莱布尼茨就是这样做的。他其实是数学家和博学者，更甚于哲学家。真要让顾左右而言他的空谈家正面面对我们的论题，那我们就要向他们提出下列问题，并且不能让他们离题回答：

问题1：某一个人在某一种情况下，有可能做出两种行为，抑或只有可能做出一种行为——任何深思的人对此的回答都是：只有可能做出一种行为。

问题2：假设一方面，一个人的性格保持不变；另一方面，这个人所经受影响的外部情形甚至在每一个最细小的细节上都完全受到外在原因的必然限定，而那些外在原因本身也以严格的必然性出现，并且，这外在原因的链条也完全是由同样必然的环节串连起来直至无穷——假设是这样的情形，那这个人已经走过的生命轨迹，以及其中经历过的事件、场景，甚至包括最微小的细节，有可能会发展成与现在不一样的另一番样子吗？"不！"应该是正确和连贯的回答。

从这两个命题所得出的结论就是：所有发生的事情，无论大小，都是必然地发生。

谁要对这些命题感到吃惊，那我们就有不少东西需要学习，有不少东西需要忘记。但从此他就会发现：这些道理是为我们提供平静和安慰的最丰富的源泉。我们的所作所为肯定不是没有原因的开始；因此，这些所作所为里面并没有什么是的确最新才有的东西，其实，从我们所做，我们才知道我们所是。正是因为古人确信这一真理：所有发生的事情都以严格的必然性发生，虽然古人是从感觉上，而不是通过清晰的认识确信这一真理，所以，古人才会对命运一说坚信不疑；穆罕默德的命运主义，甚至全世界各地都会有的、难以根除的相信预兆的习惯，也都基于这种确信。这是因为甚至是最琐细的偶然事情，也是必然地发生，而所有的事情就好比是相互步调一致。所以，所有的一切都在相互之间产生回响。最后，这样的事情也与上述真理有关：谁要是完全无意、纯粹偶然地伤残或者杀死了另一个人，那他会终生哀叹这一"不幸"，感觉上总与罪疚有几分相似；他也会感觉到别人对他怀有某种莫名其妙的不信任，视他为不祥之人。的确，这种发自感觉的确信，亦即确信人的性格不可改变和这性格外现的必然性，甚至对基督教的神恩选择的学说，也不会没有发挥过影响。最后，我还是忍不住在此说上几句完全是附带的话——对这些话，读者诸君尽可以根据自己对一些事情的思考，予以考虑或者忽略不理。如果我们并不认为所有的事情之所以必然发生，是因为一条因果链把所有大小事情都连接起来，如果我们也允许绝对的自由在这条因果链上的无数处中断这一因果链，那所有在梦中、在催眠透视状态中、在另类视觉中预见将来就甚至在客观上也成为不可能的了，这些也就是绝对不可能和无法想象的事情了，因为如果绝对的自由可以中断因果链，那就不会有一客观确定、确实的将来可让我们有可能预见得到。我们看到的可不是这种情形。现在我们怀疑的只是预见将来的主体条件，亦即主体可能性而已。但时至今日，对于那些见多识广的人来说，甚至这种怀疑也不再有市场，因为来自最可靠证人的无数证词已经证实有预知将来的事情。

我再补充下面的一些看法，以附加说明那已确证了的道理，亦即发生的所有事情都遵循必然性而发生。

假如必然性不是贯串和挈领着一切事物，尤其是假如必然性并不主导着个体的繁殖，那这个世界将是何种样子？是一个怪物，是一堆垃圾，是一副完全不明所以的假面具，亦即真正偶然的产物。

希望某些已经发生的事情当初不曾发生，是折磨自己的愚蠢做法，因为这样希望就等同于希望发生一些绝对不可能发生的事情，其不理智就犹如希望太阳从西边升起。正因为所有发生的事情，无论大小，都遵循严格的必然性而发生，所以，反复回想当初发生的那些事情，其起因是多么的偶然和多么的微小，而事情本来轻而易举就可以发展成另外一个样子——这样回想的话，完全就是自寻烦恼，因为这些胡思乱想只是胡思乱想而已。这是因为所有那些已经发生的事情都是循着必然性发生；这些事情的发生和太阳从东方升起，两者都是根据同样充足的力度而得出的结果。其实，对所发生的事情，我们应该就像对待已经印刷出来的文字一样：在阅读这些文字时，我们心里已经清楚，这些文字早在我们阅读它们之前就已经印好在那里了。

四、先行者

为了例证我在上文所说的关于所有深刻的思想家对此问题都会有的

判断，我想在此回顾一下一些在这问题上发表过意见的伟人。

有些人或许会认为，宗教观点会与我所辩护的真理水火不容。为了让这些人放心，我首先要指出的是，《圣经》中耶利米已经说过：

> 一个人的行事并不在自己的掌握之中，指挥脚步的并不是行进中的那一个人。

但我尤其想引用路德[1]所说过的话，他在一部专为此问题而写的著作《论意志的枷锁》里，极其激烈地反驳意欲（意志）是自由的观点。从这著作中摘引几段就足以典型表达路德的看法。当然，支持他的看法的不是哲学上的根据，而是神学方面的根据。这里摘录的是舒密特出版社（斯特拉斯堡）1707 年的版本。在该版本的第 145 页，我们读到，

> 所以，我们发现在所有人的心上都同样写着没有自由意志这回事，虽然这一确凿的观点由于许多相反的说法和各种各样的权威而湮没了……（第 214 页）在此，我想提醒那些维护自由意志观点的人注意，宣称意志是自由的，就是否定了基督教。……（第 220 页）《圣经》中所有有关基督的证词都与自由意志水火不容。这样的证词数不胜数，因为整部《圣经》都与基督有关。所以，如果我们让《圣经》仲裁这一问题，那我这一观点无论在哪方面都是对的：《圣经》里没有哪一个字哪一个词不是谴责这自由意志的理论。

现在我们看看哲学家是怎么说的。在这一问题上，古希腊哲学家的说法是不必认真对待的，因为他们的哲学就犹如仍处于天真、无邪的时

---

[1] 路德（Martin Luther, 1483—1546）：16 世纪欧洲宗教改革倡导者，基督教新教路德宗创始人。著有《九十五条论纲》等著作。——译者注

代。当代哲学中最深奥和最棘手的两个问题：亦即意欲是否自由的问题，外在世界的现实性问题（或说观念与现实之间关系的问题），还没清晰进入古老哲学家的头脑意识。在亚里士多德的《尼各马可伦理学》第三部分，我们可以看到古希腊人是在多大程度上清楚意识到意欲是否自由的问题。在这相关的部分里，我们可发现亚里士多德对此问题的思考主要只是身体（物质）层面的自由和思想智力层面的自由。所以，他总是谈论"随意"和"非随意"两个词，把"随意"和"自由"混为一谈。更加困难的道德层面的自由还没有进入他的头脑，尽管有时候亚里士多德的思想确实已进入这一范围了，尤其是在《尼各马可伦理学》第二部分第 2 章和第三部分第 7 章。在那些章节，亚里士多德却错误地从人的行为得出人的性格，而不是恰恰相反。他也同样相当错误地批评苏格拉底那句我已引用过的看法。在其他段落，亚里士多德却又重拾苏格拉底的看法，并纳入自己的观点，例如在《尼各马可伦理学》第十部分第 10 章中，

　　至于人的天性部分，那很清楚并不在我们的能力控制之中，而是由于某种神灵的旨意，属于那些真正幸运的人。

　　所以，在某些方面，性格肯定是预先就存在的；如果这一性格与美德相类似，那这人就会趋善避恶。

而这后一句话则与我上面所引用过的话、也与《大伦理学》的这一句话相吻合，

　　一个人不可能只是凭着下定决心就能成为最好的人——除非这个人本身就有着成为最好的人的天性，但如果这个人只是想要变好一点，却是可以的。

在同一意义上，亚里士多德在《大伦理学》第一部分和《欧德穆斯伦理学》第二部分讨论了意欲自由的问题。在这两处地方，亚里士多德已经接近了真正的问题，虽然他所谈论的一切都是摇摆不定和肤浅表皮的。亚里士多德讨论问题时永远都是并不采用解析的方法、直接进入问题的实质，而是采用综合的方法，从外在的标志得出结论；不是深入直达事物的内核，而是只抓住外在的特征，甚至只是停留在字词上面。这种探究方法很容易就偏离了方向，如果探讨的是深奥的问题，那就永远不会达致目标。在探讨这一问题时，亚里士多德在碰到那所谓的必然与随意的矛盾时，就好像碰到了一堵高墙停步不前了。但只有越过这一堵高墙才可以认识到，随意其实正好就是必然的——这随意因动因而起，而缺少了动因，也就不会有意欲的行为了，情形就犹如缺少了意欲的主体，就不会有意欲的行为一样。一个动因就和机械原因一样都是原因，动因与机械原因之间的区别只在于非本质性的方面。亚里士多德本人就说过："目的也是四种原因中的一种。"所以，随意与必然的矛盾从根本上就是错的，虽然时至今日，许多自封的"哲学家"仍然重犯亚里士多德的错误。

西塞罗[1]在《论命运》第10章和第17章把意欲自由的问题相当清楚地提了出来。当然，他这部著作所讨论的话题很容易和很自然就引至这一问题。西塞罗本人赞同意欲是自由的说法，我们可以看到克里斯波斯[2]和狄奥多罗斯[3]肯定或多或少地清楚意识到了这一问题。同样值得注意的是卢奇安[4]《死人的对话》中第30篇：亦即米诺斯与鲁斯特拉

---

[1] 西塞罗（Marcus Tullius Cicero，前106—前43）：罗马政治家、雄辩家、法学家。著有《论雄辩家》等著作。——译者注
[2] 克里斯波斯（约前280—约前206）：希腊哲学家，是把斯多葛学派系统化的主要人物。——译者注
[3] 狄奥多罗斯（Diodorus Siculus，活动时期前4世纪）：古希腊历史学家。著有《历史丛书》等著作。——译者注
[4] 卢奇安（Loukianou，120—180）：希腊讽刺作家。著有《诸神的对话》等作品。——译者注

托斯之间的对话。这篇对话否认意欲是自由的，以及与此相关的责任。

《圣经·旧约》的主要希腊文版本中，马克比斯的第四篇（这一部分在路德所翻译的德文本《圣经》中阙如）在某种程度上是宣扬意欲自由的，因为它极力想证明理性有能力克制所有的狂热和激情，并且在第二篇中举出犹太殉道者的例子以支持这一观点。

据我所知，在古老作者中，最早清楚认出我们现在讨论的问题，似乎是亚历山大的克雷芒[1]，因为他说过：

> 如果一个人的灵魂中并没有争取和反抗的能力，如果邪恶、卑劣的行为其实并非当事人所自愿做出，那无论是赞扬还是指责，无论是崇敬还是惩罚，都不是合理的。

然后，完成一个与在此之前的话题有关的句子之后，克雷芒说：

> 所以，对我们的劣性、恶习，上帝不需负责。

这一句尤其值得注意的结论，显示出基督教会是在何种意义上马上发现了这一问题的涵义，并且根据自身的利益马上抢先作出应对之策。差不多两百年过去以后，尼梅希[2]在《人的本性》第35章结尾和第39章到第41章，全面探讨了意欲自由的理论。在这部著作里，自由意欲只是简单与随意或者选择混为一体。因此，尼梅希热情十足地声称和说明意欲是自由的。尼梅希这样做已经算是公开探讨这一问题了。

---

[1] 克雷芒（Clemens Alexandrinus，约150—约215）：希腊基督教神学家，基督教护教士。著有《给新受洗的人》等著作。——译者注
[2] 尼梅希（活动时期4世纪末）：基督教哲学家、护教士、新柏拉图主义者，曾任埃梅萨（今叙利亚境内霍姆斯）主教。著有《论人性》。——译者注

但是，对这一问题及其相关的一切能有更进一步的意识，却是最早反映在基督教教会之父奥古斯丁[1]的著作里。所以，虽然奥古斯丁是神学家远甚于哲学家，但我们还是在此探讨一下他的看法。但马上，我们就会发现：面对这一意欲是否自由的问题，奥古斯丁陷入了明显的尴尬、迟疑、摇摆之中。这使他在三卷本《论自由意欲》著作里的看法前后不一、自相矛盾。另一方面，他不想像贝拉基[2]那样承认意欲是自由的，以致原罪、获解救的必要性、神恩的选择等说法都可以取消。如果人是这样自由的话，人就可以凭一己之力成为公正的人、配享天堂极乐的人了。奥古斯丁在第1卷的修订部分，甚至表达了这样的意思：他本来可以就有争议的意欲是自由的说法表达更多的反对意见（后来，路德为他这些否认意欲是自由的意见作出了激烈的辩护。），假如奥古斯丁的这书不是在贝拉基的著作露面之前就已写成的话。在这之后，奥古斯丁还写了一部《论天性与后天培养》以反驳贝拉基的观点。奥古斯丁在《论自由意欲》中就已经写出这样的话：

现在的情形就是人并非好人，并且要成为好人也不是人力所能及；这要么是因为人无法看清应该如何成为好人，要么是因为人看清了这一点，但却不愿意成为自己应该成为的好人。

奥古斯丁接着写道：

或许是人由于无知的缘故，并没有自由去决定和选择自己应该怎

---

[1] 奥古斯丁（Saint Aurelius Augustinus，354—430）：罗马时期天主教思想家。著有《忏悔录》等著作。——译者注
[2] 贝拉基（Pelagius，约354—418以后）：英国基督教隐修士、神学家。他强调人本性善良，人有自由意志。上帝予人以选择善恶的自由，犯罪是人违抗上帝律法的自愿行为。他的异端神学理论被称为贝拉基主义。——译者注

做；或许是由于肉体习惯的反抗，肉体习惯多少因受到那致命的原罪的影响而加剧，虽然人已看到应该怎么做，并且愿意这样做，但却无法贯彻执行。

在著作的上述修订部分，奥古斯丁写道：

> 所以，除非意欲（愿）本身因得到神恩而被解除了束缚——正是由于这一束缚，人成了罪恶的奴隶，并且得到支持去克服罪恶，否则，凡人是不会公正、善良地生活的。

但在另一方面，奥古斯丁却是因为下面三个理由为自由意欲作出了辩护：

1. 为了反对曼尼派[1]的观点，奥古斯丁专门写了《论自由意欲》，因为曼尼派否认意欲是自由的，并且认为罪恶有着另一不同的源头。奥古斯丁在《论灵魂的伟大》一书的最后一章就暗指曼尼一派，"人们被赋予了选择的自由，谁要试图以滑稽的诡辩去动摇这一点，那他就是盲目的（……）"。

2. 受到那种天然的假象的迷惑——而这一假象我已向大家指了出来。由于受到这种假象的迷惑，"我意欲怎么做就可以怎么做"就被视为意欲是自由的，而"随意"则成了"自由"的同义语。在《论自由意欲》第十三章，就有这样的话："又有什么比意欲（意愿）本身更处于意欲（意愿）的控制之下？"

3. 迫于这样的必要：把人该承担的道德责任与上帝的公正协调起来。也就是说，奥古斯丁的敏锐眼光并不会使他忽略了这一至为严肃的关键性问题。要解决这关键性的问题是那样的困难，以至于后来所有的

---

[1] 以组建者曼尼（217—277）命名的宗教运动派别。——译者注

哲学家，据我所知除了三个以外，都宁愿悄悄地绕过这一困难，就好像这一难题并不存在似的。稍后我将更仔细地讨论我这里说的那三个例外的哲学家。相比之下，奥古斯丁却是以高贵的坦诚在其《论自由意欲》的一开始，就开门见山地表达了这一关键性的问题："请告诉我，上帝是否就是罪恶的创造者？"然后，在接下来的第二章里，奥古斯丁更加详细地写道："下面的疑问使我感到不安：如果罪恶是出自所创造出来的灵魂，而那些灵魂又来自上帝，那除了把这些罪恶间接地归咎于上帝以外，有可能还有其他的选择吗？"那对话者回应说："你刚才所说的话，正是我苦思冥想要找出的答案。"

对这关键性问题的严肃思考由路德继续进行，并且是以路德那激昂、滔滔的雄辩方式进行，

上帝必然就是因其自由把我们受制于必然性，甚至我们那天然的理性也可以看到和承认这一点。如果我们承认上帝是全知、全能的话，那就很自然并且是无法避免地得出这样的结论：我们并不是经由自己创造了自己或者生活或者做出任何事情，而是一切都是经由全能的上帝（……）上帝的全知、全能是与我们拥有意欲（意愿）自由截然相矛盾的。人们都得服从合乎逻辑的思考，都得承认：我们之所以是这个样子，并不是因为我们意愿（意欲）要成为这个样子，而是必然性所使然。所以，我们不是因我们自由的意愿（意欲）而做出我们喜欢做的事情，我们这样做其实是根据上帝的意思；而上帝则预见到了一切，并且以毋容置疑和不可改变的决心和意志把这些付诸实行。

到了 17 世纪初叶，我们可看到瓦尼尼[1]深信这一观点。这是瓦尼

---

[1] 瓦尼尼（Lucilio Vanini, 1584—1619）：文艺复兴时期意大利哲学家。——译者注

尼坚持不懈反抗一神论的思想内核和灵魂，虽然由于当时时代的压力，瓦尼尼把其反抗的意见尽量巧妙地掩藏起来，只要一有机会，瓦尼尼就会重申这一观点，不知疲倦地从各个不同的角度阐述这一观点，例如，《永恒上帝的竞技场》第16条答辩是这样说的，

如果上帝愿意罪恶的存在，那他就会带来罪恶，因为《圣经》上写着，上帝愿意什么，就带来什么。如果上帝并不愿意，但罪恶却偏偏发生，那我们就只能认为：上帝要么没有预见的能力，要么就不可以称为全能，或者上帝干脆就是残忍的，因为上帝并没有执行自己的旨意。这个中的原因要么是无知，要么就是无能或者疏忽、马虎（……）哲学家说道：如果上帝并不愿意那些可耻和下流的行为在这世上发生，那上帝毫无疑问不费吹灰之力就可以从这世上扫清所有无耻的行径，因为又有谁可以抗拒上帝的意志呢？违背上帝意志的罪行又如何能够发生，假如上帝不曾赋予罪犯以力量犯下这些罪行？再者，如果一个人对抗上帝的意志、犯下罪行，那上帝就比那对抗他并取得了胜利的罪犯还要虚弱。由此得出的结论就是，上帝愿意这个世界就是现在这个样子，如果上帝宁愿有一个更好的世界的话，那他早已经创造一个更好的世界了。

还有第44条答辩，

工具只是听从其主人的指示。我们的意欲在付诸行动时，就像是一道工具，而上帝则是真正的行为主因和主体。所以，如果我们的意欲表现恶劣，那上帝难辞其咎……我们的意欲完全取决于上帝：不仅在这意欲的作用方面是这样，在意欲的本质构成方面也是如此。所以，事实上，我们的意欲不应该为任何事情承担罪责，不管在意欲所造成的结果作用方面，还是意欲的本质构成方面，都是这样。只能由创造了这样的意欲并让这意欲活动起来的上帝承担罪责……因为意欲的本质和活动都

是出自上帝，所以，意欲所造成的或好或坏的效果都只能归于上帝，假如意欲就是上帝的工具的话。

在阅读瓦尼尼的著作时，我们却不可以忘记这一点：瓦尼尼自始至终所使用的技巧就是通过他的论敌的嘴巴说出瓦尼尼似乎感到厌恶、想要反对、但其实正是瓦尼尼自己本人想说出的真实看法。然后，瓦尼尼就以自己本人的身份，运用肤浅和根本站不住脚的论据反驳自己的真实看法。到最后，瓦尼尼就好像辩论得胜一样，把那弦外之音留给读者自己去想。瓦尼尼以这一狡黠的手法甚至骗过了巴黎索邦神学院、骗过了博学的神学家。那些神学家对这一切信以为真，天真地准许瓦尼尼那些目无上帝的文章出版发行。三年以后，索邦的神学家们以双倍高兴的心情看着瓦尼尼在火堆上被活活烧死——在此之前人们已经割断瓦尼尼那亵渎上帝的喉舌。

至于严格意义上的哲学家，如果我没有记错的话，休谟[1]是第一个没有绕过奥古斯丁首度提出来的相当困难的问题。他在《论自由和必然性》一文中坦白表达了这一问题，但却没有提到奥古斯丁、路德和瓦尼尼。在这篇论文的末尾处，休谟写道，

我们所有意欲行为的作者就是这一世界的创作者。这一创作者首先启动了这一巨大的机器，并让所有存在物都各就各位。然后，事情就循着不可避免的必然性而发生。所以，人的行为要么谈不上有多坏，因为这些行为都是出自很好的原因；要么，如果人的行为真的很坏，那我们的创作者就必然负上罪责，因为他被认为是人的行为的最终原因和作者。这是因为一个已经爆破开矿的人，无论所采用的导火线是长是短，

---

[1] 休谟（David Hume，1711—1776）：18世纪苏格兰经验哲学家、历史学家、经济学家和随笔作家。著有《人性论》等著作。——译者注

都得为所有的后果负责。所以，一旦连续的因果链确定了下来，那制造了这链条第一个原因的存在物，不管这存在物是有限的还是无限的，也同样是其余原因的制造者。

休谟曾尝试解开这一棘手的难题，但到最后，休谟还是承认这一难题是无法解答的。

康德也是在自己的独立探索中遇到了这一绊脚石（《实践理性批判》，罗森克兰兹版，第232页）：

> 情形似乎就是：只要我们把上帝这一普遍的原初存在物假设为同样是物质存在的始因，那我们也就得承认人的行为，其决定性原因完全就是在人的能力控制范围之外，亦即在与人截然有别的最高级存在物的因果之中，而人的存在以及人的全部因果决定就完全依赖于这一最高级存在物……人只是伏贡松式的机器人（注）：这机器人是由巧妙制造了一切的最高主人一手制造和上紧了发条。虽然因为有了对自身的意识而使这机器人成了一个会思维的机器人，但这个机器人所意识到的自己行为的自发性——如果把这行为的自发性当作是自由的话——却只是幻象而已，因为这行为的自发性只能相对称得上自由。这是因为虽然驱使人活动起来的最接近原因，以及排在这最接近原因之前的一长串原因是在人的内在，但最终和最高的原因却完全是在别的存在物手里。

康德试图通过把自在之物与现象区别开来以清除这一巨大的难题，但这一办法却明显没能让事情从根本上有所改观。所以，我肯定地认为：康德也不是真的认为采用这一办法就可以解决问题。康德本人也承认他的解决办法是不充分的。他在第184页补充说，

> 但是，人们已经尝试过的或者想要尝试的种种其他解决办法，是否

就更加容易和更好理解？其实，我们想说的是：那些形而上学教条的宣讲者所表现出来的是狡猾更甚于真诚和坦白，因为他们尽其所能地做到对这一难题视而不见，暗自希望如果他们只字不谈这一难题，那或许就无人会想起这一难题。

把谈论同一样事情的这些相当不同的声音作了一番很值得注意的汇总以后，我现在就返回讨论我们的教会之父的意见。奥古斯丁希望能以他那些根据、理由打发掉那已为他所意识到的极为棘手的难题。奥古斯丁的那些根据、理由是神学方面的，而不是哲学的。所以，他那些根据、理由并非无条件有效。正如我已经说了的，支持他那些意见是上述的第三个理由——正是为了这统共的三个理由，奥古斯丁就力图捍卫那上帝给予人的"意欲（意愿）自由"。这样的"意欲（意愿）自由"作为中间物，把上帝与上帝的创造物所犯下的罪过各自分开，本来是确实足以解决掉那棘手的问题。只不过这一意欲（意愿）的自由，用言词说说是挺容易的，或许也可以将就着满足那些思维只停留在言词上面的人，但这"意欲（意愿）的自由"起码能经受得住严肃、深思的人的思维和推敲才行呀。可惜的是，我们如何才能设想出这样一种情形：某一存在物，无论其本质（essentia）还是其存在（existentia），是另一存在物的作品，但前者却可以原始地和从根本上决定自身，并因此为自己的行为负责？"先有本质、后有这些本质的发挥"的定理，亦即每一存在物所发挥的作用都是出自这存在物的本质构成，推翻了上述假设的情形，但这定理本身却是无法推翻的。如果一个人做出恶劣的行为，那就是因为这个人是恶劣的。上述定理附带这样的推论："所以，有什么样的本质就有什么样的作用效果。"一个钟表匠因为自己所制造的手表不准时而发火——对此我们将有何话说？无论我们是多么愿意把我们的意欲说成是一张白纸，但我们还是不得不承认，例如，如果有两个人，其中一人在道德方面做出了与另一个人完全相反的行为，那这一肯定是有其出处的行为模式的差别，其原因要么是外部环境——这样的话，罪责就显而易见与做出行为的人无关；要么是这两个人意欲方面的差别——这样的话，罪责或者美德同样与他们无关，假如这两个人的存在和本质是出自第三者之手的话。在上述那些伟大思想家竭尽全力仍无法走出这一迷宫以后，我也乖乖地承认要设想或者理解这样的事情，亦即人的意欲并非自创、自主，但却得承担意欲行为的道德责任，也是超出我理解能力范围的。毫无疑问，也正是因为理解力无法理解这种事情，使斯宾诺莎[1]在《伦理学》的开首处给出了八个定义中的第七个定义：

只有出于自身本质的必然性而存在，并且只经由自身决定行为的，才称得上是自由的。但由其他来决定自己的存在和行为的，则被称为必然的，或者说被迫的。

也就是说，如果某一劣行出自一个人的本性，亦即出自一个人与生俱来的构成，那罪责就明显应由创造出这一本性的作者承担。正因为这一道理，人们才发明了意欲是自由的说法。但假定这一说法是成立的，那这劣行到底是从何而来，却是绝对无法弄明白的，因为"自由"根本上只是一种否定的特质——自由只是表明没有什么东西迫使或者阻止这个人做出这样或者那样的行为。这样的话，那就永远不会清楚明白人的行为到底是从何而来，因为这行为既非出自人的与生俱来的构成成分——因为那样的话，那就成了造物主的罪责；同时，这行为也并非出自外在环境——因为那样的话，外在偶然就难辞其咎了。这样，无论属于哪一种情况，人本应都是没有责任的——但现在，人却得为自己的行为负责。恰当表示自由意欲的图像就是一架两边都没有放上重物的天平：天

---

[1] 斯宾诺莎（Baruch de Spinoza，1632—1677）：生于荷兰，17世纪的唯理性主义者，哲学史上最完善的形而上学体系之一的创建者。著有《伦理学》等著作。——译者注

平现在就平静地保持着两边的平衡；除非在天平的其中一边放上东西，否则是不会打破这平衡的。正如天平的两边不会自动起落，同样，自由的意欲也不会自动产生行为，因为从无中只能生无。假如天平的这一边下落，那肯定是在这一边放上了物品，而这物品就是导致天平这一边运动的根源。同样，引发人的行为必须通过某样发挥出肯定作用的东西才行，而不仅只是否定特性的自由。这只能以这两种方式进行：（1）要么是纯粹由动因本身引发行为，亦即由外在环境引发行为。这样的话，显而易见，人就用不着对这行为负责了。并且，在那同样的环境下的所有人也必然会做出同样的行为。（2）要么是由一个人对这些动因的接受能力而引发行为；那行为就是出自这个人与生俱来的性格，亦即出自这个人身上本来就潜伏着的倾向。这些倾向因人而异，正是因为有了这些潜伏的倾向，动因才可以发挥出作用。这样的话，意欲就不再是自由的了，因为人的那些倾向就是放上天平的重物。应该为此负责的是放上这些重物的人，亦即创造出具这样倾向的人的造物主。因此，只有当人是自己的作品时，亦即具有自创、自主的能力时，人才需要为自己的行为负责。

在此所阐述的对这整件事情的观点，可以让我们看出意欲的自由是一个多么关键的所在，因为意欲的自由是把造物主与其创造物所犯下的罪孽分隔开来的一道必不可少的鸿沟。由此可以明白为何神学家们会执意坚持意欲是自由的观点，并且为何他们的那些手持盾牌的扈从，亦即那些哲学教授就像履行责任一般地以无比的狂热支持那些神学家，以致对伟大思想家所提出的最简明、最确凿的反证竟充耳不闻、熟视无睹，一味死抱"意欲是自由"的观点不放，就像保卫自己的"衣食父母"一样。

最后，我得完成在这之前中断了的对奥古斯丁这方面看法的叙述。奥古斯丁总的意见就是：人其实只是在犯罪痛失天堂之前，才有着完全自由的意志；但在堕落以后，犯下了原罪的人就惟有寄望于通过神恩选择和赎罪获得解救。奥古斯丁说出这一番见解的时候俨然就是教会之父。

与此同时，正是由于奥古斯丁的见解和奥古斯丁与曼尼教派和贝拉基一派的争论，哲学开始意识到了我们现正讨论的问题。自那以后，经过经院派哲学家的处理，这一问题对哲学家来说变得越发清晰。比里当的《似是而非的论辩》以及但丁上述的一段话都是这方面的明证。彻底探讨这一问题的第一人，显然就是托马斯·霍布斯[1]。他出版于1656年的著作《有关自由与必然性的问题，兼反驳布兰荷尔博士》就是专门讨论这一问题的。这一拉丁文版本现在是稀罕之物了，英文版本的书名则是《托·霍布斯：道德及政治著作》，伦敦，1750年版。我从第485页上摘引下面的主要段落：

（6）任何一样东西都不是仅靠自身而开始，而是必须获得在自身之外的某一其他直接的原因。所以，当一个人开始对某样东西有了胃口或者意欲，而直接在这之前，这个人对这东西却没有胃口或者意欲，那么，引起他的意欲的原因就不是那意欲本身，而是某样并不在这个人的能力控制之内的东西。所以，在随意的行为中，意欲（意愿）毫无疑问是这行为的必然原因，但根据以上所说的，意欲（意愿）本身也是由意欲所无法控制的其他一些东西所必然引起的。由此可以推断：随意的行为全都有其必然的原因，所以，这些随意的行为都是必然发生的。

（7）我认为，充足原因就是：要造成某一结果所需的一切都不缺乏。必然的原因也是如此，因为如果一个充足原因有可能不会造成某一结果的话，那这原因就是缺了要造成这某一结果所必需的某些东西，那这原因就不是充足的原因。但如果某一充足原因不可能不造成某一结

---

[1] 霍布斯（Thomas Hobbes，1588—1679）：英国伟大的哲学家和政治理论家。著有《利维坦》等著作。——译者注

果的话，那充足的原因就是必然的原因。所以，很明显，所有的结果其产生都有其必然性。这是因为所有产生的结果都有产生出这一结果的充足原因，否则，就不会产生这一结果了。因此，随意的行为也是有其必然性的。

（8）一般对所谓自由力量的定义（"自由的力量就是当要造成某一结果所必需的一切都具备了以后，仍然可以不造成这一结果"），本身就是自相矛盾的，没有任何意义。这一定义就等于说："尽管原因是充足的，亦即带有必然性，但却不会造成结果。"

（485页）每一事件无论其发生看上去是多么的偶然，或者多么的任随人意，都是必然地发生。

在著名的《论公民》里，霍布斯说：

每个人都受到驱使渴望好的东西，逃避不好的东西；对那最不好的东西——死亡，人们则更是避之唯恐不及。这是某种天然的必然性所致，这跟一块石头坠地所遵循的必然性是一样的。

紧随霍布斯之后，斯宾诺莎也对此观点深信不疑。摘引他著作中的一些段落就足以典型勾勒出他在这一问题上的理论：

意欲（意愿）不可以称为自由的原因，而只能称为必然的原因（第一部分命题32）。

推论2：正如任何其他事物一样，意欲（意愿）也需要某一原因以决定其存在和以某一方式发挥作用。

至于（对比里当的驴子的）第四条反驳，我得说我完全承认这一点：假如一个人是处于这样一个平衡的境地（亦即他除了饥和渴再也感觉不到任何其他别的东西，而食物和饮水又放在与他同一样的距离），那这个人必然死于饥和渴之中（第二部分命题49附注）。

思想决定是与现实存在物的思想观念一样的，都是遵循着同样的必然性在头脑中产生。所以，谁要是相信自己是听任自己思想的自由决定而说话、沉默或者做出其他事情，那他就是在睁着眼睛做梦（第三部分命题2附注）。

所有事物，其特定的存在方式和作用方式，都是由外在的原因必然决定了的。例如，一块石头从推动这一块石头的某一外在原因那里获得了一定量的运动，这样，这一块石头在外在原因停止作用了以后，必然仍会继续运动。现在让我们假设这一块继续运动的石头能够思想，也能够意识到自己在力图继续运动。这一块石头因为只意识到自己力图继续运动，对自己所作的努力又一点都不是置身局外，所以，这块石头就会以为自己是完全自由的，自己继续运动只是自己意愿要这样做而已，并没有别的其他原因。人的自由也是同样的情形。人们都大言不惭地声称自己拥有自由；人之所以以为拥有自由，只是因为只意识到自己的意欲活动，但却忽略了决定这些意欲活动的原因……这样我就充分解释了我对自由的、强迫性的必然性，以及对那只是人们想象出来的自由的看法（致舒勒的第58封信）。

值得注意的是，斯宾诺莎只是在到了生命的末段（在40岁以后）才得出了这一见解。在这之前的时间（1665年），当他还是笛卡儿主义者的时候，斯宾诺莎在《对形上学的思考》第12章里，却持有与上述截然相反的看法，并且极力为其看法辩护。在谈到比里当的《似是而非的论辩》时，他甚至说出了与《伦理学》中第二部分命题49直接矛盾的意见：

如果我们假设不是一头驴子处于这样一个平衡的处境，而是换上了一个人，那如果这个人还是死于饥渴，那这个人就只是一头蠢驴，而不是一个有思想的人。

稍后，我将向大家讲述另外两个伟大思想家，在这同一个问题上所同样经历了看法的转变。这表明在这一问题上，要得到正确的见解是多么的困难和必须具备多么深刻的眼光。

休谟在《论自由和必然性》的论文里——在此之前我已引用了其中的一段——肯定和清晰地论述了在有了动因的情况下，单个意欲行为发生的必然性。休谟以其通俗易懂的写作方式非常清楚地表明了这一点。休谟写道：

所以，看来动因与随意性的行为，两者的关联就跟其他的大自然原因与结果之间的关联是一样的，同样是有规律和始终如一的。

他接着写道：

所以，在从事科学或者各种其他活动时，不承认必然性的理论，不承认从动因到随意行动、从性格到行为的推论，那看来几乎是不可能的。

但是，还没有哪一个著作者能像普里斯特利[1]那样，如此全面和如此令人信服地阐明意欲行为的必然性。普里斯特利的《哲学必然性的学说》就是专门讨论意欲行为的必然性。谁要是读了这异常清晰、易懂的书以后仍然无法确信这一道理，那这个人的理解力就可说已被偏见和定见毁了。我从 1782 年第 2 版（伯明翰）引用代表性的几段以飨读者：

---

[1] 约瑟夫·普里斯特利（1733—1804）：英国教士、政治理论家和自然科学家。氧元素的发明者之一。——译者注

（《前言》第20页）没有什么荒谬的说法比哲学上的自由让我觉得更加荒唐。（第26页）没有某一奇迹的发生，或者没有某一外来原因的作用，一个人的意欲或者行为就只能保持原来的样子，而不会是别的。（第37页）虽然精神思想的倾向或者对精神思想的影响并不是地心吸力，但这却肯定和必然地影响和作用于我，就像地心吸力肯定和必然地作用于一块石头一样。（第43页）意欲（意愿）是自己决定自己的说法根本就是不知所云；或者说，这话隐含的其实是一个荒唐的想法，亦即认为作为一种结果的决定，却是根本没有原因的。这是因为去除了罗列在动因名下的所有东西以后，确实就再没有什么可以产生出这一决定。不管一个人使用什么样的词语，他也无法理解为何我们有时候会受到动因的决定，但有时候又可以在没有动因的情况下就被决定，就像他无法理解为何一架天平，有时候因放上重物而下降，但有时候又因一点都没有重量的东西而下降一样——这没有重量的东西不管是些什么，反正对于天平来说就什么都不是。（第66页）用恰当的哲学语言来说，动因应被称为行为的特有原因，这跟在大自然中某样事物是另一样事物的原因并没有两样。（第84页）我们永远没有能力做出两种选择——如果在此之前的情势保持一模一样的话。（第90页）如果一个人为自己在过去所做出的某一行为而懊恼和责备自己，那他可能会幻想如果自己再度处于相同的情势下，他将会做出不一样的行为。但这只是幻想而已。如果这个人认真审视一下自己，并且把所有外在情势考虑进去，那他就会满意地发现：只要还是同一样的内在心灵，再加上与当初的他一模一样的对事物的认识观点，除此之外再没有任何在发生这事情以后这个人经由反省所获得的思想，那这个人是不会做出与过去并不一样的事情的。（第287页）一句话，在这种情况下，并没有其他更多的选择：要么选择必然性的学说，要么选择绝对荒谬的说法。

在此需要指出的是，普里斯特利也遭遇了斯宾诺莎以及另一位我马上就要提及的伟大思想家所遭遇过的相同情形。普里斯特利在书的第1版前言里写道：

其实，我并不是轻易就接受必然性的道理。我就像哈特利博士那样，是相当不情愿地放弃拥有自由的想法。就此问题我曾长期与人通信讨论。当时我还极力宣扬人有自由的观点，对与此观点相反的论辩我是一点都听不进去的。

经历了同样思想改变的第三个伟大思想家是伏尔泰[1]。伏尔泰以其特有的亲切和直率讲述了这看法改变的情形。在其《形而上学论文》（第7章）里，伏尔泰曾经详细和激烈地为那所谓的意欲（意志、意愿）的自由作出辩护。但在40年以后写成的《无知的哲学家》第13章里，伏尔泰告诉我们：意欲行为遵循着严格的必然性。伏尔泰在这一章的结束语是这样的：

无论是因为阿基米德被人关进了房间里，还是因为他在全神贯注思考问题，以致根本没有想到要走出房间，阿基米德留在这一房间里都是出于必然性。"命运引领情愿者，但拖曳不情愿的人。"（塞内加语）

在接下来的一部著作《行为的原理》（第13章）里，伏尔泰写道，

一个球撞到了另一个球并使之活动起来，一只猎犬必然和自愿地追逐一头公鹿，而这公鹿也同样必然和自愿地跳过一条大沟。以上所有这

---

[1] 伏尔泰（Voltaire，1694—1778）：法国启蒙思想家、作家、哲学家。著有《哲学通信》等著作。——译者注

些，跟我们的行为一样，同样都是不可抗拒地被决定了的。

这三个头脑至为出色的人最终都同样得出我们的观点，这肯定会让试图攻击和反驳具有充足理据的真理的每一个人感到诧异。攻击和反驳的武器无非就是他们简单的自身意识中这一句不相干的表白："我意欲要怎么做就可以怎么做。"

紧随这些先行者之后的康德，毫不奇怪地把验知性格必然受动因的决定而做出行为，视为无论对于他本人还是其他人都已是严格确凿无疑的事实。所以，康德不会再花时间证明这一事实。康德的《普遍历史的思想》是这样开始的：

不管人们在形而上的层面对意欲的自由是怎样的看法，但意欲自由的现象，亦即人的行为就跟所有其他大自然的事情一样，都是服从普遍的自然规律。

在《纯粹理性批判》（第 1 版第 548 页）康德是这样说的，

因为验知性格本身只能通过现象（作为结果）和现象的规律（这是由经验所提供）才可了解，所以，出自验知性格和其他共同作用的原因、在现象中展现出来的人的所有行为，都是由大自然的秩序所决定了的。如果有能力从根本上探究人那主观任意的现象，那就没有什么人的行为是我们不可以确切预测的；根据在此之前的条件，我们就可以知道必然要发生的行为。有鉴于人的这一验知性格，所以，人是没有自由的；我们也只能根据人的验知性格来研究人，假如我们就只是观察，在生理学上从一个人的行为探究驱使这个人做出这样行为的原因的话，就像在人类学研究上所做的那样。

在第 1 版第 798 页，康德说，

意欲有可能是自由的，但那只是就我们意欲活动的认知原因而言。这是因为在意欲的表现方面，亦即在人的行为方面，我们始终必须根据那不容践踏的基本规则——没有了这些基本规则，我们就无从把我们的理性官能在经验中加以应用——永远不能把人的行为与大自然的其他现象区别对待。也就是说，对人的行为，我们必须根据那大自然现象的不变规律来加以解释。

另外，在《实践理性批判》(第 1 版第 177 页)，

所以，我们可以承认：如果我们真有可能对一个人的思维方式——这通过内在和外在的行为呈现出来——有一深刻的了解，清楚知道这个人行为后面的每一或大或小的推动力，以及所有能够影响这个人的思维方式的外在诱因，那我们就像可以确切计算出在何时日食、月食一样地确切计算出一个人将来的行为。

但与此相关的是康德根据悟知性格 (intelligibeln charakter) 和验知性格的划分而得出的关于自由与必然性并存的学说。因为我完全承认这一理论，我在下文将回头讨论这一问题。康德两次陈述过这一观点，第一次是在《纯粹理性批判》(第 1 版第 532—554 页)，第二次则在《实践理性批判》(第 4 版第 169—179 页)中表达得更加清楚。任何人如果想透彻认识人的自由与人的行为的必然性是如何联系在一起的，就得阅读康德这些经过深邃思考写出来的段落。

到此为止，所有那些高贵和令人尊敬的先行者就探究这一问题所做出的贡献，与我这篇论文相比，有以下两个差别。第一，我根据这论文题目的指引，把对意欲的内在察觉 (在自身意识中) 与对意欲的外在

察觉严格分开，对这两者分别加以考察，从而首次让我们有可能发现为何大多数人无法避免地产生错觉的原因。第二，我把意欲与大自然的所有其他事物联系起来考察。在我之前还从来没有人做过这样的事情。这样，我们才可以尽量透彻、全面和有步骤地讨论这一问题。

现在，我还想就康德以后的几个作者说上几句，但这些人可不是我的先行者。

谢林[1]在《关于人的自由的本质的哲学探究》一书中（第465—471页），讲解和复述了康德上述令人赞叹的、相当重要的关于悟知性格和验知性格的理论。这些复述话语由于生动、活泼，会让许多人更加容易明白这方面的问题。相比之下，康德的论述更加透彻、但却比较枯燥。说起这件事情，为尊重真理和康德，我忍不住要责备谢林一番，因为谢林在这书里表达了康德众多理论中的一条最重要、最令人赞叹、在我看来的确是最深刻的见解，但谢林却不曾清楚、明白地表示他所表达的见解，就其内容而言，是属于康德的创造，而是以其表达方式让那些对伟大康德的复杂、困难的著作并不十分熟悉的大多数读者，必然认为他们所阅读的就是谢林本人的思想。在此，我仅从众多例子中举出一例，以证明谢林的招数是多么的成功。直至现在，还有一个叫埃德曼先生的年轻哲学教授，在所写的《肉体与灵魂》（1837）一书中是这样说的："虽然莱布尼茨认为灵魂是先于所有时间、自己决定自己的，就像谢林在其讨论自由的论文中所认为的那样……"这样，很幸运地，谢林与康德就跟阿美利哥与哥伦布一样，本属于后一个人的发现却被贴上了前一个人的名字标签。但谢林的情况跟阿美利哥的情况还是有所不同，因为贴上了谢林的名字并不是拜偶然和误会所赐，而是归功于谢林的狡猾。看看谢林在第465页的开首："总而言之，是唯心主义把自由的学说提高到

---

[1] 谢林（Friedrich Wilhelm Joseph Schelling，1775—1854）：康德之后德国唯心主义运动的三巨人之一。谢林是美学的客观唯心主义者。著有《自然哲学导论》、《对人的自由本质的考察》等著作。——译者注

了这一层面……"然后紧接着是康德的思想观点。就这样,谢林在这书里并不是正直、诚实地说出康德的名字,而是狡猾地说是"唯心主义"。而"唯心主义"这一具多种涵义的用语会让人以为是费希特[1]的哲学和谢林早期的费希特式的哲学,而不会让人明白是康德的学说,因为康德早就反对人们把他的哲学称为"唯心主义"(例如,在《哲学诸论》第51页;在《纯粹理性批判》第2版第274页,康德甚至还加了一篇《反驳唯心主义》)。谢林在接下来的一页非常聪明地在附带说出的一句话里,提到了"康德的概念",目的就是封住那些知情人的嘴——这些知情人知道:谢林现在当作自家东西卖弄炫耀的,其实是康德的珍品。然后在第472页,谢林却又竟然置真理和公正于不顾,说康德还没在其理论中达到那一观点,等等。从我在上文已推荐给大家反复细读的康德的不朽段落,每个人都可以清楚看出:正是这一观点才恰恰是康德得出来的。要不是康德的话,成千上万个像费希特先生和谢林先生那样的头脑,都没有办法领会得了这样的观点。既然在这里得谈及谢林的文章,那我就不可以在这问题上保持沉默,而应该履行我对康德这位人类的伟大导师的责任,把本毫无争议属于康德的东西归还给他,尤其是在这样一个——套用歌德的话来说——"小学徒成了大师傅"的时期。惟独康德与歌德,才真正是德意志民族的骄傲。此外,谢林在那同一篇文章里也同样不加犹豫地搬用雅光布·布默的思想,甚至原封不动搬用其字词,而不透露其来源。

除了用另外的字词复述康德的思想以外,谢林那篇《关于人的自由的本质的哲学探究》,并没有为我们提供关于自由这一问题任何新鲜或者透彻的说明和解释。谢林一开始所给予自由的定义就可表明这一点——他对自由的定义是:"一种可以做好事也可以做坏事的能力。"这样的定义对于

---

[1] 费希特(Johann Gottlieb Fichte, 1762—1814):德国哲学家、爱国者,先验唯心主义运动第一位主要代表人物。著有《自然法权基础》等著作。叔本华曾听过他的讲课。——译者注

那些问答手册而言，可能就已适用了，但在哲学里，这一定义却什么也没有说，因此，这一定义一无是处。这是因为好与坏远远不是简单的概念，不是本身就已经清楚，不需要解释、限定和提出理据的概念。总的来说，谢林这篇文章只有一小部分涉及了自由，大部分的内容却是长篇大论地讲述上帝。作者先生似乎对这上帝相当熟悉，交情不浅，因为他甚至向我们描绘了这位上帝的来头。不过，遗憾的是，作者对这段交情的来历却只字不提。玩弄文字诡辩构成了这篇文章的开始部分，只要不被其放肆、大胆的语气所吓倒，那每个人都可认出这些不过就是浅薄的文字。

这篇以及其他类似的文章所带来的结果，就是现在的德国哲学，清晰的概念和诚实的探究已让位于所谓"智力的观照"和"绝对的思维"；吓人、故弄玄虚、利用各种各样的手法迷惑读者已成了哲学的方法；指导其表达的是求利而不是求真。所有这一些使哲学越发沉沦——如果我们还可以把这称为哲学的话，直到黑格尔[1]，哲学已变得至为低级和下贱。黑格尔为了再度扼杀由康德为我们所争取到的思想自由，就把哲学这理性的女儿、真理的未来母亲沦为实行国家目的、愚民政策、新教耶稣会教义的工具。但为了掩饰这些可耻的行径，与此同时又尽可能造成人们头脑愚钝，黑格尔就把其货色裹以由最空洞的词语垃圾和没有半点涵义的胡说八道共同拼凑而成的语言外衣。那些昏话、梦呓是人们从没有听到过的，起码在疯人院外面从没有听到过。

英国和法国的哲学大体上几乎仍然停留在洛克[2]和孔狄亚克[3]的

---

[1] 黑格尔（G. W. F. Hegel, 1770—1831）：德国哲学家，他是最后一位近代哲学体系的伟大奠基者。著有《精神现象学》、《哲学全书纲要》、《法哲学》等。——译者注

[2] 洛克（John Locke, 1632—1704）：英国哲学家，是英法两国启蒙运动的先驱者和美国宪法的思想鼓舞者。著有《人类理解论》、《政府论》等。——译者注

[3] 孔狄亚克（Etienne Bonnot de Condillac, 1715—1780）：法国哲学家、心理学家、逻辑学家、经济学家和天主教教士。在法兰西宣传约翰·洛克思想的首要人物。著有《感觉论》等。——译者注

水平。被其编辑古尚先生称为 "Le premier metaphysician de mon temps"（法语，"我这时期的首位形而上学学家"）的缅因·德·比龙[1]，在其1834年写成的《对身体和精神的新思考》狂热拥护"无须根据、理由的自由"，并把这视为完全是不言自明的真理。在德国，不少当代哲学方面的滥写者也做着同样的事情：那"无须根据、理由的自由"就以"道德的自由"的名义作为某一既成的事实出现，就好像上文所提及的所有伟大思想家从来就不曾存在过似的。他们宣称意欲的自由是在自身意识中直接可感受到的，因此是确凿无疑的；所有对此的反对意见都只是诡辩而已。他们之所以对此抱有高度的信心，纯粹只是因为这些人根本不知道意欲的自由是什么，意味着什么。在这些人天真幼稚的思想里，他们所理解的意欲的自由不过就是在本文第二部分里已经分析过的意欲对身体四肢的控制和指挥，其语言表达就是"我意欲要怎么做就可以怎么做"。至于意欲的这种控制和指挥，任何具有理性的人都不会存疑。这些人完全真诚地以为这就是意欲的自由了，并且得意地认为这意欲的自由是无可置疑的了。在那许多伟大的先行者之后，德国的思想界又被黑格尔的哲学拉回到这种蒙昧幼稚的状态。向这一类人，我们当然可以大声喊出，

你们不就像那些女人吗，

哪怕我们理智地说上几个小时，

始终重复原来的第一句话？

——席勒：《瓦伦斯坦之死》

但或许对于这里其中的相当一部分人，上述神学方面的动因在暗地里发挥了作用也说不定。

---

[1] 缅因·德·比龙（1766—1824）：法国哲学家、政治家。——译者注

另外，我们还可以看看当今那些医学、动物学、历史学、政治学方面的写作者和文人，是多么迫不及待地抓住每一个机会提到"人的自由"、"道德的自由"！他们以为说出这样的一些话，就很了不起了。当然，他们是不会解释这些话是什么意思的。如果我们可以检查一下这些说法，那就会发现：这些人在说出这些话的时候，无论其语言外表多么庄严、高贵，要么压根不曾想到些什么，要么就是想到那陈腐、直话直说和人尽皆知的"无须根据和理由的自由"。也就是说，这些人所表达的概念，其无法成立或许是永远无法让大众信服的，但学者们起码要注意不要如此天真幼稚地谈论这些并不成立的东西。所以，在这些学者当中有一些心虚的就做出这样滑稽可笑的事情：他们再不敢谈论意欲的自由，而是把这说法说得巧妙一点，好听一点，用"精神的自由"来代替，并以此希望蒙混过关。如果读者问我他们的这"精神的自由"到底表达了什么意思，我幸好清楚知道并可以回答读者：根本一点意思都没有表达。这只是仿照德国的优良风格和技巧所说出的不明确、并的确就是没有任何内容的空话。这一类空话留给那些空虚、胆怯的人一条求之不得的后路。德语的"精神"（或者"思想"，geist）这个词其实是一个涵义模糊、不确定的词，意思始终是智力上的能力，与意欲相对而言。这些智力上的能力在其发挥作用时却一点都不是自由的，而是要首先符合、适应和服从逻辑的规则，其次是与认知中的客体吻合，这样才能纯粹地，亦即客观地理解和把握那些客体，而不会像尤维纳利斯[1]所说的，"由于愿望迫切，我不再考虑根据和原因"。总的来说，"geist"（精神、思想）这一现在德国文章里到处游荡的词语，是一个可疑的家伙。随时碰见这样的家伙，都要盘查其身份证。这一家伙最常做的职业就是给那些既思想贫乏又胆怯懦弱的人作面具。除此之外，众所周知，德语

---

[1] 尤维纳利斯（Juvenal，约60—约140）：古罗马最后也是最有影响的一位讽刺诗人。——译者注

词"geist"是与"gas"相关的；而"gas"一词来自阿拉伯语和炼金术士，指的是雾气或者空气，就像拉丁词 spiritus、希腊词 animus（意思是"精灵"）与希腊词"风"相关一样。

在我们所讨论的这一问题上，尽管上述那些伟大思想家已经给予我们教导，但在哲学界和范围更广的学术界仍旧是我上文所说的情形。这再一次证明了：不仅大自然在任何时候都只产生出寥寥无几、稀有例外的真正思想者，而且，这些极少数的思想者也总是只为极少数人而存在。正因为这样，空想和谬误才可以持续维持着统治。

对这一道德、心理的问题，伟大文学家的证词也有其分量。伟大的文学家并不是经过系统的探究以后才发言，但在他们犀利目光的审视下，人的本性暴露出来了。所以，他们的表达直接道出了真理。在莎士比亚的《以牙还牙》第 2 幕第 2 景，伊莎贝拉为自己那被判了死刑的兄弟向摄政者安喜奴求情：

安喜奴：我不会答应你的要求的。
伊莎贝拉：但如果你愿意的话，你会答应我的要求吗？
安喜奴：我不愿意的事情，是没有办法的。

在《第十二夜》第 1 幕我们看到这样的文字，

命运，显示您的力量吧，我们身不由己，
命定如何，就该如何。

瓦尔特·司各特[1]是人心及其最秘密情感的洞察者和刻画者。他在

---

[1] 司各特（Walter Scott，1771—1832）：英国小说家、诗人、历史学家、传记作者，历史小说的首创者和最伟大的实践者。——译者注

《圣·罗南的井》(第3卷第6章)里把那深藏的真理纯粹地表达了出来。在他的笔下，一个悔疚的罪人，奄奄一息地躺在床上以忏悔来缓和自己不安的良心。司各特让她说出了这样的话，

你们走吧！让我自己一个人承受这命运好了！我是个最可恶的坏蛋，我自己都憎恨自己，因为虽然我在忏悔，但还是有一细小的声音悄悄地告诉我：只要我还是一直以来的我，那我还会再度做出我所做过的坏事，而且会做得更坏。天啊！掐掉那罪恶的念头吧！

为证实这些虚构文学方面的描写，我这里还有下面的一篇对真实情形的报道——这一真实情形与文学的描写十分相似，同时也最强有力地证实了人的性格是恒久如一的。这篇报道登在1845年7月2日的《泰晤士报》，其来源是法国报纸《新闻报》。这篇报道的题目是《杀人犯在奥兰遭军法处决》：

在3月24日，西班牙人阿吉拉·戈麦斯被判决了死刑。在接受死刑前一天，戈麦斯向关押他的狱卒透露，"我其实并没有犯下人们所说那么多宗的谋杀。我被指控犯下三十宗谋杀，但事实上，我只犯下了二十六宗。从童年时代起，我就特别嗜血。在7岁半的时候，我用刀捅死了一个小孩。我手刃了一个怀孕的妇女，并在过了几年以后又杀了一个西班牙军官。这样，我被迫逃出了西班牙。我逃到了法国并在那里又犯下了两宗谋杀案。然后我加入了法国外籍兵团。在我所犯下的案件当中，最让我悔疚的是在1841年所犯下的多人谋杀案。我在连队先逮住了一个副将军，当时陪伴这位副将军的还有一个中士、一个下士和7名士兵。我把他们都砍了头。我杀了这些人，心里很不安。在梦里我都能看见他们。而明天，我会在那些对我行刑的士兵中看见他们。尽管如此，假如我能够重获自由，我还是一样会继续杀人。"

下面选自歌德的《伊菲格尼亚》的一段（第 4 幕第 2 景）也与我们所讨论的有关：

阿卡斯：因为你没有听取别人给你的忠告。

伊菲格尼亚：我能够做的，都已很高兴去做了。

阿卡斯：现在改变主意还不算太迟。

伊菲格尼亚：这绝对不是我要改变主意就能改变主意的。

从席勒的《瓦伦斯坦之死》摘引的一节著名诗文，也表达了我们这里所说的根本真理：

要知道：人的行为和思想，

并不像海洋盲目滚动的波涛。

人的内在微观世界，

却是永远生发行为的深井，

这些行为必然地发生，就像树上必然结出果子，

魔力般的偶然和变故并不能改变这些行为。

只要探究了一个人的内核，

就可知道这个人的意欲和行为。

五、结论和更高的观点

我很高兴地摘引了在宣讲我所辩护的真理方面，那些哲学上和文学上的伟大先行者。尽管如此，哲学家的武器是事情的理据，而不是权威的言论。所以，我只是以理据证实我的观点。但我仍希望我所提供的证据，能让我现在有理由得出这样的结论："既然是不可能的，那就是不

真实的。"这样，在前文通过对自身意识的探究，有了直接的、事实的、所以也就是后验的理据以后，我对皇家科学院的问题所给予的否定回答，现在也可以获得间接的和先验的理据，因为那根本不存在的东西，也不会在自身意识中有论据事实可供证明其存在。

虽然我在此辩护的真理有可能与凡事只看表面现象的大众所先入为主认为的相矛盾；虽然这一真理对于那些思想肤浅、对于那些无知的人来说简直就是岂有此理，但这并不妨碍我直截了当、毫无保留地把这一真理表达出来，因为我在此并不是向大众说话，而是向一个开明的、有知识的科学院陈述道理。挪威皇家科学院非常及时地提出了这一问题，目的并不是为了要加强偏见和定见，而是为了尊崇真理。此外，诚实探索真理的人，如果是要查明和证实某一真理，那他所着眼的，永远就只是这一真理赖以成立的理据，而不是这一真理一旦确立所带来的后果，因为确立了这一真理以后，自然会有审视其后果的时候。惟独只检验这一真理的理据，而不理会这些结果；不会首先问清楚这一得到人们认识的真理是否与我们一整套其他既定的看法吻合一致，这种做法康德早就向我们推荐了。在此，我忍不住要重复一遍他的原话：

这证实了这一已得到人们承认和赞扬的格言：在科学的探索中，我们都要尽可能地精准和诚实，不受干扰地走自己的路；不要担心自己的探索是否有可能与这一学科以外的事情相抵触，而要尽我们所能真实、完美地把这一探索工作本身进行到底。我经常看到的情形让我确信：当我们的探索工作完结以后，那在探索进行过程中，在考虑到其他领域的学说时，有些东西有时候会显得大有疑问；但只要我把这些疑问置之不理，心无旁骛地专注于自己的探索直至完成，那原先似乎大有疑问的东西，却出乎预料地与在丝毫没有顾虑到别人的学说、对那些东西既没有先入为主的偏好也没有偏恶的情况下，所独自发现的东西完全吻合。只要著作者能够下定决心，更加诚实地投入工作中去，那他们就会避免犯下许多的错误，避免无谓浪费那么多的精力。

——《实践理性批判》第 4 版，第 190 页

我们总体上形而上学的知识远远还没有达到如此确切的程度，以致某一从根本上获得了证明的真理，仅仅因为其结果与我们形而上学的知识并不吻合就可遭摒弃。其实，每一几经艰难才发现和得到确认的真理，就是总体知识问题的领域里所征服的一小块地盘，是可以支起杠杆以移动其他重物的稳固的点。幸运的话，我们的确还可以从此一下子扶摇直上，对事情获得一个前所未有的整体观。这是因为在知识的各个领域里，真理与真理之间互相密切联系，谁要是完全确切地掌握了某一真理，那就有可能期望以此作为出发点去获得对整体的认识。正如在解答某一困难的几何问题时，某一确切已知的数值将是非常的重要，因为这一已知的数值使我们有可能解答这一难题，同样，面对人所碰到的至为困难的问题，亦即形而上学，一条这样先验确切、后验也可得到证实的知识，亦即某一性格再加上某些动因，就会严格必然地引出行为，价值是不可估量的。单是从这一知识出发，我们就可以得到对整个难题的解答。所以，所有不曾提供扎实、科学证明的理论，一旦与这一有其坚实理据的真理相抵触，就得为其让路，而不是反过来。我们绝对不可以为了能让这一真理与那些未经证明的，并且很有可能是谬误的理论达致和谐，而做出让步，把这一真理改头换面和对其诸多限制。

在此请允许我泛泛再说上几句。回过头来总结我们的讨论所得出的结果，也引发了我的这些思想：对这两个我在前文已形容为当代哲学最深奥、但在古代人们却还不曾清晰意识到的问题，亦即对意欲是否自由的问题和观念与现实之间关系的问题，有着健康但却粗糙理解力的人，不仅没有能力理解和解决，这些人甚至还有着某种在这些问题上犯错的明显和自然的倾向。为矫正人们的错误认识，我们需要某一相当发达的哲学才行。也就是说，在认知方面，人们确实很自然地太过注意了

客体。因此，我们需要洛克和康德的哲学的帮助才可以向人们指出：客体中相当多的东西是出自我们的主体。而在意欲活动方面，人们则又反过来倾向于太不注意客体和太过强调自己的主体，因为人们认为意欲活动完全出自主体，而没有足够考虑到客体方面的因素，亦即动因。动因其实决定着行为的整个个体特性，而只有行为那些普遍的和本质性的东西，亦即行为人的根本道德性格，才是出自主体。常人在抽象推论的探究中，所表现出来的理解力的颠倒错误却不应让我们吃惊；这种颠倒错误对于常人的理解力来说是自然的，因为人的理解力本来就只是为帮助人们处理实际的事务而设置，绝对不是供人们作思辨之用的。

现在，当我们经过到目前为止的讨论，完全取消了人的行为有其自由的看法，并且认识到人的行为完全就是受制于最严格的必然性——到了这个时候，我们就可以去理解更高级的一类自由，亦即真正的道德上的自由。

也就是说，此前为了避免打扰我们正在进行的讨论，我撇开、先不考虑意识中的另一个事实，即我们非常清晰和确实地感觉到我们对自己的所作所为负有责任，之所以有这种确实的责任感，是因为我们确信做出我们所做出的事情，是我们自己。由于这样一种意识，人们从来不会想到，就算是那些完全确信我们此前所陈述过的真理的人，亦即确信我们的行为有其必然性的人，也不会想到要以这种必然性为自己的不轨行为作辩护，把罪责从自己身上推诿给动因——因为这些动因的出现的确不可避免地引出他们的这些行为。这是因为人们看得很清楚：行为的必然性有着主体的条件；在这行为的客体条件下，亦即在当时的处境和在决定他行为的动因的影响下，做出另一完全不同，甚至与他已做出的完全相反的行为是完全有可能的——只要这个人是另一种人的话。在此，惟独就看这主体的条件了。正因为他是这样的一个人，而不是那样的另一种人，正因为他有着如此这般的性格，当然他就不可能做出另外别的行为了。但就行为本身，亦即在客观上来说，另外别的行为是有可能的。因此，这个人所意识到的责任只是在一开始和从表面上看是与所做出的事情有关，归根到底，所涉及的是他的性格：他正是为自己的性格负上责任。而别人也让他为自己的性格负上责任，因为别人的判定马上就从这行为转到了行为人的内在素质。"他是个坏人，是个恶棍"，或者"这是个无赖"，或者"他是个渺小、下作、虚假的人"，等等。这就是人们的判定，人们的指责总是针对这个人的性格。做出的行为连带其动因，纯粹只是表明行为人的性格的证据而已；行为只是这个人的性格的外相，而这个人的性格已是永远和无法逆转地确定了下来。所以，亚里士多德说得很对，

　　我们赞扬做出了某一行为的人，但那些行为只是显示了做出行为的人的性格而已。就算是行为还没有做出来，但只要我们相信这个人会做出这样的行为，那我们仍然会赞扬这个人。

因此，引起我们厌恶、鄙视和憎恨的，并不是那瞬间就过去了的行为，而是做出这些行为的人身上那些永远存在的素质，亦即性格。因此，在所有的语言里，形容道德败坏的词语、标示劣性的绰号都是对人更甚于对事，因为性格才应该承担罪责，而这罪责只是因为有了机会才通过做出行为得到证实。

　　既然因为罪过，所以才感到负有罪责，既然感到负有罪责是惟一的可以作为论据的事实，可以让我们有理由推论出道德自由，所以，自由也必然同样在于人的性格，尤其是因为我们已经充分确信自由并非直接在个别的行为里寻觅得到，因为人的行为在性格的前提下，以严格的必然性出现。但性格却是与生俱来、不可改变的，正如我们在第三部分已经表明了的。

　　现在，我们就要更加仔细地考察这种意义上的自由，我们眼前所看到的也只是这种自由的论据事实，以便在从意识的事实推断出这种自由

和找到其所在以后，能从哲学上尽可能地理解它。

在本文的第三部分，我们已经得出了这样的讨论结果，一个人所做出的每一个行为都是两种因素的产物：人的性格和动因。这并不等于说人的行为就是这两种因素之间的中间者，或说在性格和动因之间所达成的妥协。其实，人的行为充分满足这两种因素，因为这一行为，就其全部的可能性而言，是同时依赖性格和动因，亦即有赖于能发挥作用的动因会碰上这一性格，而这一性格又能够受到这一动因的影响和限定。一个人的性格就是一个个体意欲的持久和不变的构成特质——对这构成特质，是在经验以后才可认识到。既然这一性格是每一个行为里面的一个必不可少的要素，正如动因也是每一个行为里面的另一个必不可少的要素一样，那这就解释了为何我们会有这样的感觉，会认为我们的行为是出自我们自身；或者这就解释了为何我们的所有行为都伴随着"我意欲要这样做"的感觉。正因为有这种"我意欲要这样做"的感觉，每个人就都必然把所做出的行为承认为自己的行为，每个人因此也就感觉对自己的行为负有道德上的责任。而这也就是我们之前在探讨自身意识时所谈过的"我意欲并永远只意欲我所意欲的东西"。这种感觉误导了那些理解力粗糙的人，使他们固执地以为自己拥有可以做出或者不做出行为的绝对自由，"无须原因、根据的自由"。这其实是只意识到行为的第二构成要素（性格）而已，但仅凭性格这一要素本身是完全无法做出行为；一旦动因出现，那这一性格也同样无法不做出行为。不过，性格受动因的驱动以这一方式投入行动，正好向我们的认知功能表明了这一性格的构成特质。而我们的认知官能，就其本质而言，是投向外在，而并非投向内在的，所以，甚至对自己意欲的成分特质，认知功能也只是根据行为、在经验以后才加以了解。这种对自己意欲成分特质更仔细和越来越加深的了解，也就是我们所说的良心（gewissen）[1]。也正因为这原

---

[1] 德语"良心"（gewissen）一词的词根是"了解"（wissen）。——译者注

因，只是在做出行为以后才直接听见良心的声音；在做出行为之前，那顶多只是间接听到这种声音而已，因为还没有做出行为之前，只有通过把在过去相似情形里意欲所做出过的表达，当作是将会出现的情形。

现在，是时候重温一下在上一节已提过的康德关于验知性格与悟知性格的描述。康德还以此讨论了自由与必然性是否可以协调起来。康德的这些描述属于这位伟大思想家至为深刻和优美的思想，同时也是全人类所曾有过的至为深刻和优美的思想。在此我只需提到康德的这些理论，因为在此重复这些理论既冗长又多余。只有透过这些理论，才可以尽我们人之所能地让我们理解到，我们行为的严格必然性是如何仍然可以与那种自由并存——我们感觉应负责任就证实了这种自由，并且正是由于这种自由，我们才是自己行为的行为人，所做出的行为在道德上才会难辞其咎。康德所阐述的验知性格与悟知性格的关系，其基础完全就是康德全部哲学的根本特质部分，亦即现象与自在之物的划分。据康德认为，正如在这经验的世界，其全部经验的现实性与其超验的观念性相并存，同样，行为的严格经验的必然性与行为的超验自由也是相并存的。也就是说，验知性格和整个人一样，作为经验的对象纯粹只是一道现象而已。因此，验知性格是与所有现象的形式，与时间、空间和因果律，紧密相联并受制于其规律性。相比之下，那作为自在之物独立于所有这些形式，并因此不受制于时间上的差别，因而是验知性格这整个现象的长久、不变的条件和基础的东西，就是验知性格的悟知性格[1]，亦

[1] 根据叔本华的思想，性格有"悟知性格"和"验知性格"之分，这些概念是由康德首先提出并为叔本华所"完全接受"。叔本华对这两者的定义是："悟知性格就是作为自在之物的意欲——只要这意欲在某一特定的个体、以某一特定的程度存在；而验知性格则只是悟知性格的显现——验知性格根据时间、空间，在形体化中和通过个体的行为方式呈现出来……每个人的悟知性格可被视为在时间之外的意欲活动，它因此是不可分也不可改变的；而验知性格则是这意欲活动在时、空、根据律的各形式中展开和引出的现象。"（《作为意欲和表象的世界》第1卷第55章）——译者注

即这人作为自在之物的意欲。作为自在之物的意欲，当然有其绝对的自由，亦即独立于因果法则（因果法则只是现象的一种形式）。但这种自由却是一种超验的自由，亦即并不显现在现象里，而只能在我们抽离了现象及其所有形式，以便到达那在时间之外的、被我们认为是自在之人的内在本质的东西时，才有这种自由的存在。由于这一自由，一个人所做出的所有行为和事情都是这个人自己的作品，不管这些行事在验知性格一旦与动因结合就如何必然地展开。这是因为这一验知性格只是悟知性格反映在我们那与时间、空间和因果律紧密相联的认知官能里的现象而已，亦即只是我们自身的自在本质，在我们认知官能的审视下的显现方式而已。据此，虽然意欲是自由的，但只是自在之意欲和在现象界以外才是自由的。而在现象界里，这意欲已经显现为带有某一特定的性格；他的所有的行为都与这一性格相符。所以，再经过动因更精确的限定以后，他的行为就必然是如此这般，而不会是另外一个样子了。

很容易就可以看出，沿着这一条思路思考，我们就会得出这样的结论：我们不要再试图把我们个别的行为视为我们自由的产物，就像常人所以为的那样；其实，人的整个存在和本质才是自由的结果。我们必须把人的这整个存在和本质理解为人已经自由做出了的行动。现在，只是在展现给与时间、空间和因果律紧密相联的人的认知官能时，人的存在和本质才表现为多种多样的行为；正因为这展现出来的东西，有其原初的统一性，所以，所有表现出来的多种多样的行为都必然精确承载着同一样的性格，并因此在表现出来时，都严格和必然地受到引出这些行为的每一个动因的限定。据此，对于这经验世界来说，"先有本质，后有本质的发挥"是无一例外的真理。每一样事物都是根据这一事物的构成本质而发挥，那由原因所引出的发挥则反映出本质。每一个人都是根据自己的本质而行事，这个人因此所必然做出的行为，在具体的个别场合才通过动因加以限定。因此，那并不存在于"发挥"（operari）过程中的自由，必然只存在于本质之中。把必然性赋予本质（esse）、自由则赋予发挥是古今以来人们所犯下的一个根本性错误，是把因、果和前、后颠倒了顺序。事实恰恰相反：自由只存在于本质之中。有了本质和动因，接下来的就是伴随着必然性的发挥；从我们所做的，我们才看出我们所是。我们所意识到的难辞其咎，以及我们生活中的道德倾向正是基于这一道理，而不是常人误以为的"无须根据和理由的自由"。一切都取决于这个人是个什么样的人；至于这个人会做出什么样的事情，就会作为必然的推论自动得出结果。我们的所作所为虽然有赖于动因，但确实伴随着行为的、我们所意识到的随意性、自发性和原初性——也正因为意识到这些，这些行为才成了我们的行为——因此并没有欺骗我们。这一意识的真正内涵却远远超出行为之外，并出自更高的源头，因为我们的存在和本质本身——我们必然做出的所有行为（在动因出现的情况下）都由此而出——事实上也是包括在这更高的源头之中。在这一意义上，伴随着我们的行为的、我们所意识到的随意性、自发性和原初性，以及那种难辞其咎的感觉，可以比之于这样的指示器：这一指示器指示着的是更远距离的东西，而不是指示着处于同一方向、距离更近、指示器似乎指示着的那些东西。

一句话，一个人永远只做出他所意欲（愿）的行为，但他做出这样的行为其实是必然的。原因全在于这个人已经就是他所意欲：因为只要这个人是这样的人，那必然就会做出所有这样的事情。如果我们客观（体）考察这个人的行事，亦即从外在考察这些所为，那我们就会确实无疑地认出：这些行为和大自然每一存在物的发挥是一样的，都是严格受制于因果法则。从主观（体）上看，每个人都感觉自己总是按照自己的意欲行事。但这只说明了他的发挥（行为），只是他自身本质的纯粹外现而已。所以，大自然的每一存在物，甚至最低级的一类，都会有这同一样的感觉——如果它们能够感觉的话。

我这篇对自由的阐述并没有取消了自由。其实我只是把自由从分散、个别行为的地盘挪走，因为在这些行为那里，我们看不到可经证实的自由。我把自由挪至一个更高一级的地方，但关于这更高一级的领域，我们的认识能力可不是轻易就能理解的。也就是说，自由是超验的。这也就是我对马勒布朗什那句"自由是一个神秘之谜"所想理解的涵义。这篇论文正是本着这一句话的涵义对皇家科学院所提出的问题试着提出了解答。

对本文第一部分的补充附录

由于在本文的开始我对自由作出了这几类划分：物质（身体）上的自由、智力上的自由、道德上的自由，所以，在讨论完这第一类和第三类自由以后，现在我就来讨论第二类（智力上）的自由。在这所作的讨论纯粹是为了使讨论更加完整，所以，现在的讨论是扼要进行。

智力或者认知官能是动因的媒介。也就是说，动因是通过智力对意欲发挥作用，而意欲是人的真正内核。只有当这动因的媒介是处于正常的状态，合乎规则地发挥其功能，把在现实外在世界之中的动因不加歪曲地呈现给意欲以供其选择，意欲才可以根据自己的本质，亦即根据个人的性格作出决定，因此也就是不受阻碍地根据自身的本质显现出来。只有在这样的时候，这个人在智力上才是自由的，亦即这个人的行为纯粹是这个人的意欲对外在世界动因的反应结果；这些动因一视同仁地既向这个人，也向其他人展现了出来。这样，这个人就得为自己在这种情况下所做出的行为负上责任，无论是道德上，还是法律上。

我们会因为动因的媒介，亦即认知官能，暂时或者永远的失常，或者会因为在特定情形里外在情势使我们错误理解了动因，而失去这种智力上的自由。前一种情形的例子就是疯癫、迷狂、羊痫风发作、昏睡不醒；后一种情形的例子则是犯下某一致命的、但却是无意的失误，例如，错把毒药当作药品给病人服用，或者误把晚间闯进屋子的佣人当作贼人击毙，等等。这是因为在上述两个例子里，动因都被歪曲了，所以，意欲并不能够如常作出决定，亦即在智力准确向意欲反映了当时情形的情况下作出决定。所以，在这种情况下犯下的罪行是免受法律惩罚的。这是因为人们在制订法律时，作出了这样一个非常正确的假设：一个人的意欲在道德上并不是自由的，否则，我们就不可能控制、引导这意欲了；人的意欲其实是经由动因受到强制。据此，制订法律的目的就是把发出惩罚威胁作为一个更强有力的相反动因，以抗衡所有诱使人们犯罪的动因；而整部刑法条例不是别的，正是制约犯罪行为的相反动因一览表。如果事后发现智力只有通过智力相反动因才能发挥作用，并没有能力接收这些相反动因并把它们呈现给意欲，那这些相反动因是不可能发挥出作用的；这些相反动因对于意欲来说就等于不存在了。这就好比我们发现其中一根协助把机器活动起来的绳子断了。因此，碰上这种情形，罪责就从意欲转移到了智力，但智力却是不应当遭受惩罚的。法律就跟道德一样，只跟意欲有关。只有意欲才是这个人本身，而智力则只是意欲的器官，是意欲用以探测外在世界的触角，亦即动因对意欲发挥出作用的媒介。

这一类行为同样不能由行为人承担道德上的责任，这是因为这些事情并没有反映出行为人的性格特征：行为人要么做出了事与愿违的事情，要么就是没有能力想到当时能够阻止这一行为的东西，亦即没有想到相反的动因。这就犹如我们要检测某样东西的化学成分时，就得通过让这东西接受多种试剂的作用，以察看这东西对何种试剂具最强烈的亲和性。如果在做完这一化学实验以后，我们发现由于某一偶然的原因，其中一种试剂并没有发挥出作用，那这一试验就是无效的。

在现正谈论的情形里，智力的自由是完全取消了的。但智力的自由却也可能只是遭削弱或者部分取消了的。我们在"情绪激动"和"心智迷乱"中尤其看到这种情形。所谓情绪激动就是意欲受到了突然和强烈的刺激，这是由于某一来自外在的、生动、活泼的表象化为了动因的缘故。这一栩栩如生的表象使其他可以发挥制约作用的相反动因都变得暗淡不清、无法清晰地进入意识。这些起制约作用的相反动因通常都只是具抽象性质的纯粹思想而已，但上述强烈刺激起意欲的动因，却是直观可见、近在眼前的表象。这样，起制约作用的相反动因在这过程中就好比根本没有机会先发制人或者还以颜色。因此，两者也就不曾有过一番英国人所说的"fair play"（英语，"公平竞争"），因为前者还没来得对抗后者，行为就已经发生了。情形就好比在决斗中，一方还没等到中间人发出号令就已经开枪。因此，对于这些行为，该负的法律和道德责任都根据当时的情形而相应或多或少取消了。在英国，在勃然大怒、并非蓄意的情况下所犯下的鲁莽杀人罪称为"manslaughter"（"非预谋杀人"）。杀人者只为此受到轻微的惩罚，有时候根本不受任何惩罚。"心智迷乱"则是处于容易情绪激动的状态，因为处于这种状态之中，直观表象变得更加生动、活泼，而抽象的思维则受到了削弱。在这过程中意欲的力度也提高了。在这样的情况下，本应为行为所承担的责任就变成了为这心智迷乱的状态所承担的责任。因此，在法律上，在心智迷乱的状态所做出的事情是不能开脱责任的，虽然在处于心智迷乱的状态，智力的自由是部分取消了的。

亚里士多德在《欧德穆斯伦理学》第 2 卷就已经讨论过这种智力上的自由，这种"涉及的自愿和非自愿的思想能力方面"的自由，虽然这一讨论相当简短、并不充分。在《尼各马可伦理学》第 3 章的讨论则稍为详细一点。当法医和刑法官问道：一个罪犯当时是否处于自由的状态并因而可以为自己的行为负责时，亚里士多德指的就是这种智力上的自由。

因此，大致上而言，所有在当事人当时不知道自己在干什么或者完全没有能力考虑到制止这样做的理由，亦即在没有能力考虑到事情后果的情况下所犯下的罪行，都可视为在欠缺智力自由的情况下的犯罪。因此，这种情形的犯罪，犯罪者是不应受到惩罚的。

但如果人们认为由于没有道德上的自由，因此，一个人做出某种行为是不可避免的，所以，犯下罪行的人不应该受到惩罚，那他们可是理解错了刑罚的目的。也就是说，他们误以为对罪犯实施惩罚是因为罪行本身的缘故，是基于道德理由的以牙还牙的报复。虽然康德也教导这样的观点，但这样的惩罚却是荒谬的、没有任何目的的，绝对是没有任何理由的。这是因为一个人又有何权利以绝对法官自居去判断他人的道德，并因为他人的罪过而对其加以折磨！其实，法律——亦即威胁给予惩罚——目的却是要成为制止人们将来犯罪的相反动因。如果在某些情形里，法律起不到这样的制约作用，那也得执行法律，因为如果法律得不到实行，那在将来的所有情形里，法律都将无法再发挥制约的作用。在罪犯方面，罪犯在这种情况下遭受惩罚是自己的道德品质所致——罪犯自己的道德品质与那外在环境的动因，再加上误导自己让自己以为可以侥幸逃脱惩罚的智力，三者结合起来，不可避免地促成了犯罪。在这种情况下，只有当事人的道德性格并不是这个人自己的作品，并不是认知的行为，而是他人的作品，那他遭受惩罚才是不公正的。如果一个人罪恶行为的结果并不是人为的，而是遵循大自然的规则，那行为与其后果也是一样的关系。例如，如果因放肆纵欲而导致疾病，又或者，如果一个人在夜间闯入别人的猪圈，试图盗走里面的猪，但却遇上碰巧在这客舍过夜的主人寄宿在这猪圈里的大熊。

论道德的基础（节译）

宣扬道德是容易的，但要找出道德的根源和理据则很困难。

——叔本华：《论自然界的意欲》第 128 页

丹麦皇家科学院有奖征文的问题是这样的：

要找出道德的根源和根据，那必须从直接存在于意识中的道德理念及由此理念所衍生的道德基本概念中寻找，抑或必须从其他的认知根据，才能找到道德的根源和根据？

第三部分　道德的基础

12. 对道德基础观点的要求

因此，甚至康德为伦理道德所找出的理据，这些在过去 60 年里一直被视为伦理道德的坚实基础，在经过我们一番审视以后，也淹没在简直是没完没了的哲学谬误观点之中，因为康德所提出的伦理道德基础，经证实只是一些其理据无法让人接受的假设，不过就是神学道德改换了一层外衣而已。而在康德之前，人们为伦理道德所试图找出的理据，则更加不能让人满意。正如我已经说了的，我认为这已是众所周知的事实。人们所提出来的理据通常不过就是凭空想象出来的、未经证实的说法，并且就像康德所提出的道德基础一样，是一些人为拼凑起来的，以极为抽象的概念为基础，让人难以捉摸、亟需精确界定其涵义的东西。

还有就是概念与概念复杂难明的组合、照搬科研学说所提出的规则、以不堪一击的理据所支撑着的"定理"、死板机械的口号和格言——这些高高在上的东西，却是没有丁点现实生活的基础。因此，这些道德的根据虽然极适合在授课大厅里回响，供人们磨炼鉴别力之用，但却永远既不会鼓动人们的确会有的愿望，让人们做出公正和善良的行为，也无法制衡人们要做出不义和残忍行为的强烈冲动。这些种种的道德根据不会是引起人们良心谴责的深层原因，硬要把良心的谴责，归因于违犯了那些根本站不住脚的道德口号和格言，那只会徒让这些口号、格言显得可笑而已。所以，如果我们认真、严肃地思考这一问题，那么，那种巧妙的概念组合就永远不会包含驱使人们做出公正和仁爱行为的真正原动力。其实，那种促使人们做出公正和仁爱行为的原动力并不需要人们事先作出怎样的思考，更加不会要求人们抽象思考和组合概念。其实，那种原动力并不受人们智力和文化修养的影响；它诉诸每一个人，而不管一个人的思想是否至为粗糙；这种原动力纯粹建立在对事物的直观把握之上，通过现实事物而直接作用于人们。如果伦理学无法指出这样的一种基础，那尽管这些伦理学理论在课堂大厅里互相驳诘、冠冕堂皇地自说自话，但在现实生活当中，仍会饱受人们的嘲弄。所以，我必须给那些研究伦理学的学者们提出一个似是而非的建议：在从事理论之前，先观察一下人生吧。

13. 怀疑论者的观点

回顾这两千多年来，人们一直试图找出道德赖以成立的某一确切基础而未果，这到底是不是因为根本就没有一种天然的、独立于人类条例、法令的道德？抑或道德不过就是某一人为的产物，是人们为了更有效地抑制自私、恶毒的人类而发明出来的一种手段；因此，缺少了确实、具体的宗教的支撑，道德就会倒塌，因为道德本身并没有什么内在的证明和天然的基础？警察和司法机构不可能到处都能满足要求，因为一些犯法事情是很难被发现的；并且在缺少官方保护的情况下，要对某些违法犯罪实施惩罚甚至是危险的事情。再者，社会法律至多可以行使正义（公正），但却无法迫使人们表现仁爱、做出好人好事，因为在这方面，每个人都宁愿处于被动接受的一方，而不会扮演主动的角色。由此就产生了这样的假设：道德纯粹只是建立在宗教的基础之上，而宗教和道德这两者都是为了弥补法律和国家机器的必然不足。据此，人们说我们不可能有一天然的道德，亦即某一纯粹根据事物或者人的本性而奠定起来的道德。这也就解释了为何哲学家遍寻道德的根据基础而不果。这一看法表面上看不是没有可能的，并且早已由皮浪[1]怀疑学说的信徒提了出来：

就本性而言，是没有什么好与坏的。就像泰门所说的，只是人的意见造成了好与坏的差别。

近代的杰出思想家也相信这一点。这一看法因此值得我们对其认真考察——虽然产生这一看法的那些人，只需稍为审视一下自己的良心，就可轻易扫除这一看法。

如果我们认为人类所有公正和守法的行为都是出自道德，那就是幼稚和大错特错的。其实，人们所做出的公正行为与真正的内心诚实，两者间的关系就犹如人们所表现出来的礼貌与真正对邻人的爱之间的关系。对邻人之爱并不像礼貌行为那样，只是在表面上克服了自己的利己心，而是在实际上的确做到了这一点。我们到处都可看到人们做出给人看的一副忠厚、老实的样子；这些表面工夫都极力做得让人无可怀疑，但只要别人稍有迹象在怀疑自己的忠厚、老实，就会刺激起这些人的极大反感，并随时触发他们的雷霆之怒。也只有不谙世事、头脑简单

---

[1] 皮浪（Pyrrho，约前360—约前272）：希腊哲学家。一般认为他是怀疑论创始人。为了获得心的安宁，皮浪建议对感觉的可靠性"暂缓判断"，因为我们可以为任何看法不仅找到很好的赞成理由，而且还可以找到很好的反对理由。——译者注

的人才会立即把表面上的忠厚、老实当真视为发自温柔的道德情感或者良心。事实上，人们在人与人之间的交往中之所以普遍做出诚实的行为，人们之所以把强调和鞭策自己要正直、诚实行事的座右铭置之案头，主要就是迫于这两种外在的因素：第一是法律秩序——借助于法律秩序，国家权力才可以保护每一个人的权利；第二是在社会上立足和谋生所公认必需的良好的名声，或者公民荣誉。借助于这一名声或者公民荣誉，每个人的一举一动才会受到社会公众言论的监视。社会公众言论是严格、不讲情面的，它们绝不会原谅人们在诚信方面走错哪怕半步，而是让这犯错（罪）之人永远带上那无法洗刷掉的污点，直至这个人死去为止。公众言论这样的处理，其实甚具智慧，因为公众言论根据的是这一根本原则："先有本质，后有这些本质的发挥"和因此这一深信不疑的看法：一个人的性格是不会改变的，所以，一个人只要有过一次的行为，那在完全相同的情形里，他不可避免又将会做出同样的行为。正是这两个卫兵监察着公众做出诚实的行为。缺少了这两个卫兵的话，坦白说，我们就会祸事临头了，尤其是在涉及我们的财产方面，而我们的财产却是我们人生的中心点：我们的努力和奋斗首要都是为了这些财产。这是因为促使人们做出正直行为的纯粹道德方面的动因——假设真有这方面动因的话——也大都是以某一相当间接的方式在公民财产方面发挥出作用。也就是说，这些动因只是首要和直接针对天然的权利，至于实际的权利，则只是间接相关，亦即只有当那些实际权利是以天然权利为基础。一个人只对经过自己劳动所获得的财产拥有天然的权利，而一旦这一财产被掠夺，那这一财产拥有者在获得这一财产之前所花费的劳动也就与此同时被掠夺了（我坚决反对先到者先得的理论，但这里我不能对此理论多加驳斥）。[1]这样，我们对我们财产所拥有的实

---

[1] 参阅叔本华的《作为意欲和表象的世界》第 1 卷第 62 章和第 2 卷第 47 章。——译者注

际权利，无论中间经过了多少环节，最终理应是基于对这财产的天然权利。在大多数情况下，我们所拥有的公民财产与对这财产的天然权利的原始源头，两者之间的距离却是多么遥远！很多时候，我们很难，甚至完全无法看出我们所拥有的财产，与我们对其天然权利的源头到底有何关联。例如，我们所拥有的财产可以是通过继承、婚姻、赢得抽奖等方式获得；或者就算不是通过这样的方式，我们也不是经由自己出力流汗的劳动而获得这些财产，而是运用狡猾的头脑和巧妙的点子，例如，在投机生意和买卖方面等。甚至有时候仅仅是因为愚蠢的主意，但却全凭运气歪打正着，得到了成功之神的垂青。只有在属于极少数的情形，我们的财产才的确是我们付出真正的努力和苦干以后的收成。即使是在这种情形，我们所付出的劳动也经常只是精神上的，就像医生、律师、官员、教师所从事的职业等。这些人的工作在大老粗看来，似乎并不是那么苦累。要在所有这些拥有财产的情形里承认拥有者伦理方面的权利，并因此发自纯粹道德的力量尊重财产拥有者的权利，那得需要相当的文化教育才可以做到。所以，很多人私下里只是根据别人对其财产的实际权利看视别人的那些财产。因此，如果他们发现使用某些手段，甚至钻法律的空子，就可以从他人的手中掠夺其财产，那他们是不会缩手缩脚的。这是因为对于这些人来说，那些财产拥有者现在失去他们的财产，其方式与他们当初获得那些财产是一样的。因此，这些人视自己与那些财产在此之前的拥有者一样，都有着拥有这些财产的正当理由。在这些人看来，在文明社会里，只不过是由更狡猾者获得更多权利，取代了更强力者获得更多权利。富有者经常的确是很讲究诚信的，因为他们发自内心欢迎某一规则和谨守某一格言——假如人人遵守这一规则和格言就可确保他们的全部财产以及通过这一财产所优先享受到的诸多好处的话。因此，这些富有者是真心实意地承认和拥护"每个人都应得到属于自己的东西"这一根本原则，而从来不肯背离这一原则行事。事实上，他们对诚（treue）、信（glauben）有着某种客观上的亲近和执着，并下定决心把诚、信奉为神圣不容侵犯。他们之所以这样做，纯粹是因为诚、信构成了人与人之间的所有自由交往、保持良好秩序和保障自己财产的基础。因此，保持诚、信很多时候为我们自己带来了好处。从这方面考虑，诚、信就是值得我们不惜作出牺牲来维持的，情形就像我们为购买一块便宜的地皮而不惜花费金钱一样。由此产生出来的正直、老实的行为，一般来说只见之于欣富之家或者至少是正从事有利可图生意的人。而在生意人阶层里面，这种正直、老实却是至为常见，因为生意人知道得最清楚：支撑起商业活动的就是买卖双方的信誉和相互之间的信任。因此，商人的名誉自成专门的一类。相比之下，穷人并没有什么财产。由于在拥有财产方面与他人并不相等，穷人看到自己注定要在穷困中劳累工作，而其他人却在他们的眼里过着富足、懒散的生活。这些穷人很难会承认这种不平等是与一个人所作出的贡献大小和一个人是否诚实地谋生恰成比例。如果穷人不承认这一点，那他将从哪里获得纯道德的原动力，以促使自己做出正直、诚实的行为和制止自己染指别人的财富？通常是严刑峻法约束着人们。一旦出现了千载难逢的机会，可以让他们避开法律的约束，可以一举掀掉贫困的包袱——看到别人的财富，自己的贫困包袱就备感沉重难当——可以占有和享受那让自己垂涎已久的快乐，那此时此刻，到底是什么制止着他们？是宗教的信条？甚少人会有这样坚定的宗教信仰。是纯粹道德的动因要他们做出正直的行为？或许在零星、个别的例子吧。在绝大多数的情况下，制止他们行动的只是担心失去自己的名声、失去作为良好市民的名誉——对于这些声誉，就算是平民百姓也不可以掉以轻心的。还有就是一旦他们做出这样的行为，就随时有可能被人们永远踢出讲究公道的人所组成的大圈子。这大圈子里面的人遵守公平、公正的规则，并因此在世界各处都是由他们相互间分配着财产和监察着财产。只要做出一桩不诚实的事情，就会冒着一辈子遭受市民社会遗弃的危险。人们不会再信任这样一个人，对他大家都敬而远之；以后所有发家致富的机会也将与他无缘。一句话，他已成了一个"小偷"。

而这也应了这一俗语所说的，"一次为偷，终生为贼"。

这些就是时刻监察着大众是否做出公平行为的卫士。凡是有过生活经验、眼睛也不糊涂的人，都会承认在人际交往中，人们做出诚实的行为，绝大部分都只是这些监察卫士的功劳。他们会承认：心存侥幸、一心想躲避这些卫士监察的不乏其人，这些人因而只是把公正、诚实当作是掩人耳目的幌子——以便在这道幌子的掩护下，更有效地抢掠别人。因此，如果某一道德学家提出：是否所有诚实、正直的行为从根本上就只是一种常规、约定；如果这一道德学家循着这一思路，认为所有其他的道德行为，最终都不外是出于自我、利己的原因，虽然那些原因是间接的、经过一番迂回曲折才达到利己的目的，就像霍尔巴赫[1]、爱尔维修[2]、达朗贝尔[3]以及他们时代的那些具有敏锐洞察力的道德学家所做的那样，那我们可不要马上就爆发出神圣的怒火，急匆匆要挺身捍卫一番。对于日常所见的绝大部分的公平、正直行为，上述道德学家的解释的确是真实和正确的，正如我在上文已经指出了的。对于许多的仁爱行为来说，上述的解释也毫无疑问是真实的，因为那些仁爱行为经常是出于向人炫耀的目的；更为常见的则是由于相信做出这样的事情，在以后的将来就可获得回报，甚至是二次方、三次方的丰厚回报；此外，还可能出自其他的利己考虑。同样确凿的事实就是：人间的确也有无私的仁行和完全是发自内心做出的公正、诚实的行为。要证明确有发自内心做出的公正、诚实的行为，我不想引用人的意识中的事实，而只需引用经验中碰到的实事。我指的是这样一些个别的、但却无可置疑的事例，在

---

[1] 霍尔巴赫（Heinrich Diefrich，1723—1789）：法国百科全书撰稿人和哲学家，无神论和唯物主义的著名阐述者。著有《自然体系》等。——译者注

[2] 爱尔维修（Claude Adrien Helvetius，1715—1771）：法国启蒙时期哲学家、辩论家。著有《论精神》等。——译者注

[3] 达朗贝尔（Jean le Rond d'Alembert，1717—1783）：法国数学家，物理学家，启蒙思想家与哲学家。《百科全书》的编纂者。——译者注

这些事例里，当事人不但几乎完全没有会遭法律追究的风险，而且连被人发现甚至只是引起别人一丝丝怀疑的可能性都不存在，但富人还是从穷人的手中拿回了属于自己的财产。例如，失物被人发现以后交还给了失主；通过第三者收到的定金，之后这第三者死了，但这金钱还是退还给金钱的主人；某一逃难的人私下里把金钱托付给了一个穷人，而这穷人又忠实地保管着这些金钱并最后交还给这些金钱的主人。诸如此类的情形毫无疑问是有的。我们在碰到这样的事情时所表现出来的惊讶、感动和敬意，就已清楚表明这一类事情是出乎我们的意料，是属于稀有的例外。这世界上确实是有一些真正诚实的人，正如三叶植物的确也会有长出四片叶子的时候。哈姆雷特的话也绝不是夸张的，他说：

> 在这世上，诚实的人，那可是万中无一。

——《哈姆雷特》第 2 幕第 2 景

有人可能会持异议，认为上述的诚实行为其实是宗教教条发挥了作用，亦即人们想到了在另一世界将会为自己的行为受到惩罚或者奖赏。要反驳这种意见的话，我们可看到在某些例子里，做出这种诚实行为的人并没有任何的宗教信仰。这种情形并不像人们所认为的那样稀有。

面对怀疑的观点，人们可能会首先搬出良心为例证；但人们的良心是否有其天然的根源，也是大有疑问的。我们起码就有一种虚假的良心，这种虚假良心经常与真正的良心混淆不清。不少人为自己做出了的事情感到后悔和不安。这些后悔和不安却经常不是别的，只是害怕将为自己的行为承担后果而已。哪怕是违犯了一些外在的、任随主观定下的，甚至可说是荒谬可笑的规条，也会让不少人内心痛苦自责，跟良心责备并无二致。因此，例如，不少过分虔诚的犹太人会因为星期六在家里抽了一锅烟丝而心情难过，因为《圣经·出埃及记》里写着：

当安息日，不可在你们一切的住处生火。

不少贵族和官员私下里会责备、折磨自己，因为他们在遭遇别人的斥责时，并没有遵照那称为"骑士荣誉"的傻瓜规则去处理和应对。更有不少属于这些阶层的人，一旦无法履行自己的"骑士"承诺，或者在碰到争吵、纷争时，不能照足骑士荣誉的规则处理，甚至不惜开枪了断自己（我曾亲眼目睹两类这样的例子发生）。但在另一方面，还是同样的一个人，却可以随时漫不经心地破坏自己许下的诺言——只要这诺言里面并没有加入"荣誉"的誓词。总的来说，我们所做出的任何前后不一致的事情，任何未经大脑思考的鲁莽行动，任何有违我们的决心、原则或者信念的行为，不管这些是何种类，甚至任何冒失、愚蠢的差错，在事后都会在私下里烦扰我们，在我们心里留下一丝刺痛。如果能够知道自己的所谓良心这一看上去庄严、壮丽的东西，其成分到底是些什么货色，不少人就会惊讶不已：大概这良心的五分之一是对别人的畏惧，五分之一是对神灵的畏惧，五分之一是世俗的定见，五分之一是虚荣，五分之一是习惯的力量。这样，不少人在本质上也就并不比坦白说出这样的话的英国人强得了多少，"良心这东西，对我来说是奢侈之物"。信奉各种宗教的人，其良心通常不过就是他们的教义和准则，以及他们参照这些教义和准则所做的自我检视。事实上，所谓良心的命令和良心的自由也应该在这一意义上理解。那些中世纪和近代的神学家、经院哲学家和诡辩家，也对良心作出了同样的理解：一个人对所了解的、由教会发出的规条和诫令，以及这个人为信奉这些东西所下定的决心，构成了这个人的良心。据此，我们就有了怀疑的良心、坚持的良心、犯错的良心等说法，而为了纠正这样的良心，还有一个良心的顾问，等等，不一而足。我们从斯多林[1]的《良心理论的历史》就可以大略了解良心这一概念与

---

[1]卡尔·斯多林（1761—1826）：德国哥丁根大学神学教授。——译者注

109

其他概念一样，甚少是由这概念的客体对象确定下来；而不同的人对这一概念都有不同的理解；在著作者的笔下，良心这一概念又是多么的模糊、不确定。所有这些都不适宜证明这一概念真有其现实性，所以，人们才会产生疑问：到底有没有一种真正的、与生俱来的良心？在本文的前半部分，在讨论自由的理论时，我扼要地阐述了我对良心的看法。稍后我会回头再讨论这一问题。

所有的这些怀疑观点，虽然肯定不足以否认真正道德的存在，但却足以降低我们对人的道德倾向和因此对伦理学的天然基础的期待。这是因为许多归因于这一伦理学基础的行为经证实却有着其他的动因。而考虑一下世人道德败坏的行为，就足够清楚地证明：驱使人们做出好事的动力并不可能是强劲有力的，尤其当我们看到在与这动力相抗衡的动因并不强烈的情况下，这一做好事的动力仍然经常发挥不了什么作用——虽然在这里，各个人的不同性格在此充分发挥着作用。与此同时，我们要了解人们道德劣性的难度却加大了，因为人们由于慑于法律的威力、不得不为了保存自己的名声，甚至是出于礼貌的缘故，收敛和掩藏起那些会展现出自己道德劣性的行为。最后，人们还误以为通过教育青少年一辈，把正直、美德说成是世人普遍遵守和奉行的，就可以提高孩子们的道德水平。但在以后，当人生经验告诉这些年轻人现实其实是另外的一种情形，这经常是在他们吃了大亏以后才发现的，他们发现年轻时的老师原来就是第一个欺骗自己的人，这对他们的道德的伤害将更甚于如果那些教师们首先自己就作出诚实、正直的榜样，向他们的学生们毫不隐瞒地说：

这一世界是相当糟糕的，人们并不是他们本来应该是的样子，但不要让这些把你们引入歧途，希望你们能够做得更好。

所有这些，就像我上面所说的，都加大了我们认清人的真实道德劣性的难度。国家是由各怀自我之心但又不失理智的众人，在明白了面临的处境以后所发明出来的杰作。现在，国家就把保护每一个人的权利的任务接了过来，通过其强于任何个人力量的国家机器，强制每一个人尊重除己以外的一切其他人的权利。这样，几乎每一个人的无边的自我，许多人的卑劣、恶毒，以及相当一部分人的残忍，才不至于抬头和得势。强制性的力量抑制住每一个人。由此就产生了一大假象，以致在个别的情形里，一旦国家的强力机器无法给予我们保护时，或者一旦得以摆脱国家机器的制约，当看到人们纷纷表现出来的永无厌足的贪婪、可鄙的金钱欲、此前一直隐藏极深的虚伪和欺诈以及阴险和恶毒时，我们经常就会大惊失色、不知失措，会误以为偶然撞见了一头从未见过的怪兽。其实，要不是法律的约束和保有公民荣誉的必要性，类似上述的行为完全就是无日无之。我们只需读一下在无政府状态下的罪行记录和叙述，就可以知道人在道德方面到底是一副什么样子。我们可把眼前所见的成千上万个正在彼此友好交往的人，视为同样数目的老虎和豺狼，只不过嘴巴已用坚固的口套套住了。所以，只要想象一下一旦废除了国家的强力机器，亦即让那些老虎和豺狼都甩掉了嘴套，那任何明智的人都会对意料中一定会出现的景象惊恐万状。这也就让我们清楚地看到，人到底对宗教、良心或者道德的天然基础——无论这到底是什么——究竟会有多少信心。不过，也正是在上述的情形里，面对汹涌、放任的非道德力量，人身上的真正的道德原动力，就会恰成对照地明白显示其作用，并因此让人们一目了然。与此同时，人与人在性格方面那令人难以置信的巨大差别就会暴露无遗。人们就会发现这些差别就跟人们头脑智力方面的差别同样的显著。而这就已经包含了很多意思。

人们或许会反驳说：伦理学与人们的真实行事无关，伦理学只是一门向人们指出应该如何行事的科学。这一原则正是我所否认的。在这之前我在本文批判其他观点的部分已经充分表明：应该的概念、伦理学的命令形式，惟独只适用于神学道德，在这范围以外就会失去其意义。我认为伦理学的目的就是从道德的角度，说明和解释那些人与人之间差异极大的行为方式，找出其最终的根源。所以，除了循经验的途径，再没有别的其他途径可以找到伦理道德的基础；也就是说，我们只能首先调查是否真有一些我们必须承认其具有真正的道德价值的行为，这些也就是自动自觉的公正行事、纯粹发自仁爱和确实的慷慨行为。发现了这样一些行为以后，这些行为也就应作为既定的现象。对这些现象我们必须作出正确的解释，亦即找出造成这些现象的真正的原因。所以，我们必须证明确有这样独特的推动力，驱使人们做出与其他行为迥然不同的行为。这一独特的推动力，以及对这一推动力的敏感接受就是道德的最终原因，对这些道德原因的认识就成了道德的理据或说道德的基础。这是我为伦理学指出的谦卑路途。如果有人认为这种伦理学并没有先验的构筑和体系，没有可以让所有具有理性的人在抽象中把握的绝对立法，所以不够气派、不够教条化和不够学术味，那他可以回到绝对命令、回到"人的尊严"等滥调中去；他可以重拾空洞的套语和学校中讲授的幻象和肥皂泡，还有那些无时不遭受现实经验嘲弄的所谓道德原理，这些东西一旦走出了课堂就无人再知道它们，对其也一无所感。相比之下，沿着我所指出的途径所发现的道德理据，却会得到实际经验的支持——这些生活经验每天、每时都为这些道德理据默默地提供证词。

14. 非道德的推动力

在人和动物的身上，首要和根本的推动力就是利己心（egoismus），亦即对生存、健康、舒服的渴望和争取。德语词"selbstsucht"（自私自利）也包含了"疾病"的意思[1]。但"eigennutz"（自私）一词却标示利己的行为是在理性的指引下进行，而这一理性借助反省思维的作用使利己心能够有计划地实现自己的利己目标。因此，我们可以形容动

---

[1] 德语"sucht"也有"疾病"的意思。——译者注

物"利己"、"一心只为自己"（egoistische），但却不可以说动物"自私"（eigennutzig）。所以，我将保留"利己心"、"自我"（egoismus）一词以标示这一泛泛的概念。这种利己心无论在动物还是在人类，都与人类和动物的内核、本质最紧密地联系在一起，甚至可以说是混而为一了。因此，一般来说，所有人的行为都是出自利己之心，我们每次在试图解释人的某一行为时，都应该首先从这一观点出发。基于同一道理，我们试图把某一个人引往某一目标时，具体所采用的手段，无一例外都是围绕这个人的利己心而设计出来。利己心就其本质而言是无限度的：人们希望绝对地保住自己的生存；希望自己的生存绝对地摆脱一切苦痛（这些包括所有的匮乏和欠缺）；希望保持最大限度的健康与舒适；希望享受有能力享受到的一切快乐；并且尽可能地在自己身上培养出多一些享受多种乐趣的能力。凡是妨碍他们为了利己所作出的努力，都会招惹他们的厌恶、愤怒和仇恨，他们就像对待仇敌一样地必欲去之而后快。如果可能的话，人们会希望享受到所有一切，拥有所有一切；既然这并不可能，那人们就至少可以控制一切："一切都是我的，别人什么都没有"就是他们的格言。利己心是巨大无比的，它压倒所有一切。如果一个人要在自己遭受毁灭或者世界其他人遭受毁灭这两者之间作出选择，那绝大多数人将作出何种选择，是用不着我说的。因此，每个人都以自己为这一世界的中心，把所有一切都与自己搭上关联。所有发生的事情，例如，对国家、民族命运所遭遇的重大变化，也首先是与自己的利益联系起来考虑。尽管自己的利益既渺小又间接，但却是自己要优先考虑的事情。每个人对自身的全神和高度的关注，与外人对这个人一般都抱有的漠不关心的态度，一如这个人对别人也是同样的漠不关心，还有比这更鲜明的反差吗？无数的个人都惟独只把自己视为真正、实在的，至少在实际方面——而其他人则在不同程度上只被视为虚幻的影像。这种情形还真有着某种滑稽的味道哩。究其实，这都是因为每一个人都是直接体会到自身，而对于其他人，那只是间接通过自己头脑中其他人的表象加以了解。直接性当然有其权利。也就是说，由于每一个人的意识在本质上就是主体性的，所以，每一个人的自身就是全部的世界。这是因为所有客体之物只是间接地、纯粹只是作为主体的表象而存在。这样，所有一切都取决于自身意识。每个人惟一确实了解和认识的世界，就作为他的头脑表象由他随身携带着，这因此就是这一世界的中心。正因为这样，每个人在一切事物里都体验着自身，他发现自己就是一切现实的所有人，一切事物对于他来说都不如其自身重要。这样，从主观上看（作为主体），一个人的自身显得如此巨大，但从客观上看（作为客体），这一个人却几乎缩小为无物，亦即缩小为正活着的全人类的十亿分之一。现在，这样一个人非常确切地知道自己那比任何一切都更重要的自身，任何涉及这一微观世界的风吹草动，都会成为天大的事情——在其死亡之时，其头脑中的整个世界也就一并沉沦，对自身而言，也就等同于这个客观世界的沉沦。这些就是在生存意欲的基础上，产生出利己心的基本要素。这一利己心使人与人之间时刻分隔着巨大的鸿沟。如果真的有人跨越这一鸿沟给别人施以援手，那就会像奇迹一样地引起人们的诧异和得到人们的赞扬。在这论文的前半部分解释康德的道德原则时，我有机会阐明：自我和利己心在日常生活中司空见惯；尽管人们流于表面的礼貌像无花果叶一样地旨在遮住人的利己心，但这些东西还总是从某一角落里探头张望。也就是说，礼貌行为就是人们在日常交往的小节方面，默契、有计划地掩饰起自己的利己本性；这当然被视为虚伪的行为。尽管如此，人们仍然要求别人做出礼貌的行为，仍然赞扬礼貌的行为，因为用礼貌外衣掩藏起来的东西，亦即人的自我和利己之心，实在是丑陋和难看，人们不会喜欢看到这些令人厌恶的东西——虽然大家都心知肚明：人人都有这种利己之心。这好比我们宁愿用布帘把难看的东西遮挡起来。一旦没有外力制约人的利己心，这外力包括了人们对世俗力量或非世俗和超自然力量的恐惧，或者一旦没有真正的道德推动力发挥出制约作用，那这种利己心就会肆意为所欲为。这样，无数眼中只有自己的个人"相互间的混战"（霍布斯著《利维坦》）就会无日无止，到最后，每个人都沦为输家。因此，人的反省理智很快就发明了国家机器。国家机器是由于人们互相害怕对方的暴力而想出来的办法，以便尽其所能地避免了各人为所欲为所带来的恶果，所采用的是否定的方式。而一旦上述两种抗衡利己心的力量无法发挥作用，人的利己心就会马上尽情呈现其可怕的总量，那一幕幕景象不会是美丽的。为了简单表达出人的那种非道德的力量，用一句话把人的自我、利己的程度描绘出来，因此也就是找出某一有加强意味的夸张说法，我最终想到了这一句话："不少人可以不惜杀死别人，纯粹只是要用其身上的脂膏，擦亮自己的靴子。"不过，这句话到底是否真的夸张，我还是有疑问的。所以，人的利己心就是道德推动力必须要控制和克服的首要力量——虽然这还不是惟一的力量。我们在此已经看到要对抗这样的一个强劲对手，那必须是一些比死钻牛角尖的文字推敲，或者比先验论的肥皂泡要更加实在的东西才行。在进行战争之时，谁是我们的敌人，这是首先需要认清的事情。而在我们此刻讨论的力量对抗中，利己心作为敌对一方的主要力量，首要对抗着公正（gerechtigkeit）美德。而公正的美德，在我看来，是排在第一位的真正的基本美德。

相比之下，对抗仁爱（menschenliebe）美德的更多的是恶意或憎恶。因此，我们打算首先考察恶意和憎恶的根源和程度。较低程度的恶意相当常见，甚至几乎可以说是司空见惯；这种恶意轻易就可达到较高程度。歌德这一句话说得很对：

在这世上，人与人之间的漠视和反感是最正常不过的。

——《亲和力》第一部分第 3 章

对于我们来说，相当幸运的是，人们以聪明和礼貌掩藏起彼此间的恶意，不让我们看到这种憎恶情绪其实是多么普遍地存在，那"众人之间的相互混战"，至少在人们的思想里是如何持续地进行。但人与人之间的恶意仍不时显露出来，例如，人们背后的恶语中伤和无情诽谤就极为常见。而人们那种勃然爆发的怒气，则完全清楚地表现出个中的憎恶，因为这种发作经常远远超出其诱因。如果这些怒气不是一直长时间在内心里酿成恨意，就像火药一样压缩在枪膛里，那是不会如此猛烈地迸发出来的。由于人们各自的自我和利己心随时和不可避免地互相碰撞和冲突，在大多数情况下，恶意由此产生。然后，每个人多多少少都会，起码是不时地表现出来的种种恶行、错误、愚蠢、弱点、缺陷等，也在客观上刺激了我们的恶意。情形甚至可以发展到这样的程度，对于不少人来说，尤其是在情绪忧郁、低落的时候，从美学的角度看，这一世界就像挂满了讽刺漫画的陈列室；从智力的角度看，则跟疯人院无异；从道德的角度看，活脱脱就是贼窝、匪穴。假如这一忧郁情绪一直持续下去，那就会产生厌世心理。最后，产生恶意的一个主要源泉就是嫉妒，或者毋宁说嫉妒本身就已经是一种恶意，这种恶意在看到别人享有幸福、财产，或者具有优点、长处时就会受到刺激。人们无法完全摆脱得了这种嫉妒。希罗多德就说过："从一开始，嫉妒就是与生俱来的。"尽管如此，嫉妒的程度却是因人而大异。如果嫉妒是因别人的个人素质而起，那是最难根除，也最是狠毒，因为在这种情形里，并没有给嫉妒者留下哪怕一丝希望。同时，这种嫉妒也是最下作的，因为嫉妒者憎恨的是他本来应该崇敬和热爱的东西。但现实就是这样：

人们似乎最嫉妒，
那些振翅飞升
远离囚笼的人。

——《时间是最终的胜利者》

彼特拉克[1]早已经发出了这样的哀叹。对嫉妒的更详尽的思考，读者可参阅《附录和补遗》中"伦理道德散论"[2]。在某些方面，嫉妒的相反就是幸灾乐祸（schadenfreude）。但心生嫉妒是人之常情，对别人的痛苦幸灾乐祸则是魔鬼的特性。没有什么比一个人发自内心的、纯粹的幸灾乐祸的心理，更确切地显示出这个人的卑劣、恶毒的内心和道德上的一无是处。一旦在某个人的身上发觉这一特质，我们就要永远对他敬而远之。

> 罗马人啊，你们可得提防，这个人内心黑暗啊！
>
> ——贺拉斯：《讽刺诗》

　　嫉妒和幸灾乐祸就本身而言只是理论上的东西，付诸实践以后就成了恶毒和残忍的行为。自私和利己之心可以诱使人们做出种种不轨行为和罪恶勾当，但给别人所造成的损失和痛苦只是手段而已，并不是目的。别人所承受的损失和痛苦因此只是偶然和附带造成的。对于恶毒和卑劣者来说，别人的痛苦和不幸本身就是他们的目的，达到这一目的就能给他们带来快乐。正因为这样，恶毒和残忍构成了更严重的道德劣性。极端的利己主义者信奉这样的行动指南："我们不会帮助任何人；相反，如果损害别人能给自己带来好处（因此这始终是有前提的），那损害任何人也在所不惜。"恶毒者的行动指南则是："要尽其所能地损害所有人！"正如幸灾乐祸的快感还只是停留在理论上的残忍行为，同样，残忍的行为只是幸灾乐祸付诸行动而已。一有机会，幸灾乐祸就会现身为残忍的行为。

　　要具体说明出自上述两种基本动力（利己心和恶毒心）的恶行，那

---

[1] 彼特拉克（Francesco Petrarca，1304—1374）：意大利诗人、人文主义者。著有《歌集》等作品。——译者注
[2] 读者可阅读《叔本华思想随笔》中的译文，上海人民出版社 2014 年版。——译者注

就只能在一套详细的伦理学里进行。这样的一套伦理学大概会从利己心引出贪心、饕餮、淫欲、自私、吝啬、贪婪、不公、傲慢、铁石心肠、盛气凌人，等等；从恶意则可引出嫉妒、易怒、仇视、阴险、恶毒、背叛、狡诈、报复、残忍、幸灾乐祸、出语伤人、摇舌中伤、蛮横无耻，等等。恶行的第一条根源（利己心）更多的是动物性，而第二条根源（恶毒心）则更多的是魔鬼的特性。这两者再加上接下来将要提及的道德推动力——在这三者里面，到底何者占据上风，那将勾勒出这个人的道德性格类型。任何人都不可能完全没有这三者中的某些成分。

本来我早应结束检阅那些可怕的反道德力量——这些反道德力量让人想起弥尔顿的《魔窟》里面的那些魔头。但是，我的计划需要我首先考察人性的阴暗一面。这样，我考察的途径当然就偏离了所有其他的道德学家的既定路线，但却与但丁的路线相似，因为但丁首先踏上的是通往地狱之路。

通过这里对那些反道德力量的大致考察，大家可以清楚地看出：要找出驱使人们做出道德行为的推动力是多么的困难：这样的道德行为完全是与深深植根于人性的上述种种倾向背道而驰的。就算在生活经验中真出现这些违犯人性倾向的行为，要对这些行为作出足够的和自然的解释，又是多么的不容易。这一难题是如此之难，以致在世界各地，人们为了解决这一难题而被迫从另一世界那里求助。人们举出了上帝、神灵——据说他们的意志和命令就是人们按要求所应该做出的行为；并且，这些上帝、神灵通过那些不是在这一世界给予，就是在人们死后往生的另一世界实施的奖惩以强调其意志和命令。假设这一类教义信仰在人们的头脑中普遍扎下了根子——如果在人们幼稚、年少的时候就强制把这些东西压在人们的脑海里，那当然是有可能的，并且假设这种信仰能够产生预计的效果——虽然这要困难得多，在生活经验中也更少得到确证——假设事情是这样，甚至可以让人们在警察和司法机关鞭长莫及的地方都能遵纪守法，但这些我们每一个人都会感受到，却一点都不能

118

归入我们所真正理解的道德情操。这是因为所有那些由这一类动因所引出的行为，其根源很明显永远都只是利己之心。因此，如果我做出行为只是因为受到了奖赏的引诱，或者不做出行为是因为受到了惩罚的威胁，那无私无我又从何谈起呢？如果相信在另一世界将肯定获得奖赏，那就可以等同于获得一张完全安全的汇票了，虽然这张汇票要很长时间以后才可以兑现。无论在哪里，接受施舍的乞丐都忙不迭地向施舍者许诺：解囊施舍的人在天国或者来世将千百倍地得到回报。不少平时一毛不拔的铁公鸡也会为此慷慨解囊。这些吝啬鬼还为自己这种有眼光的投资而窃喜呢，因为他们深信在来世他们又将马上成为富可敌国的陶朱公。对于大众来说，光靠这一类推动力或许就可以了。所以，不同的宗教都向信众宣传抑恶扬善的这一类好处。这些宗教因此缘故就是人民大众的形而上学。但在此却需注意：有时候，我们对驱使自己行为的真正动因是错误理解的，一如我们对别人行为的动因也错误理解一样。因此，不少人由于在解释自己所作出的最高贵行为时，只能勉强以上述动因作答，所以，尽管驱使他们行为的动因高贵得多、纯粹得多，但要清楚明白这些动因也是困难得多。尽管他们的行为的确是出于对邻人的直接的爱，对于这些行为，这些人也只能用听从他们上帝的命令去解释。而哲学在这一问题上，一如其对待其他所有的问题，就是要找出对这一难题的真正、最终的解答；这一解答有着人性的理据，用不着依赖神秘解释、宗教教义和超验三位一体，等等。哲学还要求这一解答能够在无论是外在还是内在的经验中得到证实。现摆在我们面前的任务是哲学方面的任务，所以，我们必须把所有以宗教为前提条件的解答完全撇开、不予考虑。我之所以提到这些宗教方面的解答，目的只在于让我们看到这一难题的巨大难度而已。

15. 行为是否具有道德价值的鉴定标准

首先，我们要解决这一经验上的问题：在我们的生活经验中，到底有没有发自内心而做出的公正、仁爱行为？到底有没有甚至更进一步可称得上宽宏、高尚的行为？遗憾的是：这一问题并不可以完全在经验上解决，因为在生活经验中，我们所看到的只是已经做出了的事情，事情背后的推动力却不是显而易见的。因此，每一种做出了的公正或者善良行为，其实是受到了某一利己的动因的影响——这总是有可能的。在此进行理论探究之时，我不会玩弄那要不得的把戏，把这种事情推诿给读者，让读者凭良心作出判断。但我相信：很少人会对这世上到底是否真有上述的美德行为存疑，也很少人是根据自己的亲身体验而不相信经常有人会公正处事，目的纯粹只是不想别人受到不公的对待。事实上，我相信有这样的人：他们好像天生就有着一定不让人平白吃亏的为人准则；因此，他们不会故意伤害别人的感情，不会不顾一切地寻求自己的好处，而是在追求自己的好处的同时，也照顾到别人的权益。在双方互相承诺了义务以后，他们并不只是监察着对方是否履行其义务，而是同时也留意对方是否得到其应得的回报，因为这些人出于真心并不希望与自己打交道的人会有所吃亏。这些是真正诚实的人，是在无数有失正直的人当中的极少数正直者；但的确有这样正直的人。同样，我想人们会承认：很多人在付出和帮助别人、为别人做事、让自己受累的时候，在心里除了帮助眼前那陷入困境的人，再没有别的其他目的。当阿诺·冯·温克立德[1]高喊着"弟兄们，记住大家的誓言，帮我照管好老婆和孩子"，然后，把敌人纷纷刺过来的长矛挡在身上时，有人可能会想，冯·温克立德的壮举其实夹杂着自私的目的，但我却无法这样认为。我在本文第13节已经提请人们注意，对于发自内心的正直行为，如果不是故意找茬或者顽固不化的话，是无法否认得了的。如果有人坚持否认所有这样行为的存在，那么，照这些人看来，关于道德的学问就是一门没有现实对象的科学，就像占星学和炼金术一样；现在还要进一

---

[1] 冯·温克立德：在 1386 年瑞士联盟战胜奥地利的著名的森帕战役中成名的战斗英雄。——译者注

步讨论道德的基础就更是浪费时间而已。对这些人，我的话也就到此为止了。我现在是跟承认道德是现实存在的人说话。

因此，惟独上述一类的行为，我们才可以承认具有真正的道德价值。我们可以发现：这些行为的特点就是在这些行为里面，并没有那通常引起人的所有行为的一类动因，亦即自私的动因——在此我运用了这词的最广泛的涵义。所以，一旦发现行为中其实有着某一自私的动因，而这一自私的动因又是整个行为的惟一动因，那这一行为就会完全失去其道德上的价值；如果某一自私的动因仅只是附带发挥了作用，那这行为在道德上的价值还是大打了折扣。不带任何利己的动因就成了鉴定具有道德价值行为的标准。虽然有人会反驳说，纯粹恶毒、残忍的行为也不是自私的。但这些行为很明显并不可能是我们所指的那一种，因为这些恶毒、残忍的行为与我们现正谈论的行为恰恰相反。谁要是坚持严格的定义，那尽可以把那些本质特征就是引起别人痛苦的行为明确排除掉。另外，具有道德价值的行为还有一个完全是内在的，因此并不那么明显的特征，那就是，这些行为会留下某种对己的满意——人们称其为良心的赞许。同样，与这些行为对立相反的不公正、欠缺爱心的行为，会让行为者在内心都体验到某种自我责备；那些恶毒、残忍的行为就更加不用说了。再就是，具有道德价值的行为还有这样的次要和属于偶然外在的特征：这些行为会引起置身事外的旁观者的赞许和敬意，而与之相反的恶毒、残忍行为则引起这些旁观者恰恰相反的反应。

现在，人们那些作为事实得到了确认和承认的具有道德价值的行为，就是呈现在我们眼前、需要我们去解释的现象；因此，我们需要探究：到底是什么驱使人们作出这一类行为。如果我们这种探究成功的话，那我们就必然发现了真正的道德推动力；这样，我们的难题也就解决了，因为一切伦理学都是建筑在这一真正道德推动力的基础之上。

16. 真正道德推动力的提出和证明

经过到此为止那些绝对是必需的开场白以后，我现在就要说明和证

121

实在所有具真正道德价值的行为背后的根源，亦即推动力。这些说明和事实将表明：这样一种严肃的、无可否认在现实中存在的推动力，与所有那些死钻牛角尖、玩弄文字游戏、强词诡辩、从子虚乌有中生造出来的看法和命题以及先验的肥皂泡相去甚远——而所有这些东西，却被至今为止的体系当作是道德行为的根源，当作是伦理道德的基础。因为我所提出的这一道德推动力，并不是随心所欲提出来的假设，而是惟一有可能确实得到证明，但由于这样的证明需要把许多的思想联系起来，所以，我首先给出一些前提，这些前提是进行论证的先决条件。下面的这些前提，除了最后两个以外，完全可被视为公理。而那最后的两个前提，其根据就是上面已经进行了的分析和讨论。

（1）缺乏足够有力的动因就不会产生行为，正如缺乏足够的推动力或者拉力石头就不会移动一样。

（2）同样的道理，在有了足够有力的动因以后——这是对行为者的性格而言——行为就不可避免地一定要发生，除非另有更强有力的相反动因必然迫使这个人放弃这一行为。

（3）使意欲活动起来的，惟独只有总括而言的、在最广泛意义上的苦或乐；同样，反过来，苦或乐则意味着"与意欲相背或者与意欲相符"。因此，每一动因都必然与苦或乐有着某种关联。

（4）顺理成章，每一行为都与某一能够感受苦或乐的生物有关，后者是这一行为的最终目标。

（5）这一生物要么是行为者本身，要么就是这行为中另一位被动参与者，因为这一行为的发生要么是让这生物受损、痛苦，要么是让这生物得益、获利。

（6）每一行为，如果最终的目标是为了行为者本身的苦与乐，那这行为就是自我、利己的。

（7）这里关于行为所说的一切，同样适用与停止做出或者忍住不做出这些行为——在此，动因和反动因都是清楚存在的。

（8）经过前一节的分析，我们得出的结论是自我、利己与一桩行为的道德价值绝对互相排斥的。如果做出某一行为的动因是某一利己的目的，那这一行为是不会具有道德价值的。如果一桩行为真具有道德价值的话，那这一行为的动因就不能是利己的目的，无论这利己的目的是远还是近，是直接还是间接。

（9）在本文前半部分我已通过分析剔除了所谓的对我们自身的责任；这样一桩行为的道德意义就只在于这一行为与他人的关系。只能从这方面考虑，以判断一桩行为是有道德价值的，抑或是道德败坏的，亦即判断这是一桩公正的行为、仁爱的行为，抑或是与这两者相反的东西。

从以上这些前提可以明显得出下面的推论。人们的苦、乐就是人们做出或者不会做出行为的最终目的（根据第 3 条前提），这些苦或乐要么是做出行为者的苦或乐，要么就是在这行为当中处于被动位置的另外一方的苦或乐。如果属于第一种情形，那这一行为必然是自我、利己的，因为引出这一行为的是与自身利益相关的动因。属于这一类行为的不仅仅是那些人们明显为着自己个人的利益和好处所进行的事情，这是最常见的情形，而且还包括在做出某一行为时，我们希望会在长远时间以后给自己带来某种有益的结果，不管我们是在现世就可得益处或要等到来世才能收获；或者在做出这一行为时，我们着意的是自己的声誉、自己在他人心目中的形象、随便旁人所给予的敬意、目睹者的同情，等等；又或者在做出这一行为时，我们的目的就是以身作则，维护某一行为准则，因为如果人人普遍谨守这一行为准则，我们就将是最终的受惠者，例如，维护诚实公道、互敬互让的行为准则等。同样属于自我、利己一类行为的就是经过一番盘算以后，我们认为更合算的做法就是遵从我们虽然并不认识、但却明显是更高力量所发出的绝对命令，因为除了担心不服从命令所引起的恶果以外，没有什么还可以驱使我们服从这些命令——虽然这些恶果到底是会什么样子，在人们的头脑中还只是笼统和不确定的。同样，如果我们在做或者不做某一行为时，看重的只是我们对自身、对自己的价值或者尊严的良好看法——无论这种看法是清晰的抑或不清晰——而一旦做出或者不做出某一行为，就会失去这一良好的看法，并因此伤害自己的自尊心，那经此考虑以后才做出的行为也是属于自我和利己的。最后就是根据沃尔夫[1]所提出的原理，人们做出某一行为，目的只是为了实现自己的完美。一句话：不管我们为某一行为提出什么样的最终动机，但如果经过一番拐弯抹角，我们发现做出这一行为的最终真正推动力就是做出行为者的苦或乐，那这一类的行为就是利己的，因此也就是没有道德价值的。只有惟一一种情况不属于这里所说的情形，那就是做出或者不做出这一行为的最终动机完全和惟独就是在这行为里处于被动位置的他人；这样，这行为的主动一方在做出或者不做出这一行为时是完全着眼于他人的苦或乐，除了让他人不受伤害，或者能够得到帮助、支援和减轻痛苦这一目的以外，别无其他目的。正是这一目的使这一行为或者不做出这一行为打上了道德价值的印记。因此，道德价值是完全取决于做出或者不做出这一行为是否只是为了利益他人。如果情况不是这样的话，如果驱使人们做出或者阻止人们做出行为的苦或乐，只是行为人本身的苦或乐，那做出或者不做出行为就始终是出于自我、利己的考虑，因此就是没有道德价值的。

　　而如果我纯粹是因为别人的缘故而做出行为，那别人的苦或乐就必然直接是我的行为的动因，正如在除此以外的所有其他行为当中，自己的苦或乐才是行为的动因一样。这样，我们的难题就可以收缩表达为：别人的苦或乐怎么会有可能直接使我的意欲活动起来，亦即就好像是我自己的苦或乐一样地使我的意欲活动起来？也就是说，别人的苦或乐直接成为了我的行为的动因，有时候甚至达到了这样的程度，以致我多多

---

[1] 沃尔夫（Christian Wolff, 1679—1754）：德国哲学家和数学家。著有《关于人类理智能力的理性思想》等著作。——译者注

少少地并没有优先考虑自己切身的苦或乐。难道自己切身的苦或乐在一般情况下不是我行为的惟一动因吗？这到底是怎么回事呢？显而易见，这一切只能通过让别人成为我的意欲的最终目标，就正如除此情形以外我才是我的意欲的最终目标一样；亦即通过让我完全直接地意愿别人的乐、不意愿别人的苦，其直接程度就跟除此情形以外，对待自己的苦、乐一样。但要这样做，就必然要有这样的前提条件：对于这一别人的痛苦，我能感同身受，就跟感受自己的痛苦一样，并因此直接感受到他的快乐，就跟感受自己的快乐一样。但这样做却需要我能够以某种方式视这别人与己为同一，亦即那种我与他人之间的全部区别，至少是在某种程度上取消了，而我的自我和利己心正是建立在这种人我的区别之上。既然并不曾进入别人的身体里面，那我就只能是通过我对别人的认识，亦即通过他在我头脑中的表象，把别人和自己视为一体，以致所做出的行为宣告别人与自己之间没有了差别。我们在此分析的事情过程并不是凭空想象出来的，而是千真万确，并且也不是绝无仅有的事情。那就是司空见惯的同情现象，亦即首先对别人的痛苦有一种完全直接的、独立于所有其他考虑的切身感受和关注；然后，通过这种感受和关注，避免或者消除别人的痛苦，因为自己的满足、快乐和幸福全在于避免或者消除别人的痛苦。这种同情才是发自内心做出的公正和仁爱行为的真正基础。只有发自同情的行为才具备道德的价值；而出于任何其他动因的行为都不具有这种道德的价值。一旦刺激起这一同情心，别人的苦、乐就会让我们耿耿于怀，其方式与自己的苦、乐让自己耿耿于怀一模一样，虽然这并不总是以同等的程度。也就是说，此时此刻，人我之间的区别已不是绝对的了。

这种情形当然是令人惊讶的；并的确是非常神秘的。事实上，这是伦理学的巨谜，是伦理学的原始现象和界石——也只有形而上的思维才冒险迈出越过这一界石的一步。在上述情形发生时，我们看到那道隔墙——根据我们的自然之光（古老神学家对理智的称呼），那道隔墙把我们人与人完全分隔开来——消除了，那本属"非我"的东西在某种程度上变成了"我"的东西。我们现在暂时先不忙对这一现象作形而上的解释，而是首先看一下所有自愿做出的公正行为，出自真心的仁爱行为是否的确出自这种情形。然后，我们的难题就会迎刃而解，因为我们将表明和证实了道德的最终基础就在人的本性之中。这一道德的基础本身就不再是伦理学的难题，而是像所有的存在物一样，其实是形而上学的难题。不过，对这伦理学的原始现象作出形而上的解释已经是在皇家科学院的问题范围之外了，因为皇家科学院所提出的问题集中在伦理道德的基础；所以，这种形而上的解释充其量只能作为某一姑妄言之、读者姑妄听之的东西。现在，在我着手从所提出的基本推动力引出主要和基本的美德之前，我还要提出非常关键的两点。

（1）为了更便于理解，我把上面衍生出道德行为的同情，简单化为产生出具有道德价值行为的惟一源泉，所采用的方式就是故意不考虑恶毒这一行为推动力，而这一推动力就像同情那样并不是自私的；恶毒行为的最终目标就是造成别人的痛苦。现在加入这一点以后，我们就可以更完整、更严格和更令人信服地把上文已经给予的陈述总结为：

总的来说，人的行为只有三种基本推动力，所有的动因只有通过刺激这三种基本推动力才能发挥出作用。这三种基本推动力就是：

a. 利己，愿望自己快乐（利己是没有限度的）。

b. 恶毒，愿望别人痛苦（这可以一直发展为做出极度残忍的行为）。

c. 同情，愿望别人快乐（这可以一直发展为高尚无私、慷慨大量）。

每一个人的行为都肯定可以归因于以上其中之一种推动力，虽然两种推动力也可以共同发挥作用。既然我们已经认定具有道德价值的行为是事实存在的，那些行为也就必然是出自这其中之一种推动力。根据第 8 条的前提，具有道德价值的行为不可能是出自上述 a 推动力（利己），也更不会出自 b 推动力（恶毒），因为出自 b 推动力的所有行为都是道德败坏的，出自 a 推动力的部分行为在道德上则既不好也不坏。因此，具有道德价值的行为必然是出自 c 推动力，而这一点则在接下来的讨论中可以得到后验的证实。

（2）我们对别人的直接同感只局限于别人的痛苦，别人的安逸却不会，起码不会是直接刺激起我们的同感。其实，我们对别人的安逸、舒服的状态本身，是无动于衷的。让-雅克·卢梭在《爱弥儿》（第四部）里也写下了同样的话语：

第一条格言：我们的内心并不会对比我们幸福的人有同感，而只会对比我们更不幸的人有切身的感受。

这其中的原因就是痛苦，所有匮乏、欠缺、需求，甚至愿望都属于痛苦，是肯定的，是直接就可感受到的。相比之下，满足、乐趣、幸福的本质只在于没有了欠缺，没有了痛苦。也就是说，满足、乐趣、幸福是以其否定特性发挥出作用。因此，正是需求和愿望构成了享受乐趣的前提条件。柏拉图早已认识到了这一点，他只把芬芳的气味和精神上的享受排除在这种情形之外（《理想国》第9、264页以下）。伏尔泰也说过：

只要有了真正的需求，才会有真正的快乐。

也就是说，具有肯定特性的、纯以自身显现出来的就是痛苦；享受和满足是否定特性的，纯粹只是没有了痛苦。首先是基于这一道理，只有别人的痛苦、匮乏、危险、无助才直接引起我们的同感和关注。对幸福、满足的人我们是无动于衷的，恰恰就是因为这种人所处的状态是否定特性的：那是没有了苦痛、匮乏和需求的状态。我们虽然会为别人的幸福、舒适、享受而高兴，但这种感受是其次的，有这种感受是因为这些人在此之前的痛苦和匮乏使我们苦恼和忧伤；或者我们对这些幸福者和舒适者有同感，并不是因为这些是幸福者和舒适者，而是因为他们是我们的孩子、父母、朋友、亲戚、仆人、臣民等。并不是别人的幸福和享受纯粹作为幸福和享受刺激起我们的直接同感，就像别人的痛苦、匮乏、不幸纯粹以这些东西就能激起我们的同情那样。甚至对于我们自己，真正说来也只是我们的痛苦才刺激我们行动起来——每一种感受到的欠缺、需求、愿望，甚至无聊都可并入痛苦之列；而满足、幸福的状态却让我们无所事事、耽于懒惰的静止之中。对于别人，情形又何尝不是如此。这是因为我们与别人感同身受是建立在与别人混同一体的基础上。看到别人的幸福和享受，那纯粹作为幸福和享受的甚至还会刺激起我们的嫉妒呢。每个人都有这种嫉妒的倾向。而嫉妒则属于上文已讨论过的反道德力量的一种。

在上文阐述了同情是由别人的痛苦而直接引发这一事实以后，我有必要对卡西那（《对同情的分析》，1788）的错误观点提出批评。卡西那的这一错误观点发表以后一直经常被人们反复引用。卡西那错误地以为同情产生于想象中刹那间的错觉，因为我们把自己摆在了受苦者的位置，在想象中误以为是我们自己承受了别人的痛苦。真实的情形可一点都不是这样。相反，在每一刻我们都清楚意识到：承受痛苦者是别人，而不是我们；我们悲痛感受到的痛苦，是发生在他的身上，而不是在我们的身上。我们与他一道，亦即在他的身上，感受着痛苦；我们所感受到的他的苦痛就是他的苦痛，我们并不曾想象到这种苦痛是我们自己的。的确，我们所处的状况越幸福，我们所意识到的这一状况因此与别人的状况越形成鲜明的对比，那我们就越能感受到同情。要解释这极其重要的现象的可能性却不是那么容易，纯粹经由心理的途径去解释——就像卡西那所尝试的那样——也不能达到目的。我们只能通过形而上学得到答案，而在最后一节我将尝试对此现象给予一种形而上的解释。

现在我要讨论的，是从那我已指出了的道德源泉所引出的具真正道德价值的行为。这类道德行为所普遍奉行的格言，因此亦即伦理学的最高基本原则，我在前一节已经提到，那就是：

不要伤害任何人，要尽量地帮助每一个人。

由于这一格言包含两个句子，与之相应的行为也就分成了两类。

17. 公正作为美德

在上文，我已表明生发同情是伦理学的原初现象；更加仔细地考察同情，就可以让我们马上看出：在别人的痛苦直接成为自己的行为的动因，亦即决定自己做出或者不会做出某种行为时，同情有着两级明显有别的程度。也就是说，在同情的第一级，同情抗衡着自己那些利己的动因或者恶毒的动因，制止自己做出造成别人痛苦的事情，因此也就是制止自己造成还没造成的损害，制止自己成为别人痛苦的根源。当同情达到第二和更高的一级，同情却发挥出了肯定特性的作用，会驱使我们行动起来，给别人施以援手。所谓的法律责任和美德责任——更准确地说，应是公正行为和仁爱行为——康德是那样牵强、生硬地把这两者区别开来；但在这里，公正行为和仁爱行为之间的区别却是完全自动地显示出来，并以此证实了这一原则是正确的：上述两者（公正的行为和仁爱的行为）间的自然、清晰和截然的区别就是否定特性和肯定特性的区别，不做出伤害行为和积极施以援手的区别。在这之前的那些称谓，亦即"法律的责任"、"美德的责任"——"道德责任"也被称为"爱的责任"、"不完全的责任"——首先就是错误的，因为这些称谓把类（genus）与种（spezies）并列了起来。这是因为"公正"也是一种美德。其次，这些称谓使责任的概念包含了太多的涵义——这概念我稍后就会还原其真正的涵义范围。因此，对上述两种"责任"，我以同是美德的"公正"和"仁爱"取而代之。这两种美德我名为基本美德，因为从这些基本美德可以在实际中产生出、在理论上推引出所有其他的美德。公正和仁爱的行为都植根于自然生发的同情。这种同情本身就是人的意识中一个不可否认的事实，从根本上是人的意识所独有；同情并非以假设、概念、宗教、神话、信条、教育、修养为基础，同情其实是原始和直接的，就存在于人的本性之中，并因此在各种情形里都经受得起考验，在无论任何国家、任何地区和任何时候，都显现其痕迹。因此，无论在哪里，人们都有信心求诸人的同情心，认定这是每个人身上都必然会有的东西，绝对不是"陌生神灵"的专属品。而谁要是看上去缺少了同情，就会被别人称为不是人。同样，人们经常把"人道"一词作为同情的同义词使用。

因此，这一真正和自然的道德推动力，其发挥的第一级作用就只是否定特性的。我们所有人本来就是倾向于做出有失公正和暴力的行为，因为我们的需要、我们的欲望、我们的怒气和恨意直接进入我们的意识，并因此有着"先占有者"的权利。相比之下，由我们不公正和暴力的行为所造成的别人的痛苦却只是经由表象的次要途径，只能经由人生经验，因此，也就是间接地进入我们的意识。所以，塞内加说过："人们不会在体验恶的感情之前体验到善的感情。"同情的第一级作用因而就是：抗衡自己那与生俱来的反道德力量，制止自己不受反道德力量的驱动去造成别人的痛苦。同情向我们喊出"住手"！像一道防护墙一样，同情使别人免遭要不是同情的话自己就会受利己心或者恶毒心推动而作出的伤害。这样，从同情所发挥的这一级作用就产生了这一格言："不要伤害任何人。"这也就是公正的根本原则。公正作为美德，其纯粹道德的、不含杂质的纯净根源惟独就在这里，而不会在任何别的地方。因为如果不是这样的话，那公正这一美德就必然是建立在自我和利己的基础之上。如果我能感受同情到那样的程度，那每当我要以别人的痛苦为代价达到我的目标时，我所感受到的同情就会制止我这样做——无论别人的痛苦是即时出现，还是在以后才会产生；无论那是直接造成的痛苦，还是经过中间环节所间接造成。这样，我就不会侵犯别人的财产，正如我不会侵犯别人的身体；我就既不会给别人造成精神上的、也不会造成肉体上的痛苦，亦即我不仅要克制自己，不要造成别人身体上的伤害，而且也不能采用侮辱、威吓、激怒、或者诬蔑别人的手段给别人带来精神上的苦痛。这种同情不会让我们为了满足一时的肉欲而破坏一个女性一辈子的幸福，或者做出诱奸别人妻子的行为，又或者，唆使青少年进行鸡奸而败坏这些青少年的身体和道德。不过，在具体每一次情形里，并不真的需要把同情刺激起来，因为同情经常是来得太迟；其实，我们一旦从此获得了这样的认识：每一不公正的行为都必然会给别人带来痛苦，同时，因为遭受了不公正待遇的感觉，亦即感觉别人拥有更强的力量，会更加剧了已承受的痛苦——那从我们所获得的这一认识，如果我们具备高尚情操的话，自然就会生发这样一条准则："不要伤害任何人。"理智反省思维帮助我们从此牢固下定决心：尊重每一个人的权利，不能允许自己侵犯他人的权利，在不造成别人痛苦方面做到问心无愧；因此，不会通过玩弄诡计或者实施暴力，把人生际遇带给每一个人的生活重负和苦难推卸给别人，而是负担起自己注定的份额，目的就是不让别人承受双倍的重担。这是因为虽然准则和抽象知识绝对不是道德的源头或者最初的基础，但这些东西对于要过上合乎道德的生活却是不可缺少的，因为那些准则和抽象知识是承载的器具，或说水库式的东西——它们把从道德的源头涌流出来的信念和思想储存起来。这些信念和思想可不是每时每刻都源源不断地从源头流淌而出。这样，当需要应用这些信念和思想的时候，这些东西就可以经由引渠从其库存中流出。因此，道德上的事情就与生理学上的事情同是一个原理，例如，胆囊作为储存肝的分泌液之用，同样是必不可少的。许多不少相似的例子还有很多。没有了牢固定下来的准则，那一旦我们那些反道德的推动力被外在印象刺激起来，我们就会无力抗拒它们，而只能听任其肆虐。坚持和奉行既定的原则，毫不理会与这些原则相对抗的动因——这就是我们所说的自我控制（selbstbeherrschung）。这也就是为何女性在公正这一美德方面，亦即在诚实、正直和凭良心、认死理方面一般来说都逊色于男性，因为女性因其薄弱的理智，在理解普遍准则、坚持这些准则和以这些准则作为行动的准绳方面，能力远远低于男性。因此，虚假、不公正是女性更常犯的罪过，说谎则是她们本来的特点。相比之下，女性在仁爱这一美德则优于男性；这是因为仁爱行为的诱因通常都是直观的，因此是直接诉诸人的同情心。女性明显更容易受到这些直观诱因的影响。对于女性来说，也只有直观的、现时此刻的、直接的现实才是真正存在的；那只有通过概念才可认识到的、遥远不在眼前的、属于过去或将来的事物却让她们难以很好理解。在此仍然各有得失：公正大多是男性的美德，仁爱则大多为女性所有。只需想一下女性坐在法官席上行使职责的模样，就会让人发笑；但教会的护士姐妹却甚至多于修士会的护士兄弟。动物则由于完全缺乏抽象或者说理性的认识，而绝无能力制订计划；订下行事准则就更加谈不上了。所以，动物没有自我控制能力，而是听任印象和情绪的左右而无力自主。正因为如此，动物并没有意识到道德，虽然不同种属的动物在恶和善的性格方面会显现出很大差别；在最高级的种属中，甚至显现出个性。根据上面所说，在公正者的具体行为中，同情只是间接地、是借助于行事的准则，更多是在可能中（potentia）而不是在实际中（actu）发挥作用，情形就像在静力学中，由于天平杆长度更长而产生更快的速度，可以使更小的质量与更大的质量保持了平衡；在静止状态中，这更快的速度只是在潜伏中，而不是在实际中发挥着作用。尽管如此，同情也随时可以实际（actu）走出前台。因此，每当在具体的情形里，当我们自己选定的要做出公正行为的格言开始不大起作用时，要巩固这一格言、为这要做出公正行为的决心注入活力的话，那发自这格言的源头（亦即同情）的动因是最能发挥作用的（当然，发自自我、利己的动因除外）。这一点不仅适用于对别人的人身造成伤害，而且还适用于侵占别人的财产。例如，当某人捡到某一有价值的物品并有了要据为己有的欲念时，要让这人返回正直的轨道的话——撇开所有对抗这一欲念的精明的考虑、宗教的动因不提——那让这个人想到失主的焦灼、忧虑和悲哀就是最有效的。正是有感于此，在登载寻找失物的公告时，人们经常会附带一再强调失主是个穷人、佣人，等等。

我希望这些思考能够清楚表明：虽然乍一看似乎不大可能，但公正、正直作为一种真正和发自内心的美德，其源头确实就是同情。谁要是认为同情这一土壤看上去太过贫瘠，伟大和真正的基本美德不大可能只是根植于此，那他只需回想一下：在人群当中，真正、自愿、并非出于自私的、未加美化的公正行为是那样的少之又少；这样的美德行为永远只是让人惊讶的例外事情；这一美德与那种纯粹只是基于精明的考虑、到处都大声嚷嚷、惟恐别人不知的假装忠厚相比，在质和量的方面，就犹如黄金和黄铜之比。我必须把那种假装忠厚正直名为"俗世的正直"，而真正的公正美德则是"天界的正直"，因为据赫西俄德[1]所言，这种天界才有的公正、正直，在地球仍是铁器时代时就已离开了地球，只与天界的神祇共处了。对于这一在这世上始终是带有异国风味的珍稀花卉，那已指出了的根子已经足够强劲的了。

那不公正的行为因此就永远意味着伤害别人。所以，不公正（unrecht）这一概念就是肯定性质的，并且是先于公正的概念；而公正的概念却是否定特性的，纯粹只是标示着人们在做出行为时，并没有伤害别人，亦即没有做出不公正的事情。人们还可以轻易看出：所有只以防止别人做出不公正事情为目的而做出的行为，都属于公正的行为。这是因为对别人的关注、对别人的同情，并不会要求自己受到别人的伤害，亦即让自己承受不公正的行为。至于公正的概念是否定性质的，是与肯定性质的不公正概念相对立——这一点也见之于法哲学之父乌戈·格劳秀斯[2]（在其著作的开场白）对这观点的最早解释：

---

[1] 赫西俄德（Hesiod，约前700年）：希腊最早的诗人之一，被称为"希腊教训诗之父"。著有《神谱》和《工作与时日》等。——译者注

[2] 格劳秀斯（Hugo Grotius，1583—1645）：荷兰法学家、学者，其法学巨著《战争与和平法》是对现代国际法的最早的伟大贡献。——译者注

法律在此所意味的只是公正，并且这更多的是在否定，而不是肯定的意义上——只要法律不是不公正的话。

与其表面所看上去的相反，公正的否定性质甚至在这平平无奇的定义里也得到了证明，"公正就是给予每个人属于这个人的东西"。如果某一样东西属于这一个人，那就用不着把这东西给他了。因此，这句话的意思就是"不要拿走属于别人的东西"。因为公正的要求纯粹是否定性质的，所以这要求可以强制执行，因为"不要伤害任何人"可以同时由所有人执行。监督执行的强力机构是国家。国家的惟一目的就是保护国内每一个人不受其他人的伤害和保护全体国民不受国外敌人的伤害。在这什么都可以出卖的时代，某些德国假冒哲学家却想把国家扭曲成为一个进行道德教育和道德建设的机构。这背后潜伏着一个阴险的目的，那就是要消灭个人的自由和发展，把个人变成只是构成政教合一的大机器里面的一个螺丝钉。从前有过的中世纪异端审判庭、宗教战争，就是在这一条道路上发展而来。菲德烈大帝的这一句话，"在我的国家，每个人都可以以自己的方式追求自己的幸福"表明了菲德烈大帝并不想走上这一条道路。相比之下，我现在却看见在世界各地，国家甚至接手关心起和照顾到国民对于形上学的需求（除了北美以外——在那里只是表面上这样，事实却并非如此）。政府们看上去似乎选取了库尔提乌斯[1]的定理作为政府的原则：

没有什么比迷信更能有效地管治大众。一般来说，大众都是不羁、难驯、残忍和反复无常的；一旦让宗教幻想攫住了他们的头脑，他们就

---

[1] 库尔提乌斯（Emst Robert Curtius，约1世纪）：罗马历史作家。著有《亚历山大史》等著作。——译者注

会宁愿服从他们的神职人员更甚于服从他们的领导者。

不公正和公正的概念是与作出伤害和不作出伤害的涵义等同；"不作出伤害"（公正）的概念也包括"防止作出伤害"。这两个概念明显对立于和先于所有肯定性质的立法，因此，我们是有一种纯粹伦理上的公正，或者说自然的公正、法理和一种纯粹的，亦即独立于所有肯定性质法令的公正学、法理学（rechtslehre）。这些法理学（公正学）的原则虽然有其经验的根源，因为这些原则出自关于损害的概念，这些法理学原则就本身而言却是基于纯粹理解力——纯粹理解力先验地为我们提供了这一原则："如果 A 原因是 B 原因的原因，那 A 原因也就是 B 原因所产生的结果的原因。"这一原则在这里表明了，为了防止某一个人对我做出损害行为，我所必须做的事情，起因就是这一个人，而不是我；因此我可以对抗所有来自这一个人的损害行为而不至于对这个人作出了不公正的事情。这就好比是一条道德上的回应法则。所以，把损害行为的经验概念和纯粹理解力所提供的规则结合起来，就产生了不公正和公正的基本概念，这些概念每一个人都可以先验地理解；一有生活的经验，这些概念马上就可以应用到这些经验中去。对那些否认这一点的经验主义者——因为这些人惟独只认可经验——我们只需让他们看一看那些未开化的人：那些未开化的人全都能正确并经常可以精细划分不公正和公正的差别。这一点可以从他们与欧洲船只进行的交易行为和制订其他协议中明显看得出来。这些未开化的人在占理的时候，是大胆和充满信心的；而道理不在他们一边时，就会惊慌、不安。在发生争执时，他们会对公平的调解方案感到满意，不公平的处理却只会迫使他们拿起武器。公正学，或说法理学是道德的一部分，它定出哪些行为是不可以做的——如果人们不想损害别人，亦即不想做出不公平行为的话。因此，道德在这里是着眼于主动的部分。立法却接过道德的这一章，关注的是不公正行为的被动一方，亦即反过来运用，把不公正的行为视为人们用不着承受的东西，因为人们是不应承受不公正行为的。针对这些不公正的行为，国家设立了法律这一防御工事，作为肯定性质的公正和权利。法律的目的就是要确保人们不会承受不公正的行为，而道德法理学的目的却是不能允许人们做出不公正的行为。

每一个不公正的行为，在性质上都是一样的。也就是说，在损害到别人时，具体是损害别人的人身还是损害到别人的自由、财产、名誉，性质都是一样的。但在程度上，所造成的损害却可以有很大的差别。这种不公正行为在程度上的差别好像还没得到道德学家足够的探讨；在现实生活中，无论在哪里，这种程度上的差别却都得到人们的承认，因为做出不公正行为的人为此所遭受的责备，其轻重是与其行为相配的。至于公正的行为，也是同样的情形。为解释这一道理，我就举出这一例子：一个濒临饿死的人，在偷了别人一个面包时是做出了不公的行为；但与一个富人千方百计夺取了一个穷人仅有的一点点财产相比，前一种不公行为却轻微得多。有钱人在付给雇工工钱时，是做出了公正的行为，但与一个穷人自愿把捡到的钱袋交还给富人失主的行为相比，前一种公正行为却渺小得多。这种测量公正和不公正行为（在同一性质的情况下）程度差别的尺度不是直接和绝对的，就像测量表上的刻度一样，而是间接和相对的，就像正弦和正切一样。我提出下面这一计算方式：我的行为的不公正程度就等于我以此行为所造成的对别人的损害，除以我因此行为所获得的好处；而我的行为的公正程度就等于损害别人所给予我的好处除以别人所承受的损害。除了这些之外，还有一种双重不公正的行为。这种双重不公正的行为明确有别于所有其他简单的不公正行为，哪怕某些简单的不公正行为达到了极其严重的程度。这一点可以从置身局外的旁观证人在看到这种双重不公正行为时的愤慨程度清楚显示出来——旁观者的愤慨程度总是与行为的不公正的程度相吻合，而惟独对这种双重不公正的行为，人们的愤慨达到了极致。人们厌恶这种骇人

136

听闻、伤天害理的事情，把这视为罪恶。神灵对此恶行也会掩面看不下去。这种双重不公正的情形就是当一个人明确接受了在某一方面保护另一个人的责任以后，如果这个人不履行这种保护的责任，那他已经构成了对另一方的损害，已经做出了不公正的行为；但现在，这个人除了做出这一不公正的行为以外，在本应需要保护另一方的地方，这个人非但不加保护，而且还侵犯和伤害他的被保护者。属于这种情形的就是，例如，担负保卫任务的哨兵或者护卫反过来杀死了他们要保护的人；被委以重任的监守人自己却成了盗贼；未成年者的监护人却盗走了被监护者的财产；律师在同一法律诉讼中先代表一方，后又代表了另一方；法官接受贿赂；收费提供咨询的人故意给予灾难性的建议，所有这些都可归入背叛的概念里面，并受到全世界人的憎恶。与这说法相吻合的事实就是但丁把背叛者安排在地狱的最底层，也只有魔鬼才会在这里栖身。

现在既然谈到了承担责任的概念，那我就在这里把责任的概念涵义确定下来，因为这个概念无论在伦理学还是在生活当中都是频繁使用，但涵义范围却是大为扩展了。我们已经发现：不公正的行为始终就意味着损害别人，无论这损害的是别人的身体、自由、财产、还是名誉。由此似乎可以推论：每一个不公正的行为必然就是一个肯定性质的侵犯、一件做出的实事。其实也有这样的一些行为：仅只是不做出这些行为就意味着做出不公正的事情。这些行为就叫做责任。这就是对责任这一概念的真正哲学上的定义。相比之下，如果人们就像在此之前的伦理学所做的那样，把每一值得称道的行为方式都称为"责任"的话，那这"责任"的概念就会失去所有特征，并因此而消失。人们这样滥用"责任"的概念，是忘了所说的责任，必然也就是义务（schuldigkeit）。"责任"一词，德文的"pflicht"，希腊文的"τοδον"，法文的"le devoir"，英文的"duty"，因此就是这样一种行为：如果不做出这一行为，就会损害别人，亦即做出不公正的事情。显然，这种事情也在这种情况下才会发生：不做出行为的人在此之前是自己主动承诺要做出这一行为的，

137

亦即承担了履行这一行为的责任。因此，所有责任都是同意承担责任（verpflichtet）的结果。一般来说，责任就是一种由双方明确订下的约定，例如，约定的双方可以是王侯与其臣民、政府与公务员、主人与其仆人、律师与其客户、医生与其病人等。总的来说，这种约定是由应允履行某一任务的一方与他的雇主双方确定下来，而雇主一词在此包含了最广泛的涵义。所以，承担了某一责任也就获得了某一种权利，因为没有人会在缺乏动因——在这里也就是缺乏某一种对自己的好处——的情况下承担责任（义务）的。据我所知，只有一种责任和义务是没有经由双方确定、直接只经由一种行为就承担了下来，因为在承担这义务的时候，义务的对象一方还不在场呢。我指的是父母对其孩子所承担的义务。谁要是把孩子带到了这一世上，那就有责任把这孩子抚养成人，直到这孩子能够自己谋生为止。假如这一时候永远不会到来，例如，假如孩子是盲人、残障、弱智或侏儒等，那父母的义务就永远不会停止，因为仅仅不给予这些子女帮助，亦即不履行责任，那就会损害甚至毁灭这些子女。子女对其父母在道德上的义务则不是那么直接和明确。这是因为每一义务都包含着权利，同样，父母对其子女也享有一种权利，这就是子女有义务服从父母的理据。这种服从父母的义务在以后随着得到父母抚养的权利（服从的义务就出自这一权利）的中止而中止了。取而代之的是感恩，即对父母在严格履行其义务之外所做的一切感恩。不过，虽然忘恩是一种可恶和经常令人气愤的罪过，但感恩却不可以称为义务，因为不做出这一行为并不会损害别人，亦即不会是不义（unrecht）的行为。否则，施恩人还会认为自己原来不声不响做成了一桩好买卖呢。万不得已时，人们可以把对己造成的损失作出赔偿视为直接由于某一行为而产生的责任。这种赔偿作为消除某一已经做出的不公行为所留下的后果，只是努力擦去和忘却这一不公的行为，是某种纯粹否定的东西，因为那一不公的行为本来就不应该发生。在此还要指出，公平（billigkeit）是公正的死敌，并且经常严重地破坏公正；因此，我们应该不要对其太多让步。德国人是公平的朋友，而英国人则偏爱公正。

　　动因规则就跟物理学上的因果律同样的严格，因此也以同样不可抗拒的强制力发挥作用。据此，实施不公正可以有两种方式：一是使用武力，二是使用诡计。正如我可以使用武力抢劫、杀死，或者强迫一个人服从我的意愿，我也同样可以使用诡计做出所有这些事情，因为我可以把虚假的动因呈现给这个人的智力，这样，这个人必然就会做出在没有这些动因的情况下不会做出的事情。要达到这一目的，就得借助于谎言——谎言之所以是不正当的，原因惟独就在这里。也就是说，谎言只是作为玩弄诡计的手段时，亦即通过动因发挥强制作用时，才是不正当的。但谎言一般来说都是玩弄诡计的手段。这首先是因为说出谎言并不是没有动因的。除了极其罕见的例外，这一动因都是不公正的。也就是说，说谎的目的，就是对我无法以武力控制的人，根据我的意愿加以诱导，亦即通过动因迫使其做出符合我意（愿）欲的行为。甚至那些只是为吹牛皮而说出的大话，说到底也隐藏着这一目的，因为说出这些牛皮大话，其实就是想在别人的心目中，抬高自己的位置。承诺和协定所具有的约束力就在于这些承诺和协定如得不到履行的话，就成了以最郑重其事的方式撒下的谎言，其目的就是在道德上迫使别人作出某些事情。这一目的在这种情形里尤为明显，因为撒谎行为的动因，亦即要求对方做出的事情，明白无误地在协定上写了出来。因此，欺骗或诈骗行为之所以可鄙，就在于欺骗者在攻击对手之前，通过伪装解除了对手的武器。背叛就是欺骗行为的极致，并且因为这种行为属于双重不公正而受到人们的极度憎恶。正如我可以以武力对抗武力而不会做出不公正，同样，如果我缺乏武力，或者如果运用诡计似乎更加适合我，那我也尽可以以诡计对抗武力而不会是做出不公正的行为。所以，在我有权使用武力的时候，我也有权使用诡计，例如，我可以对强盗和各种各样野蛮的更强有力者施用诡计，让他们堕入某种圈套。因此，在武力强迫之下所作出的承诺是没有约束力的。事实上，说谎的正当权利还扩展至更多的情形。例如，在碰到别人提出完全不该提出的、涉及我私人的或者生意、金钱方面的好奇和打探性问题时，不光是对这类问题所给予的回答，就算只是用诸如"我不想说"来拒绝回答这些问题，也会引起对方的怀疑而招惹危险。碰到这种情形，谎话就是应付别人不该问的问题的自卫工具——别人这样打探事情，其动因通常都不会好到哪里去的。这是因为我有权预先防范他人或许会有的恶意，和因此作好准备应付别人或许会做出的暴力行为。这样，作为一种防范措施，我可以在花园墙上留有尖钉，晚上把恶犬放在院子里；甚至根据情况所需，放置铁蒺藜和安装触发性自动射击装置，所造成的恶果则由侵入者负责。同样，我也有权使用各种方式隐藏起某些一旦被人知道，就有可能危及自己安全的秘密。我这样做的另一个理由，就是在这种情形里，我必须设想别人的恶意是很有可能的，对此必须预先采取防范措施。所以，阿里奥斯托[1]说，

> 虽然我们经常责备别人伪装自己，
>
> 人们伪装自己也确实怀有不良目的，
>
> 但在很多事情，
>
> 伪装却明显很有好处，
>
> 伪装可以让我们避免伤害、耻辱和死亡，
>
> 因为在这一阴暗甚于明亮，
>
> 并且充满嫉妒的短暂一生里，
>
> 我们交谈的对象并非永远是我们的朋友。

这样，我就可以以狡猾应付狡猾，预先防范别人那只是有可能作出

---

[1] 阿里奥斯托（Ludovico Ariosto，1474—1553）：意大利诗人，以史诗《疯狂的罗兰》闻名。《疯狂的罗兰》被看作意大利文艺复兴时期文学倾向和心态最出色的表现。——译者注

的侵害行为，而不至于做出不公正的事情。因此，对那些没有正当理由、只是打探别人私事的问题，我不需要回答，也用不着说，"我不想让别人知道这些事情"，以防泄露其中的蛛丝马迹——要知道，让别人知道了自己某些秘密或许会让别人得益，但对于自己却是危险的事情，因为别人知道了这些秘密，肯定就让自己处于不利的位置：

> 他们想打探到秘密，以便吓唬别人。

——尤维纳利斯

在这种情况下，我就有正当理由用谎言打发打探者，而万一这些谎言让打探者犯错吃亏，那他们是咎由自取。这是因为在现正谈到的情形里，谎言是应付别人那打探性、不怀好意的问题的惟一手段，因此，我这样做也只是正当防卫而已。"Ask me no questions，and I'll tell you no lies"（英语，"别向我问这问那的，我也就不会向你撒谎。"），在此就是正确的格言。也就是说，英国人把别人指斥自己说谎视为最严重的侮辱，他们也正因此比起其他他国家的人确实更少撒谎。与此相应的是，英国人会把贸然打听别人私事，一概视为粗鲁、欠缺教养的行为，而形容这种行为的短语就是"to ask question"。每一个明理的人，就算他是绝对的正直和老实，也仍然会遵守上述的规则行事。例如，这样一个人从某一偏僻的地方赚了一笔钱回来。假如一个与他素不相识的旅行者与他搭上了话，并按习惯询问他从哪里来、到哪里去，这样，问候就会慢慢转到他当初为何会到那一地方去。到了这时候，这个人就会以谎话回答旅行者，以防备遭受抢劫的危险。如果一个男人到另一个人的家里追求其女儿而不巧与人相遇，在被问及为何会到那里时，除非这个人是个呆子，否则不假思索就会给人虚假的回答。所以，在很多情形里，凡是有理智的人都会随口撒谎而没有半点良心上的顾忌。人们平时所倡导的道德，与在日常生活中甚至是最诚实、最好的人所具体实践的道德，两者间的尖锐矛盾也只有通过我的这一观点才可以消除。但是，我们必须严守这样的规矩：只能在上述自我防卫的情形下，才可以使用谎言。否则，这一可以说谎的理论就会遭受可恶的滥用，因为谎言本身是非常危险的手段。不过，正如尽管在太平盛世，法律也允许人们携带和使用武器，亦即作自卫之用，同样，道德也允许人们使用谎言仅作自卫之用。除了用以防卫别人的武力或者诡计以外，在其他情况下，说谎就是不正当的。因此，为了公正，我们必须在人与人之间保持诚实。但把谎言完全无条件地、无例外地、从根本上斥为下流、卑鄙，却是大可商榷的。在某些情形，说谎甚至还是一种义务呢，尤其是对于医生来说。同样，也有一些高贵的谎言，例如《唐·卡洛斯》中波萨侯爵的谎言，《被解放的耶路撒冷》2，22 中的谎言，以及所有意图替人负起罪责而说出的谎言。甚至耶稣也有一次有意没有说出事实。（《约翰福音》：7，8）据此，康帕内拉[1]在《哲学诗篇》抒情诗 9 中直率地说：

能够带来很多好处的谎言，是美丽的谎言。

但是，与此相对的关于礼节性谎言是无伤大雅的流行理论，却是贫穷的道德学说外衣上的一块寒酸补丁。认为谎言不正当、不合法的特性源自人的语言机能，这些看法由康德发起并写在许多的教科书里面，是这样的肤浅、乏味和幼稚，我们甚至可以只是为了嘲弄这些的推论，一头扎进魔鬼的怀抱，一边和塔列朗[2]一道说出这样的话：

人们学会说话，目的只是要掩藏自己的思想。

---

[1] 康帕内拉（Tommas Campanella，1568—1639）：意大利哲学家、诗人和作家。著有《太阳城》、《形而上学》、《神学》等作品。——译者注

[2] 塔列朗（Charles Maurice de Talleyrand-Périgord，1754—1838）：法国政治家和外交家，以保全自己的政治生命著称。——译者注

康德时时处处表现出来的对谎言绝对的、无限的厌恶，要么是造作，要么就是偏见。在《美德学说》讨论谎言的一章，虽然康德对谎言用尽诋毁的形容词，但却不曾为摒弃谎言提出点点真正的理据，而真正的理据将更具说服力。夸夸其谈比提出证明更加容易，而进行道德说教也比做出正直、坦诚的行为来得容易。康德本应把他那特别的热情投向抨击幸灾乐祸才是。是人们幸灾乐祸的心理和行为，而不是说谎，才是真正具有魔鬼特性的罪恶。这是因为幸灾乐祸恰恰是同情的对立面。幸灾乐祸不是别的，而是无能的残忍。怀有这种心理的人看到别人的苦难时是那样的舒心如意；由于他们没有能力造成这种苦难，现在他们就对造成了这些苦难的意外和偶然心存感激。根据骑士荣誉，说谎的指责是那样的严重，这一指责也只有以发出这一指责的人的鲜血才能洗刷干净。之所以是这样的情形，并非因为说谎是有失公道的行为，因为如果被别人指责使用武力做出有失公道的事情，也就必然对被指责者造成同样严重的伤害，但事实上，我们都知道情况并不是这样，而是因为根据骑士荣誉的原则，强力就代表了公理。谁要是为了做成一桩不公正的事情而不得不使用谎言，那就证明了这个人并没有力量，或者并没有使用这一力量所必需的勇气。每一个谎言都表明了说谎者的恐惧，正是这一点完全否定了这种行为。

18. 仁爱的美德

公正因此是排在第一的、至为关键的根本美德（kardinaltugend）。古代的哲学家也承认这一点，虽然他们并不恰当地把另外三种美德与公正并列一起。但当代哲学家并没有把仁爱作为美德提出来，甚至在道德学中达到最高级的柏拉图也仅仅提出无私、自愿的公正。虽然无论就实践还是就事实而言，我们在任何时期都有目共睹仁爱的存在，但在理论上用语言和正式地把仁爱作为美德提出来，是基督教首先做出的功劳。更确切地说，基督教把仁爱视为所有美德中的最伟大者，甚至把仁爱也施予我们的敌人。这是基督教做出的最大贡献，虽然这只是在欧洲而言。因为在亚洲，比基督教还早一千多年，人们就把对邻人无边的仁爱不仅作为真理和准则，而且也是人们实践的内容。在《吠陀》、《法论》、《史传》和《往世书》，还有佛祖释迦牟尼的教导，圣者不知疲倦地宣讲仁爱。严格说来，在古希腊、罗马的著作中，也可找到推荐仁爱的痕迹，例如，在西塞罗的《论至善》V，23；甚至在《毕达哥拉斯的一生》中，根据扬布利科斯[1]所言，毕达哥拉斯也宣扬仁爱。现在，我就要从我的哲学原理中引出仁爱这一美德。

　　同情的现象在上文已证明是事实存在的，虽然就其根源而言，同情的产生过程是相当神秘的。那么，在同情的第二级程度，由于我们感受到了同情，别人的痛苦也就直接成为了我要做出行为的动因。这第二级程度的同情，以及由此所产生的具有肯定性质的行为，明显与第一级程度的同情区别开来，因为到了同情的第二级程度，同情不仅只是制止我做出损害别人的事情，而且还驱使我帮助别人。一方面，根据我对别人痛苦的同感强烈和深刻程度；另一方面，根据别人痛苦的大小和迫切程度，我相应受着纯粹道德动因的推动，为减轻或者消除别人的困苦和需求而做出或大或小的牺牲。这种牺牲可以是消耗身体或者精神，奉献我的财产、健康、自由，甚至生命。因此，那既不需借助于辩论也不需靠辩论支撑起来的直接同感和关切，就是产生出仁爱的纯净根源。仁爱所奉行的格言就是："尽你所能地帮助别人。"从仁爱这一美德所产生出来的一切，都由伦理学罗列在诸如此类的名目之下："美德义务"、"爱的义务"、"不完全的义务"。这种对别人的痛苦完全直接的，甚至是本能直觉式的同感和关切，亦即同情，就是那些具有道德价值的行为的惟一根源。这些行为也就是没有任何自我、自私的动因；也正因为这

---

[1] 扬布利科斯（Lamblichus，约250—约330）：新柏拉图主义哲学学派的
　　重要人物，该学派叙利亚分支的创始人。著有《论埃及的秘密宗教仪
　　式》等。——译者注

样，做出这些行为让自己体会到了某种内心满足，人们把这形容为"心安理得"、"清白的良心"、"良心的嘉许"，等等。这些行为也同样引起旁观者特有的赞扬、尊敬和钦佩，甚至使旁观者自惭形秽。所有这些都是不容否认的事实。而假如做出某一善事却是另有别的动因，那这动因就只能是利己的——如果不会更有甚者是损人（恶意）的话。这是因为与上文所论及的一切行为的原动力（亦即利己、损人和同情）相应，驱使人们行动的动因可以分为泛泛的三大类：（1）自己的幸福；（2）别人的痛苦；（3）别人的幸福。那么，如果做出仁爱行为的动因不是出自第3类，那动因就必然属于第1或者第2类。有时候，做出仁行确实是出于第2类动因，例如我对甲做出一种仁行时，目的就是要刺激乙而已，因为我并不对乙也做出同样的仁行，或者我是想让乙更加感受到自己的痛苦；或者我的目的甚至是要把第三者丙羞辱一番，因为丙并没有对甲做出这样的仁行；最后，我的仁行的目的还可以是以施恩的方式贬低受我恩惠的甲。出自第1类动因的行为常见得多，也就是说，在做出仁行时，只要我的眼睛关注的是我自己的幸福，或者说自己的得益，不管这得益距现在还相当遥远，还要经过迂回曲折的中间过程，那就是出自第1类的动因。因此，只要我脑子里考虑的是在这一世界或者另一往生的世界，我将为所做的仁行、善事得到奖赏；或者我将为此善事得到具有高贵品格的名声和得到人们的敬重；或者只要我想到我今天帮了这个人，他日这个人就有可能投桃报李，在需要的时候也会拉我一把；又或者只要我想到：必须以身作则奉行这一慈悲为怀、多做好事的行为准则，因为只要人们谨守这一准则，那终有一天自己到头来也会获得好处——一句话，只要我的行为除了出于这一纯粹客观的目的以外，亦即除了帮助别人、解除别人的苦痛、使别人脱离窘迫和困境以外，还有其他别的目的，那我所做的仁爱行为就是出于第1类的让自己得益的动因。只有当我的行为的目的完全和惟独就是上述帮助别人，除此之外再没有别的其他目的，那我才的确表现了仁爱之情——而宣扬这种仁爱之

情正是基督教所做出的伟大和突出的贡献。除了爱的诫令以外，《福音书》所补充的准则，例如，

> 你给人慈悲施舍的时候，不要让左手知道右手所做的。

——《马太福音》: 6，3

正是对我在此所推断的同一道理有感而发，亦即如果我的某一行为具有道德价值的话，那这一行为的动因必然完全就是别人的痛苦，而不是其他方面的考虑。同样，在《马太福音》: 6，2 里面所说的话也完全正确:

> 在给人慈悲施舍的时候吹响号筒，那就已经收到了全部的报酬。

甚至在这里，《吠陀》也给予了我们更高的启示，因为《吠陀》反复告诉我们: 谁要是渴望为自己所做的事情获得酬劳，那他仍然是走在黑暗的路上，离获得解救还早着呢。如果有人在给人施舍以后问我，他从施舍中得到了些什么，那我认真的回答将是这样的，

> 你能得到的就是: 受你施舍的穷人，命运的负担轻松了许多。除此以外，绝对别无其他。如果这并不是你所想要的，你在意的也不是这些，那你就不是想予人施舍，你只是想做成一桩买卖，如果真是这样的话，那你是上当受骗了。但如果你在意的是那饥寒交迫的人能够减轻点点苦楚，那你可是达到你的目的了，因为这个人现在的痛苦有所减轻了。你也可看到你的施舍在多大程度上已得到了回报。

为何并非是我的、与我无关的痛苦，会同样直接成为驱使我做出行为的动因? 按道理，也只有我自己的痛苦才会成为我有所行动的动因呀。正如我所说过的，虽然我只是透过外在直观或者通过知识，才了解到作

146

为某种外在东西的别人的痛苦，但我却一同感受到这一痛苦，就像感受自己的痛苦一样地感受到它，虽然别人的痛苦并不出现在我的身上，而是在某一别人的身上。因此，就出现了卡尔德隆已经说过的情形，

> 看见别人痛苦，
> 与自己承受痛苦
> 并没有什么两样。

但这是有前提条件的，我必须在某种程度上把自己与别人视为一体，并因而暂时消除人、我之间的界线。只有在这种情况下，别人的事情，别人的需求、困顿、痛苦才会直接变成是我的这些东西；这样，我眼中所看到的就不再是经验直观所给予我的他那个样子，不再是作为对我而言陌生的、无关我痛痒的、与我截然有别的别人。相反，我在他身上与他一同承受着痛苦——虽然他的皮肤并没有包裹着我的神经。只有这样，别人的困顿、别人的苦痛才会成为我的动因。否则，只有绝对是我自己的这些东西才会成为我的动因。这种事情——我必须重复一遍——是神秘的，因为这种事情是理智机能无法直接给予解释的，其根据和原因也并非经由经验的途径就可以查明。但像这样的事情可是每天都在发生。每个人都经常有过这方面的亲身体验，哪怕是最自私自利、最铁石心肠的人也不会对此现象感到陌生。这种事情每天都在我们的眼前发生，到处都有这一类的琐碎小事，例如，在受到这直接推动力的驱使时，一个人不假思索就会对别人施以援手；有时候，甚至为此不惜置自己生命于明显的危险之中而不顾，而所帮助的又是自己素昧平生的人，在整个过程中想到的只是眼前所见的别人的巨大危险和困境。而反映在大的事情上面，我们可看到具高贵心灵的英国民族，在反复斟酌、几经艰难辩论以后，献出了两千万英镑以赎回英殖民地黑人奴隶的自由，这一举动得到了全世界人民的赞赏。谁要想否认这一大手笔行动的背后是同情的驱动，要把这重大举措归因于基督

教，那就要记住：在整部《新约》中，并没有只字片语是反对蓄奴的，因为蓄奴在那时候是相当普遍的事情。反倒是在 1860 年，在北美辩论蓄奴制时，有人引用了《圣经》中亚伯拉罕和雅各也蓄有奴隶，以支持自己的观点。

对于在每一具体的情形里，那神秘的内心过程所引致的实际结果，伦理学尽可以整章整段地分析和解释为"道德义务"，或者"爱的义务"，又或者"不完全义务"，等等。所有这些的根子和基础就是在此指出了的同情。这一基本原则"尽你所能地帮助每一个人"，就是出自这一根源；而从这一基本原则轻易引出这里所有的其他原则，正如从我所提出的这一原则的前半句，亦即从"不要伤害任何人"可以引出所有公正的义务一样。事实上，伦理学是所有科学中最容易的一门，这一点都不奇怪，因为每个人都有责任自行从上述那些扎根于自己心中的基本原则，引申出在各种可能出现的情形里所应遵守的准则，因为很少人会有闲情和耐心去学习一门现成构筑好的伦理学。有了公正和仁爱，自然就有了所有的美德，因此，公正和仁爱是根本的美德。另再加上从这两种根本美德所引出的其他美德，就共同构成了伦理学的基石。公正是圣经《旧约》所包含的全部道德内容，而《新约》所讲的道德则是仁爱：仁爱是新的戒令（《约翰福音》：13，34）。并且，据使徒保罗所言（《罗马人书》：13，8—10），仁爱包含了所有基督徒的美德。

19. 对我所提出的道德基础的进一步证明

我现已指出的这一真理，亦即同情作为惟一并非是利己的推动力，同时也是惟一真正的道德推动力，是一个古怪的，甚至是几乎难以理解的似是而非的论点。因此，我将尝试通过现实经验、通过人类普遍感情的证词来证实这一真理，让读者对此真理能够心服口服。

（1）为此目的，我将首先采用某一随意设想出来的情景作为例子，这一设想的情景在我们现正进行的探究里可视为"检验真金的熊炉火"。

但为了不至于把这检验搞得太过容易，我并不采用需要人们发挥仁爱的例子。而是采用某一侵犯权利和公义的例子，并且属于程度至为严重的一类。我们假设两个年轻人，该乌斯和提图斯，狂热地爱上了各自的姑娘。他们两人都有自己的情敌——这些情敌由于外在的境况而更受姑娘的青睐。该乌斯和提图斯都打定了主意除掉自己的情敌。他们这样做是绝对不会被任何人发觉的，甚至完全不会引起人们的疑心。可是，正当他们两人为杀人而作细致准备时，经过内心的一番斗争以后，他们两人最终都放弃了杀人的念头。对于自己为何放弃那谋杀的念头，他们必须给我们一个坦诚和清楚的解释理由。至于该乌斯要做出何种解释，读者自己作出决定。这可能是因为宗教的理由而阻止了该乌斯的行动，诸如上帝的意志、将来为此要遭受的报应，末日的审判，等等。或者，该乌斯可能说："我认为我在这种情形下据以行事的准则，并不适合成为所有有可能的理性生物都需遵守的规则，因为我把我的情敌纯粹当作是手段，而不是同时也当作目的。"[1] 或者该乌斯用费希特的话这样说：

> 人的每一条生命，都是实现道德法则的一个手段；因此，假如我毁灭一个注定是要为实现道德法则作出贡献的人，那就是漠视实现这种道德法则。
>
> ——《道德原理》，第 373 页

(附带说上一句，要消除这一顾虑，该乌斯这样想就可以了：一旦占有了他心爱的姑娘，他就可以寄望很快生下新的一个实现道德法则的手段)。或者他会按照沃拉斯顿[2]的话说："我仔细考虑过了，这种行为将

---

[1] 参阅康德的《道德形而上学的基础》。——译者注
[2] 沃拉斯顿（William Wollaston, 1659—1724）：英国唯理论者和伦理学家。著有《自然宗教论》等著作。——译者注

是某一不真原理的表达。"或者他会重拾哈奇森[1]的说法：

一种道德感觉促使我不能做出这样的事情，但这种道德感觉就和其他感觉一样，是无法仔细解释的。

或者他照着亚当·斯密[2]的话说：

我预先就已看到，我要是做出这一行为的话，我的这一行为不会引起目睹这一行为的人对我的任何同感。

或者他用克里斯蒂安·沃尔夫的语言说：

我看出如果这样做的话，将会有碍我的自我完善，也不会给别人的自我完善带来帮助。

或者他会仿照斯宾诺莎的口吻说：

对于人而言，没有什么比人更有用的了；所以，我不可以杀死这个人。

——《伦理学》4，命题 18

一句话，该乌斯尽可以说出各人所选出的理由。但提图斯所给的理由是我选定的，他会说："真要作准备去杀人时，在那一刻，我脑子里想的

---

[1] 哈奇森（Francis Hutcheson, 1694—1746）：苏格兰哲学家，是伦理学中一种道德观念学说的主要阐述者。著有《道德哲学体系》等著作。——译者注

[2] 亚当·斯密（Adam Smith, 1723—1790）：英国社会哲学家、政治经济学家，经济思想史上一位杰出人物，主要以《国民财富的性质和原因的分析》、《道德情操论》等著称。——译者注

已不是自己对那姑娘的激情，而是那个情敌。这时候，我才第一次清楚意识到他现在将要遭遇到什么样的厄运。此时，同情和怜悯袭上心头，他的遭遇让我感到难过。我实在不忍心做出这样的事情；这种事情我做不出来。"现在，我就问一问每一个正直的、不怀偏见的读者：这两个人当中，哪一个是更好的人？你宁愿把自己的命运交到哪一个人的手里？这两个人当中，哪一个人是受到更纯粹动因的制止而没有作出杀人行为？道德的基础因此是在哪里？

（2）没有什么比残忍从根本上更刺激起我们道德上的厌恶感。我们可以原谅任何其他的越轨行为，但残忍却是无法饶恕的。原因就在于残忍恰恰是与同情相反对立的。我们不时会听闻一些相当残忍的行为，例如，根据报纸报道，某一母亲竟然用滚油灌喉的方式谋杀她那 5 岁的儿子，而另一个年纪更小的小孩则遭这母亲活埋。另一个例子则来自阿尔及尔的报道：一个阿尔及利亚人与一个西班牙人发生了一般的争吵，然后，前者自恃身强力壮，竟把后者的下巴骨整块撕掉，并把它作为战利品带走，留下那西班牙人独自痛苦挣扎——当我们听到这些残忍的事情，我们都会感到惊骇不已，不禁说出"怎么可能做得出这样的事情"。这一句话是什么意思呢？这句话有可能是这样的意思，怎么会做出这样的事情呢，难道这些人没有想过来生要遭受惩罚吗？不大可能。抑或怎么会做出这样的事情呢，怎么会根据这样一条准则行事呢，这一准则并不适宜成为所有有理智生物都要遵守的普遍法则？意思肯定不是这样。抑或怎么会做出这样的事情呢，竟然这样忽视自己和别人的完善？意思也肯定不是这样。其实，这句话只能是这个意思：怎么会做得出这样的事情，一个人怎么可能这样没有同情心？因此，给一桩行为烙上极度道德败坏的印记的，就是极度缺乏同情心。由此推论，同情心就是真正的道德推动力。

（3）总而言之，我所提出的这一道德基础和道德推动力，是惟一称得上有其现实、在宽广范围的效力。对哲学家们所提出的其他的道德学原理，大概没有人会敢这样夸口，因为其他的那些道理学原理、原则只是由抽象的命题、部分甚至是钻牛角尖的命题和定理所组成。这些抽象的命题、定理除了巧妙组合概念以外，别无其他支撑的基础。所以，把这样一些东西套用在人的真实行为的时候，经常就会显现出其可笑的一面。在做出一件好事时，如果纯粹是因为考虑到康德的道德原则，那所做的好事从根本上就只是哲学上照本宣科的结果；或者这会导致自欺欺人，因为做出这一件好事的人，会在理智上把一件另有其他动因，或许另有更加高尚动因的行为，解释为绝对命令和全无支撑基础的责任概念的结果。不过，不光是纯粹着眼于理论的哲学道德原则极少表现出有其明确效力，就算是那些全为实际目的服务而提出来的宗教道德准则也无法证明其肯定的作用。这一点我们首先可以从这一事实看得出来，尽管世界上有着各种相当不同的宗教，但人们的道德程度，或者毋宁说不道德的程度，却一点都没有表现出与人们所信奉的宗教相对应的差别；在本质上，人们的道德程度到处都是差不多一样的。只不过我们可不要把粗鲁和文雅与道德和不道德混为一谈。希腊人的宗教只有极少的、几乎只是局限于誓言的道德倾向，他们没有教条说教，也不会公开宣讲道德。但我们看到希腊人在总体上并没有因此而比基督教世纪的人更加道德败坏。基督教所宣讲的道德比起在欧洲所出现过的任何其他宗教所宣讲的道德都要高级许多。但谁要是因为这样就相信欧洲人的道德水平也在同等程度上得到了提高，现在则起码是在世界同时代人当中鹤立鸡群，那他只需注意下面的事实就会知道自己错了。也就是说，在穆斯林、拜火教徒、印度教徒、佛教徒当中，不仅至少也可发现与基督徒同样多的正直、诚实、忍耐、温厚、乐善好施、宽宏慷慨、自我牺牲，而且人们所做出的许许多多惨无人道的、与基督教相伴随的残忍事情反倒使天平向不利于基督教的方向倾斜呢。这长长的恶行目录包括无数次的宗教战争，不可饶恕的十字军东征，对美洲大部分土著人的杀戮和灭绝行径，把非洲黑人非法从非洲掳走，远离其家人、远离祖国，运到美洲

152

做奴隶，终生从事苦役；再有就是对异教徒不知疲倦的迫害，骇人听闻的宗教裁判庭，圣巴托洛梅大屠杀，阿尔巴公爵对一万八千名尼德兰人的处决，等等。总而言之，如果把基督教以及其他宗教都大同小异所宣讲的道德，与其信众的实践互相比较；如果我们设想：一旦没有了世俗的束缚力量去制止人们违法犯罪，一旦所有法律哪怕只是在一天之内全部取消，那我们将遭遇什么样的情形，将有多少恐怖的事情发生——只要这样思考一下，那我们就得承认所有宗教对于人的道德心所发挥的作用确实是微乎其微的。当然，人们可以把这归咎为信仰不诚、不坚。在理论上以及虔敬默想的层面，每个人都似乎是信仰坚定的。但所做出的行为却是检验我们坚信程度的惟一强硬的试金石。一旦到了某一关头，一旦我们的信仰需要放弃巨大的利益和作出巨大的牺牲，那信仰的不诚和不坚才会考验出来。如果一个人处心积虑要做出某一违法犯罪的事情，那他就已经是跨越了真正纯粹道德的界线。现在可以制止他实施犯罪行为的第一道屏障永远是司法机关和警察。而如果这个人心存侥幸、寄望于逃过司法、警察这一关，并以此摆脱其震慑力，那阻止他行为的第二道屏障就是这个人对自己名誉的顾虑。而如果这个人同样越过了这一屏障，那我们就可以以高赔率打赌：在克服了这两道巨大阻力以后，宗教教条不会有足够的力量制止他实施犯罪了。这是因为如果肯定的和迫在眼前的危险无法把他吓住，那么，遥远的、只是建立在信仰之上的危险就更难控制得了这个人。除此之外，对于那些纯粹只是出于宗教信念而做出的善良行为，人们还有这样的反驳意见：这些善良行为并不是毫无利己之心的；做出这些行为的人考虑到了善有善报，因此，这些善良行为并不具有纯粹的道德价值。这一看法在著名的魏玛大公卡尔·奥古斯特的一封信中强烈地表达了出来：

魏哈斯男爵本人认为，如果一个人变得善良只是经由宗教的缘故，而不是因为他本性之中就有善良的倾向，那这个人不会好到哪里去。

这种人酒后就会吐出真言。

——致约翰·海因里希·梅克的信，229

现在，让我们回头看一看我所提出的道德推动力。谁又敢否认，在各个时期、各个民族和各种生活境况，甚至在无法无天的状态、在革命和战争的残暴和恐怖之中，无论是在大事抑或小事，在每一天和每一刻，同情都在发挥着明确的、确实奇妙的作用？谁又敢否认：同情每天都在制止着许多不公正的行为，不少的善良行为也是受到同情心召唤的结果——而做出这些经常让人意想不到的好事的人，并没有抱着获取奖赏的希望？谁又会否认：只有对那些全因同情心的作用而作出的善举，我们所有人才会怀着崇敬和感动，无条件承认这种行为具有真正的道德价值？

（4）对众生怀着无限的同情，是做出合乎道德的良好行为的一个最牢固和最可靠的保证，此外，并不需要诡辩理论的帮忙。谁要是内心充满着同情，就肯定不会伤害任何人，不会侵犯任何人的权利，不会给任何人带来痛苦；相反，这样的人会谅解任何人，原谅任何人，尽其所力地帮助任何人，这种人的所有行为都会带有公正和仁爱的印记。相比之下，如果有人说"这个人具有美德，但却不知同情为何物"，或者"这是一个不仁不义的家伙，但却很有同情心"，其自相矛盾之处是显而易见的。趣味是因人而异，但我认为没有什么祷告词比这一印度祷告词更加美丽和感人的了。古老的印度戏剧都以此祷告结束（就像早期英国戏剧都以为英王祷告结束一样）：

但愿一切众生都能免于痛苦。

（5）甚至从一些零星的事例也可以得出结论，真正的道德原动力就是同情。例如，运用不冒风险的法律伎俩骗取一个富人或者一个穷人一百塔勒都是有违公道的行径。但如果是骗取穷人的钱财，那良心的责备以及旁观者所发出的指责却会强烈得多和厉害得多。因此，亚里士多德就说过：

> 对不幸者作出不公正的事情比对幸运者作出不公正的事情更为可耻。
>
> ——《问题集》29，2

而如果骗取的金钱属于国库，那所遭受的责备则比骗取富人还要轻微，因为国库不可能成为人们同情的对象。我们可以看到，并不是因为破坏了法律而直接引起破坏者的自我责备和别人对破坏者的指责，其实，引起这些指责首先是因为破坏法律而导致别人痛苦。像上例诈骗国库钱财的破坏法律的行为，虽然也受到良心和别人的责备，但那只是因为违犯了要尊重别人权利的准则，而遵守这一准则就是真正诚实、正直的人的标志。上述诈骗国库钱财的行为，对别人权利的损害是间接的、程度轻微的。如果所诈骗的是交给这诈骗者看管的国库钱财，那情形又是完全两样了，因为这样的话，前文已经定义了的双重不公正的概念及其特性就以实例出现了。根据在此所作的分析，对那些贪婪的敲诈者和法律流氓所发出的最严厉的指控，就是骗取了孤儿、寡妇的钱财，因为这些无助的人本来比起任何其他人都更引起人们的同情。所以，正是这种全然缺乏同情心判定这些诈骗者为丧尽天良的人。

（6）与公正相比，仁爱更加明显地是以同情为基础。一个人在各方面的境遇都很不错时，是不会从别人那里得到真正仁爱的表示。生活幸福、所有事情都一帆风顺的人虽然经常会有朋友和追随者表示好感，但人们对别人处境和命运那种纯粹、客观、不带利己之心的关注，这些是仁爱所带来的结果，却始终是留给那些在某一方面承受着痛苦的人。这是因为对我这里所说的生活中的幸运者，我们无法有同感和切身关注；其实，这样的幸运者对于我们的心而言是陌生的："他们就好好享受自己的福气吧。"事实上，如果这些人在许多方面都胜过他人，那还会很容易引起他人的嫉妒呢。而一旦有朝一日这些人遭遇厄运，那他人的嫉妒还有可能转化成幸灾乐祸但这嫉妒通常并没有转化为幸灾乐祸，而索福克利斯所说的"敌人兴高采烈"的时刻则不会到来，因为一旦幸运者一落千丈，旁观者的心态就会发生巨变。考察这种情形是有一定教益的。也就是说，首先，这让我们看到了这些人在风光的时候，他们的那些朋友对他的关心到底是怎么一回事。

　　酒肉吃光，朋友四散。

——贺拉斯：《卡米拉》I，35

在另一方面，不幸者所害怕面对的、那比自己所遭遇的厄运更让人难受的事情，亦即嫉妒者喜形于色和幸灾乐祸者发出讥讽笑声，却通常不会发生，因为嫉妒消除了，嫉妒与引起这嫉妒的原因一同消失了。现在，取而代之的同情生发了仁爱之情。那些眼红和仇视别人好运的人，常常在好运者遭受厄运以后，转而成为了他们有怜悯之心的、体贴的、得力的朋友。谁不曾起码在某种程度上，亲历过诸如此类的事情？谁不曾在遭受某一厄运以后，惊奇地发现那些在此之前还对他相当冷淡，甚至心怀恶意的人，现在却充满真心关切地迎向前来！这是因为不幸是同情的条件，而同情则是仁爱的源泉。下面的看法表达的是与上述同样的意思：要平息我们的愤怒，就算这愤怒是合情合理的，最快捷的办法莫过于这一句形容我们愤怒的对象的话："他是一个不幸的人。"这是因为同情之于愤怒就好比大雨之于烈火。因此，那些不想做出将会后悔的事情的人，在对某人怒火中烧、想狠狠加害于这人的时候，那不妨在头脑里生动地想象自己已经加害了这个人，现在这个人正饱受精神上、肉体上的苦痛，或者正在饥寒交迫、艰难困苦中挣扎。然后就对自己说：这就是我一手造成的。如果熄灭怒火还有什么办法的话，那这就是办法了。这是因为同情是愤怒的最佳解毒药，并且对自己运用这一办法，我们就可趁还来得及的时候，预计到这样的情形：

156

同情所发出的声音，

在报复完毕，

就在我们心中回萦。

——伏尔泰

总而言之，要消除我们对他人的仇恨心态，没有什么方法比采用某一会引起自己同情他人的审视角度，更加容易达到目的。甚至父母一般都最疼爱家中病弱的孩子，道理就在这病孩不断引起父母同情的缘故。

（7）我所提出的真正道德推动力也可通过其甚至把动物也纳入其保护范围而得到证实。在其他的欧洲道德体系里，人们蔑视动物的态度简直是不可原谅。人们错误认为动物并没有什么权利，我们如何对待动物也谈不上有什么道德上的涵义；或者用那种道德观的语言来说，我们对动物并没有责任或者义务。西方这种蛮横、粗野观念实在令人气愤，其源头就在犹太教。在哲学，支撑这种观念的是无视各种事实、一意孤行地认为人与动物是完全不同的观点。众所周知，这种观点是由笛卡儿至为明确和尖锐地提了出来，那是笛卡儿错误观点的必然产物。正当笛卡儿、莱布尼茨、沃尔夫的哲学从抽象概念中建造起理性心理学和构筑起一种不朽的"理性灵魂"之时，动物世界的自然要求也就与人类的这种特权和长生不死的专利明显互相抵触，大自然也发出了无声的抗议——一如大自然在所有这种情形所做的那样。现在，认知良心感到不安的哲学家们，不得不试图以经验心理学来支撑他们的理性心理学，并因此致力于在人与动物之间拉开巨大无比的距离，以便可以不顾事实根据，把动物表现为从根本上就是有别于人类的。布瓦洛[1]就曾经这样嘲笑过这些人的

---

[1] 布瓦洛（Nicolas Boileau Despreaux, 1636—1711）：法国诗人，是当时文学评论界的泰斗。以在法国和英国文学中坚持古典主义准则的影响著称于世。著有《诗艺》等作品。——译者注

做法：

难道动物也有大学？
四种能力在动物那里也发展明确？

——《讽刺诗》

到最后，动物应该就是无法把自己与外在世界分别开来，对于自身毫无意识，也没有自我！要驳斥这些愚蠢的说法，我们只需指出每一动物，甚至最小、最低级的动物，身上都有着无边的自我和利己心，这充分证明动物在面对这一世界或者"非我"时，对"我"有着多么分明的意识。如果某一笛卡儿主义者被一只老虎的利爪擒住，那他就会再清楚不过地意识到这只老虎对什么是老虎的"我"，什么是老虎的"非我"，可是分得明明白白，一点也不会含糊。与这些哲学家的类似诡辩相应的是，我们在许多语言，尤其是德语都可发现这一特点：表示动物的吃、喝、怀孕、分娩、死亡以及动物尸体等都有特定、专门的字词。这样，我们就可以不必采用描绘人的同样行为的字词；这样，以不同的字词就掩藏起事实上完全的同一性。因为古老的语言并没有这些双重的表达用语，而是不带成见地运用相同的字词表示同一样的事情，所以，上述那种可耻的语言花招毫无疑问就是欧洲教士的杰作。这些亵渎神明的家伙不遗余力地否认和贬低在所有动物身上存活着的内在永恒本质，并以此为在欧洲习以为常的残忍虐待动物的行为奠定基础，而虐待动物的行为在高地亚洲却会让人感到恶心。在英语里，我们却见不到这种无耻的用字法，这毫无疑问是因为撒克逊人在征服英格兰时还不是基督徒。但在另一方面，我们却在英语里发现与上述用字法类似的这一语言特征：在英语中，所有动物都是中性的；因此，动物都是以代词"it"代替，跟无生命的物件没有两样。这种特别的用字法对于尤其是狗、猴一类的灵长目动物来说，的确让人气愤。这肯定是教士玩弄的伎俩，目的就是把动物贬为与死物无异。那些把自己整个的一生都贡献于宗教目的的古埃及人，把人、朱鹭、鳄鱼等的木乃伊并排放置在人的坟墓里面。但在欧洲，如果把一条忠实的狗安葬在其主人的安息处旁边——有时候，一条狗会出于一种人所没有的忠实和对主人的难舍难离，在主人死后，就呆在主人的墓旁静候自己的死亡——那就是大逆不道的做法。要认识动物和人的现象的内在同一本质，没有什么方法比了解动物学和解剖学更明确有效的了。但现在（1839年）一个假扮认真的动物解剖学家[1]竟然胆敢强调人与动物之间有着绝对的和根本的差别，并离谱至大肆攻击、诬蔑那些远离教会那一套诡计、谄媚和伪善，遵循大自然和真理的指引，走自己探索之路的正直动物学家。对此，我们还有什么可说的？

如果人们无法认出下面这些事实，那人们就真的是知觉、感觉盲目了，要么就是被哥罗芬（氯仿）全麻醉了：人与动物之中本质的和主要的东西是相同的，把人与动物区别开来的并不在于首要的、原则性的、内在的本质、人与动物两种现象的内核方面，因为人与动物的内核都是个体的意欲；人与动物的差别其实只在于次要的方面，在于智力、认知能力的程度方面——由于人获得了名为理性的抽象认知机能，人的认知能力得到了极大的提高，但这种智力的优势究其原因也只是得益于大脑的巨大进化，亦即得益于脑髓这一单一身体部分的差别，尤其是就其数量而言。相比之下，人与动物的相同之处，无论是精神方面还是肉体方面，却是远远大于两者在智力上的差别。这样，我们就必须提醒西方那些蔑视动物、崇拜理性、犹太化了的人：正如他们是喝他们母亲的奶水长大，动物也是同样喝动物母亲的奶水长大。甚至康德也犯下了时代和同胞的错误——我在上文已经批评过了。基督教的道德学并不曾考虑到动物。我们与其延续基督教的这一欠缺，还不如干脆承认和正视它。对

---

[1] 根据叔本华致费劳恩斯塔德的信件，叔本华在这里指的是鲁道夫·瓦格纳及其《生理学教科书》。——译者注

此道德学的欠缺，我们会觉得奇怪，因为基督教的道德学在其他方面都
与婆罗门教和佛教的道德学相当吻合一致；基督教的道德学只是表达得
没有那么强有力，也没有贯彻始终而已。所以，我们对此再用不着怀
疑：基督教的道德学就和神降生为人的观念一样，都是源自印度，在到
达犹太地区之前可能经过了埃及，所以，基督教就是印度原始之光经埃
及废墟的折射以后的余晖。但不幸的是，这一余晖落到了犹太的土地
上。基督教道德学除却这一欠缺——我在上文已经批评过了——就与来
自印度的宗教道德观高度一致了。施洗者约翰的出场模样就是一个很好
的象征，反映了有所欠缺的基督教道德观：施洗者约翰出现时完全就是
一副印度苦行僧的样子，但他身上穿着的却是动物的皮毛！众所周知，
穿着动物的皮毛，对于印度人来说是骇人听闻的事情。加尔各答的皇家
学会在答应收下《吠陀》的样书之前，先要得到保证不会把这些书按照
欧洲的习惯以皮革装订。所以，现在这些样书是用丝绸包装保存在他们
的图书馆里。另外，在《福音书》里，彼得撒网捕鱼的故事与关于毕达
哥拉斯的故事也形成了类似典型的对照。在前一个故事里，救世主施
行奇迹为彼得赐福，让渔船满载鲜鱼，几致下沉（《路加福音》：5，1—
10）。在后一个故事里，由于毕达哥拉斯已了解了埃及的智慧，当渔网
还在水里的时候，他就从渔夫那里把鱼买下，以便把捕进网里的鱼放
生。同情动物与人的善良本性密切相关，甚至我们可以有把握地断言：
谁要是残忍虐待动物，就不可能是一个好人。与动物的同情也显示出是
与人的同情一样，都出自同一个源头。因此，例如，那些感情细腻的
人，每当回忆起自己心情糟糕、在盛怒或者在酒精的刺激下毫无道理、
毫无必要或者很离谱恶待了自己的爱犬、马匹或者猴子——这时候，所
感受到的懊悔和对己的不满，就跟回忆起自己不公正对待了别人所留下
的感受是一样的。我记得曾经读过这样的故事：一个英国人在印度狩猎
的时候射杀了一只猴子；这只猴子临死前投过来的眼神使这位英国人从
此无法忘怀。而从那以后，这位英国人就再没有射杀猴子了。同样，威

廉·哈里斯，一个真正的猎手，在1836年和1837年纯粹为了享受打猎的乐趣而深入非洲内陆旅行。在1838年孟买出版的游记中，他描绘了这样的事情：在射杀第一只母象以后，第二天早上，他就去寻找那已射杀的猎物。所有其他的大象都已逃跑了，只有一只小象在死去了的母亲身边度过了一个晚上。现在，在看到那些猎手时，这只小象迎向前来，忘记了一切恐惧和害怕，至为强烈和清楚地表现了它那绝望的悲哀。它用它那小鼻子缠绕着这些猎手，向他们求助。这时，哈里斯说，一种真正的悔恨之情攫住了自己的内心，就好像自己犯下了谋杀罪一样。我们可以看到这一感情细腻的英国民族，在同情动物方面表现得与众不同。这种对动物的同情一有机会就显现了出来，并且有足够的力量促使他们无视那使他们蒙羞的"冰冷的迷信"，通过立法填补宗教道德观所留下的空白。正因为存在道德观方面的这些空白，欧洲和美洲才需要成立动物保护协会，而动物保护协会也只有借助警察和司法机关才可以发挥出作用。在亚洲，宗教已经给予动物以足够的保护，因此在那里，人们不会想到要组建这样的协会。与此同时，在欧洲，人们也越来越醒悟到动物的权益问题——这与那种认为动物进入存在只是给人们带来用处和享受的古怪看法日渐淡漠和消失是同步的。正是这种古怪的看法导致人们对待动物就像对待无生命的物体一样。这是因为这些看法就是欧洲人野蛮和全无体恤之心对待动物做法的根源。在《附录和补遗》第2卷第177页，我就已经表明这些看法的源头就是《旧约》。所以，英国人是首先制定法律认真保护动物、防止动物受虐的民族。这样，那些对动物违法犯罪的人，哪怕那些动物属于他们，就确确实实得为此罪行接受惩处。这些做法是英国人的荣耀。英国人不仅仅满足于立法，他们在伦敦还自发成立了一个保护动物协会，称为"防止虐待动物协会"。这一协会采用私人途径，花费了诸多人力财力，为制止虐待动物做出了大量的工作。这个协会的成员不声不响地秘密留意违法者的违法行为，然后现身告发和谴责那些家伙虐待虽然无法说话但却有感觉的生物。这些协会成员无论在哪里都引起人们的恐慌。[1] 在伦敦陡峭的桥边，保护动物协会把两匹马留在那里，免费为每一满载的马车服务。这不是相当美好的事情吗？这种行为难道不就跟为人们做好事一样，都值得我们赞扬吗？在 1837 年，伦敦的慈善协会进行了一次征文活动，对最能够清楚阐述反对虐待动物的道德理由的文章，将颁发奖金 30 英镑。但这些道德理由必须主要从基督教里找出来——这当然就使这任务越发加大了难度。奖金在 1839 年由麦克纳马拉先生获得。在美国费城，人们也成立了为类似目的服务的一个"动物之友协会"。一个叫 T. 弗斯特的英国人

---

[1] 人们到底是如何认真对待这一事情的，我们从下面这一新鲜的例子就可略见一斑。这是选自 1839 年 12 月的《伯明翰日报》的一篇报道。"一帮共 84 名的斗狗者遭警方逮捕。当'动物之友协会'获悉将在伯明翰福克斯广场进行一场斗狗比赛以后，该协会谨慎采取措施，取得了警方的帮助。一小队精悍的警察开赴了现场。警察一到现场，马上就逮捕了在场的整帮人马。犯事者两个一块地被带上手铐，然后在两列犯人中间用一根长绳串联起来。所有人等被带到了警察局，由市长和法官进行了审问。两个主犯每人受罚 1 镑 8 先令 6 便士；如无力或拒付这笔罚金，就将被判处 14 天的强制性苦役。其余人等则获得释放。"那些从来不会错过高贵娱乐的纨绔子弟，肯定在这长长的人犯行列中尴尬异常。但在 1855 年 4 月 6 日《泰晤士报》第 5 页，我们找到了就在最近才发生的更加令人注目的例子。这一报纸甚至以报纸的力量就解决了问题。据这份报纸报道，这件已交由法庭处理的案件涉及一个相当有钱的苏格兰男爵的女儿。她极为残忍地用棍棒和刀子对付她的马匹，为此她被判罚 5 英镑。但这罚款对于这姑娘根本不算什么，如果不是《泰晤士报》介入报道这件事，她也就逃脱了惩罚。《泰晤士报》对这姑娘发出了严厉和应有的批评，两次用大一号的字母把这姑娘的姓名登载出来，并加上这些话语："我们不得不说囚禁几个月，外加由罕布郡最身强力壮的女人私下执行的一顿鞭笞，才是对 N.N 小姐更加恰当的责罚。这样一个可耻的人已经丧失了女性所应该有的特权和照顾。我们再无法视这样的人为女人了。"我把这些报纸报道特别献给现正在德国设立起来的"反对虐待动物联合会"。这样，这些联合会就可以借鉴应该如何对付虐待动物的问题，如果真想取得什么成效的话。尽管如此，我还是要对霍夫拉特·佩尔纳先生表示，我完全肯定他所付出的值得称道的努力。佩尔纳先生在慕尼黑全身心投入到了这方面的善事，并在德国已经逐渐引起人们对保护动物权益的注意。——叔本华注

把他写的书献给了这一协会的主席。这本名叫《热爱动物：对动物的生存条件及其改进方法的道德思考》(布鲁塞尔，1839) 的书很独特，写得也很好。作者作为英国人，自然就试图以《圣经》作为促请人们人道对待动物的根据。但《圣经》所提供的支撑，却始终是湿滑、靠不住的。到最后，作者只能提出这一理由：耶稣就是诞生在马厩之中，与小牛、小驴在一起；而这就是一个象征，暗示我们要把动物视为我们的兄弟，并应以此相应的方式对待它们。我在这里提到的所有这些都证实了我们正在讨论的道德上的弦，甚至在西方世界也终于开始得到共鸣。但在另一方面，对动物的同情心却也不至于让我们像婆罗门一样不沾肉类食品，原因就在于在自然界，感受痛苦的能力是与智力同步的，所以，人们如果缺少了肉类食品，尤其是在北方，人们所忍受的痛苦将更甚于动物在经历瞬间、永远是不曾预计到的死亡时所承受的痛苦。如果采用哥罗芬麻醉的话，动物死亡的痛苦就更是大为减轻。没有肉类食品的话，人类甚至无法在北方生存。根据这同样的衡量尺度，人们也可以让动物为自己干活，只有当这种苛刻役使超出了一定的限度，才构成了残忍行为。

(8) 如果我们完全撇开对同情的最终原因所作的所有形而上的探究，所有并非利己的行为就只出自这同情的最终原因，而只是从经验的审视角度考察同情，把同情只视为大自然的一种安排，那么，我们每个人都会清楚明白：为了最大可能地减轻我们在生活中随时都会碰到的、没有人可以完全逃脱得了的无数形形色色的痛苦，并且为了制衡我们所有人都满怀着的炽热的利己心，这利己心经常会演变为恶毒心，大自然除了在人的心中植入那奇妙的同情心以外，再也没有更有效的办法了。由于同情心的作用，人们感受到了彼此的痛苦，我们听到了发自同情心的声音，根据当时的具体情形，这声音强烈、明白地发出"怜悯别人"、"帮助别人"的呼吁。从有利于所有人的福祉的角度说，这种人与人之间发自同情心的互助，与那些出自某些理性考虑、由概念组合而成的抽象和普遍的严格的责任戒令相比，我们对前者肯定抱有更大的期望。对后者不能期待会有多大的结果，因为对于粗人来说，那些普遍原则和抽象真理都是一些完全不明所以的东西，只有具体的东西才可以让他们理解。除了极少一部分人以外，全人类永远都是思想粗糙的，并且始终是这个样子，因为为了全体人类而不得不做的大量体力工作再也不会留下多少时间作陶冶、修养精神思想之用。相比之下，要唤醒我们的同情心，这已被证实是产生无私行为的惟一源泉，并因此是道德的真正基础，却并不需要抽象的知识，而只需要直观认识、对具体事情的理解。对这些后者，同情心用不着多少思想的中介就可以马上作出反应。

（9）下面这些与上面所说的是完全吻合一致的。我为伦理道德所找到的根据基础虽然不曾在学院派哲学家中找到先行者，事实上，学院派哲学家在这方面的观点是似是而非的，因为许多这样的哲学家，例如，斯多葛派哲学家（塞内加的《论宽恕》）、斯宾诺莎（《伦理学》Ⅳ，50）、康德（《实践理性批判》，第213页）都直截了当地摒弃和批评同情。相比之下，我的这一道德根据基础却得到了整个新时期最伟大的道德学家卢梭的权威支持，因为卢梭毫无疑问对此称号当之无愧。卢梭深知人的内心；他的智慧并非取自书本，而是源自生活；他的学说并非是作讲坛之用，是为在大学谋取教席之用，而是为了全人类。卢梭是人类偏见的死敌，是以大自然为师；而大自然也惟独赋予他这样的才能，让他可以就道德的问题侃侃而谈而又不至于堕入沉闷，因为卢梭一语中的、直达人心。因此，我希望读者允许我引用卢梭的部分段落，以引证我的观点。而在这之前的上文，我已是尽可能少地引用别人的话语。

在《论人类不平等的起源》中，卢梭写道：

这里还有另一种原理是霍布斯不曾注意到的，但这一原理却是赋予人类，以便在某些情形下，帮助人类缓和争取私利的热情、化解与自尊心和要面子相伴随的凶残。那就是让人类在看到自己同类承受痛苦时，天生会感到厌恶。我认为这就是人类所具有的惟一天然的美德。关于这一点，我相信我用不着担心会有多少人提出反对，因为就算那些最极力贬低人类道德的人，也不得不承认人的这一美德。我说的是怜悯和同情（第 91 页）……曼德维尔正确地领会到，如果大自然并不曾赋予人类怜悯之情，以助理性一臂之力，那无论人类具有多少道德，终究也不过是猛兽而已。但曼德维尔没能看出，单单从这一素质就能生发出所有他拒绝承认的人的社会美德。事实上，慷慨、宽恕、人道主义——如果这些不是对弱者、对犯罪之人或者对普遍的人类所施予的怜悯，那又是什么？在正确意义上理解的话，甚至仁爱、友爱，也不过就是针对某一特定对象的持续怜悯之情的产物，因为希望别人不受痛苦不就是希望别人幸福吗？……旁观者越深切地把承受痛苦者视为与己一体，旁观者的怜悯、体恤就越加强烈（第 94 页）。所以，这一点是肯定的，怜悯是一种天然的感情；怜悯减弱了各个个体的利己之心，有助于整个种族的共同生存。在生存的天然状态下，怜悯替代了法律、道德、风俗习惯的位置，并且还有着这一好处：人们不会试图违抗它那温柔的声音。是怜悯让身强力壮的野蛮人回心转意，不会夺走一个弱小儿童赖以生存的财物，或者一个患病老者一生中胼手胝足积聚起来的养老钱，只要这些野蛮人还有一线希望可在别处另打主意的话；怜悯并不像那理性公义的崇高格言那样，"以你希望别人对待你的相同方式对待别人"，而是以另一稍欠完美、但却更有用的、唤起天然善良本性的格言激励每一个人，"善待你自己的同时，尽量少给别人带来痛苦"。一句话，只能从这种天然的感情，而不是从巧妙的辩论去发现每个人对做出坏事时都会感受到的厌恶的原因，而这种感受厌恶甚至是与所受过的教育无关。

我们再把卢梭在《爱弥儿》（第四部，第 115—120 页）所说的这些话互相比较一下：

事实上，如果我们不是让自己转移至自身之外，不是视自己与受苦

165

者为一体，就好比离开了自身，进入了他人的身体一样，那我们又何以让自己受到感动而产生怜悯？我们所感受的痛苦是与我们认为别人所感受的痛苦相一致的。我们不是在我们自身，而是在他人那里，感受着痛苦……我们要给青年人提供一些对象物，好让他们能够对这些对象物发挥自己内心的膨胀力量——那股内心的膨胀力量使年轻人得以扩大和扩展自身、推己及人，使他们在自身之外到处都能找到自己。要小心谨慎避免那些限制他们、让他们以自己为中心、绷紧其个人自我的弹簧。

正如我已经说过的，我并没有学院派权威的支持，但我却可引证：中国人的五大美德却是以同情（"仁"）排在首位。其余的美德则是公正（"义"）、"礼"、"智"、"信"。同样，我们看到印度人在为怀念逝世的王侯而建起来的纪念碑上，在这些王侯留下佳话的众多美德之中，对人和动物的同情占据着首位。在雅典，同情在广场有其祭坛：

雅典人在市集为同情这一神灵设立了祭坛。雅典人是希腊人中惟一崇敬这位神灵的人，因为在所有神灵当中，同情之神是在人类生活及其变迁浮沉之中最发挥出影响的。

——帕萨尼阿斯[1]，I，17

卢奇安在《泰门》99 也提到了这一点。斯托拜阿斯为我们保存下来的、出自福基翁[2]的话语把同情视为人类最神圣的东西：

我们不能强行把祭坛从庙宇中拿走，或者说强行把同情从人的心中拿走。

---

[1] 帕萨尼阿斯（Pausanias，143—176）：希腊旅行家和地理学家，所著《希腊志》是了解古代遗迹最宝贵的指南。——译者注

[2] 福基翁（Phocion，前402—前318）：雅典统帅。——译者注

166

在一本译自印度寓言集《班·查坦特拉》的希腊语版本中，有这样的话：

> 同情在所有美德中位列第一者。

我们可以看到，无论何时、无论何处，人们都非常清楚地认识到道德的根源；只有欧洲人才看不到道德的根源所在，对此犹太教难辞其咎，因为它贯穿着一切。这样，道德的根源对于欧洲人就绝对是责任命令、道德法则、强制命令，一句话，某一必须服从的指令。然后，欧洲人就再不愿意偏离这一观点，也不愿意看到所有这些永远不过就是建立在自我、利己心的基础之上。当然，个别出类拔萃的欧洲人会感觉和意识到其中的真理。卢梭就是一个例子，这在上文已说过了。另外，莱辛[1]在一封写于1756年的信中也说过：

> 最具同情心的人就是最好的人，这样的人最倾向于社会美德和各种各样的高尚品德。

20. 不同性格在道德上的差别

为使我对道德基础的阐述达致完整，我最后要回答的问题就是：人与人道德行为之间的巨大差异是什么原因造成的？如果同情是做出所有一切真正（亦即无私）公正和仁爱行为的原动力，那为何有些人会受到这一原动力的推动，另有一些人却又不会呢？道德伦理学是否在发现道德推动力的同时，也能让这道德推动力发挥出作用？伦理学是否可以使一个铁石心肠的人生出同情之心，并以此使这个人脱胎换骨成为一个正

---

[1] 莱辛（Lessing，1729—1781）：德国剧作家、评论家、哲学家和美学家。他帮助德国戏剧摆脱法国古典戏剧样式的影响，创作出第一批不朽的德国剧作。——译者注

直、善良的人？答案肯定是否定的，因为各人性格的差异是与生俱来和无法根除的。一个人的凶恶本性之于这一个凶恶的人是与生俱来的，正如毒牙和毒牙泡之于一条毒蛇是与生俱来的一样。"意欲是教不会的"——这是暴君尼禄的老师塞内加所说的一句名言。柏拉图的《门罗篇》详细探讨了美德是否可以教会这一问题。柏拉图引用了泰奥根尼斯[1]的话：

> 一个坏人的确永远不会
> 因为经受教导而变好。

并且得出了这一结论：

> 美德既不是天生的，也不是后天学会的；获得美德是神灵的安排，而不是通过理智的作用。
>
> ——《门罗篇》

在此希腊原文的两个词φυσει和θετα μοτρα的差别在我看来，似乎显示了形而下和形而上之间的差别。根据亚里士多德的陈述，伦理学之父苏格拉底就说过，

> 要做好人抑或做坏人，并不是由我们自己决定的。
>
> ——《大伦理学》

亚里士多德本人就表达了同样的意思：

> 个别的性格特征似乎是以某种方式得之于大自然，因为如果一个人

---

[1] 泰奥根尼斯（Theognis，前540—前500）：希腊哀歌体诗人。——译者注

具有公正、节制或者勇敢等素质，那他是从出生起就已拥有这些素质。

——《尼各马可伦理学》

同样，在那肯定已经是相当古老，虽然不一定是真实的毕达哥拉斯的《阿奇达斯》片断中，这些由斯托拜阿斯为我们保存在《弗洛里列古奥》（Ⅰ，77）中，我们可看到人们明确地表达了这一看法。这些片断文字也收进了《希腊道德论文集》（第2卷，第240页）里面。那些文字以多利安方言写道，

对那些以教育和论证支撑起来的美德，我们只能称为学问。但那最优秀的人伦美德却应视为我们灵魂中非理智部分的天性，其基础就是身上所拥有的某一道德成分，诸如慷慨、正直、节制等。

通观亚里士多德在《论美德和劣性》中所扼要列出的美德和劣性，我们就会发现，所有这些美德和劣性都只能理解为与生俱来的素质，并且的确只有当这些东西是与生俱来的，才是真正的美德或劣性。而如果这些东西是经过理智思考以后、由人们随意作出的行为，那这些最终就沦为做假，是不真实的东西；因此，一旦为形势所迫，人们是否还能够继续保持这些行为，对此我们是一点都不放心的。关于亚里士多德以及其他古人都不曾提及的仁爱美德，情形也没有多少两样。所以，蒙田说的也是同样的意思，虽然他说这话时仍保持着他那一贯的怀疑论者的口吻：

这难道是真的吗？要成为一个完全的好人，那就得具备某些神秘、天然和一致的素质，即不需要法律、理智、他人的榜样的帮助？

利希腾贝格干脆直截了当地说：

凡是出自某一意图和决心而做出的道德行为，都没有多大的价值。情感或者习惯才是关键的。

——《杂文集》

甚至基督教的原初学说也与这种观点不谋而合，因为在山上训道（《路加福音》：6，45）中，耶稣说，

良善的人，会从其内心的良善积存拿出良善；邪恶的人，会从其内心的邪恶积存拿出邪恶……

在这之前的诗句，我们则读到对这所说的一个相当形象的解释：

优良的树不会结出腐败的果实，腐败的树也不会结出优良的果实。

康德却是全面解释清楚这一重要问题的第一人。康德的伟大学说就是验知性格作为现象，在时间上和通过多样行为表现出来，其根源是悟知性格；悟知性格是这些现象后面的自在之物的构成，因此，是独立于时间和空间，独立于多样性和变化。只能以此解释那任何有经验的人都知道并感到诧异的事实，亦即人的性格牢固不可改变。每一套允诺能够改善人的内在道德、让人们在美德方面取得进步的伦理学，在任何时候都会遭到现实和经验的驳斥，而这也就证明了美德是与生俱来的，而不是靠聆听说教。性格作为原初之物是不可改变的，因此，任何经由矫正认知以改善性格的努力都是无法达到目的的。假如情况不是这样，假如就像上述那些肤浅伦理学所声称的那样，经由道德说教就可改善人的内在性格，因此，"人持续不断向更好、更高尚方面的进步"是有可能的，那除非所有众多的宗教机构和宣讲道德的工作都无法达到目的，否则，人类年老的一半起码平均都会明显比年轻的一半更好。我们却看不

170

到这方面的半丝迹象。年轻人与年老一辈相比，我们更能期望前者做出好事，因为年老一辈经历了世情以后变得更坏了。虽然某一个人有可能在年老时与年轻时相比显得更坏，但这仅仅是因为到了年老以后，随着认知的成熟以及得到了多方矫正，一个人的性格越加纯粹和清晰地凸显出来了；而在年轻时，无知、错误和幻象时而把虚假的动因在我们眼前晃动，时而又遮蔽了真正的动因。从前文《论意欲的自由》第三部分就可以得出这些结论。在被判刑的罪犯当中，年轻人比年老者多得多，其中的原因就在于如果一个人的性格中具有做出那些犯法事情的天性，这些天性很快就会找到机会以做出犯法的事情而显现出来，具备这样天性的人很快就会到达他们要赶往的目的地：不是监牢就是绞刑架。与这些人相反，那些在其漫长一生中，众多机会都无法驱使其作奸犯科的人，到了晚年也不容易受动因怂恿做出这样的事情。因此，在我看来，老年人受到尊敬就是因为老年人在经过漫长一生的考验以后，仍能保存自己的正直和清白——这是老年人获得人们尊敬的前提条件。与此观点相应的是，人们在现实生活当中并不会受到道德学家上述那些所谓人的性格会不断改进的言论的迷惑，而是对一个证实就是坏人的家伙，我们永远不会再抱信任；而一个经受了考验、证明了具备高尚品格的人，那就算其他所有一切都已发生了改变，我们始终都会对这个人的高尚品格充满信心。"先有本质，后有本质的发挥"是经院哲学涵义深长的一句至理。这一世界的一切事物都根据构成其本质的不变成分而发挥作用，人亦如是。是一个什么样的人，就必然会做出什么样的事。"无须原因、根据就可自由选择"，这一童年期哲学所吹起的牛皮早已是吹破了。也只有那么一些戴着博士帽的老妇人，仍然还受着这种思想包袱的困惑。

　　人们行为的三大伦理道德上的基本动力：利己、恶毒、同情，在每一个人的身上都是以不同，甚至是极不相同的比例存在。动因根据一个人身上的这三者的比例而相应地对这一个人发挥出作用、引出这个人的行为。对一个利己心很重的人，只有利己的动因才会产生威力，而投合同情心和恶毒心的动因都敌不过利己的动因。这样的一个人既不会牺牲自己的利益去报复敌人，也不会牺牲自己的利益去帮助朋友。而另一个对恶毒的动因相当敏感的人，却经常会为了损人而不惜害己。这是因为具有这样性格的人，在给别人制造痛苦中所得到的快乐，超过了他们自己所要承受的同等痛苦。

> 一旦可以损人，就连自己的命都不顾了。

> ——塞内加

这一类性格的人怀着狂喜投入到一场只能是两败俱伤的斗争中去。他们甚至在深思熟虑以后，谋杀了给他们造成过伤害的人，然后马上自杀以躲避惩罚。这样的事情，在日常生活经验中屡见不鲜。相比之下，心的善良全在于对所有有生命之物都会怀有深切的同情，但首先是对人的同情，因为对痛苦的感受是与智力的程度同步的。所以，人所感受的无数精神以及肉体的痛苦，与动物惟一肉体上的、更昏沉更麻木的痛苦相比，人比动物有着多得多的需得到同情的权利。因此，一个人本性中的善良首先体现在控制自己不做出伤害别人的每一行为，不管这伤害具体是什么，其性质和程度为何。其次，当别人承受痛苦时，能促使自己伸出援助之手。在这一方面，有些人会走得很远，就像那些往相反方向走得很远的恶毒之人一样。也就是说，一些具有异常善良本性的人对别人的痛苦比对自己的痛苦更为上心，因此，他们为了别人而作出牺牲，以致自己比所帮助的人承受了还要多的苦痛。假如几个甚至许多其他人能够同时因自己的帮助而受益，那在迫切需要的时候，这些人会献出自己的生命，例子就是阿诺德·冯·温克尔里德。在 5 世纪汪代尔人从非洲侵入意大利时，根据约瑟夫·冯·穆勒的记载（《世界史》第 10 卷，第 10 章），诺拉主教波林奴斯为了赎回囚犯，花光了教会的储存、自己和自己朋友的财产。然后，波林奴斯看见一个寡妇在悲伤哭泣，因为士兵们要把她惟一的儿子带走。波林奴斯就恳求代替寡妇儿子去从事苦役。那时候，年纪合适、不曾倒于刀剑之下的人都被抓起来押往迦太基从事苦役。

根据人与人之间这种巨大的、与生俱来的、原初的差别，每一个人就相应地只会受到这个人最为敏感的那些动因的影响，正如某一物体只对酸、而另一物体则只对碱起反应一样；并且就像这些物体不可改变一样，人的性格也是不可改变的。对善良的人能够发挥出强劲推动力的友爱和助人的动因，对于只能接收利己动因的人，却是不起任何作用的。但如果我们要驱使这些一心利己的人作出友爱、助人的行为，那我们就只能让这些人错误以为：缓解别人的痛苦可以间接以某种方式使自己得到好处（正如大多数的道德说教其实也是在这一意义上作出各种不同的努力）。但以此方式，这个人的意欲就只是遭误导而已，而不是他的意欲改善了。要真正改善一个人的意欲，就需要让这个人对动因的整个接受方式来一个翻天覆地的变化。因此，例如，要让甲变得不再对别人的痛苦无动于衷；要让乙变得不再对造成别人痛苦感到快乐；让丙变得不再是自己个人的利益远远高于一切其他别的动因，不再是只要自己能够获得丁点利益，那其他别的动因就都无法再对他发挥作用。这样的一种改变却肯定比把铅变成黄金更加不可能。这是因为这就好比需要把这个人身体里面的心脏翻转过来，改造这个人最内在的深处。相比之下，我们所能做的一切，只是启发这个人的头脑理解，矫正他的看法，使这个人更准确地把握客观存在的事物和生活中真实的情况。但所做的这一切不过就是让这个人的意欲构成能够更加连贯、清晰、明确地显现，不受歪曲地表达出来。因为正如做出许多良好的行为其实是受到虚假动因的诱使，是因为相信那善意虚构出来的这一说法：做出这些良好行为在今生或者来世得到好处；同样，许多的恶行也只是因错误理解人生境况所致。美国的罪犯惩教制度所根据的就是这一道理：这种惩教制度并不打算改善犯人的内心，而只是设法矫正犯人的头脑念头，让他们认识到：凭本分和工作，而不是靠偷窃、诈骗，更能稳妥、轻松地过上安乐的生活。

我们可以通过动因强制人们守法，但却无法强制产生出道德；我们可以重塑我们的行为模式，但却改变不了我们的意欲，而道德的价值只取决于意欲。我们改变不了意欲所争取的目标，而只可以改变意欲为实现其目标所采取的途径。我们获得的教导可以改变可供选择的手段，但却改变不了我们最终的目标——这最终的目标是每一个人的意欲根据其原初的本质制定出来的。我们可以告诉利己主义者：如果他们放弃小小的好处，就可以换来更大的利益；我们也可以让恶毒者清楚知道：给别人造成痛苦的话，那将给自己带来更大的痛苦。但要劝说别人放弃利己之心或者害人之心，我们却是无能为力的，正如我们改变不了猫捉老鼠的天性一样。通过增长见识，通过别人的教导了解了人生的状况，因此也就是通过启发头脑的思维，那甚至一个人善良的本性，也得以更有条不紊和更加完美地外现其本质。例如，经由别人的指点和说明，我们终于看到了我们所做的事情经过长的时间和过程以后才会造成的结果，诸如只是间接造成的，只是随着时间的推移才会给别人带来的痛苦，而这些就出自我们当初所做出的一些我们认为并非不好的行为或事情。同样，我们会获得教训：许多出于好心而做出的事情却会引来不好的结果，例如，出于好心而宽恕和放过了坏人。我们尤其学会了"不要伤害任何人"的原则要普遍优先于"帮助别人"的原则，等等。在这方面修养道德和学习理论道德学当然会有一定的效果，但能做的也就到此为止了，局限轻易就可看得出来。头脑是照亮了，但心却依然没有改善。最根本性的东西，无论在道德方面还是智力或者体质方面，都是与生俱来的，人为努力和运用技巧始终只能起到辅助作用。每一个人之所以是他（她）这样的一个人，就好比是"凭着神灵的恩典"，

174

到最后，你仍然是你，

尽管戴上百万发卷的假发，

和垫高鞋底，

但你永远还是你。

——歌德：《浮士德》1，1806—1809

长久以来我就听过读者提出这一问题：那功德和罪孽又在哪里呢？关于这一问题的答案，我请读者参看本文的第 10 节。答案安排在那一节，因为那与康德关于自由与必然性的学说紧密相关。否则的话，我就会在此处陈述这一答案。所以，在此我请求读者再次阅读我在那一节所作的论述。根据在那一节所作的论述，当动因出现时，本质的发挥（operari）（做出行为）就是完全必然的。因此，自由——惟独通过责任宣示出来——就只能存在于本质（esse）之中。虽然良心的指责首要和明显涉及我们所做出的行为，但归根到底这些指责针对的是我们的本性（性格）；我们所做出的行为只是提供了说明我们性格的充分有效的证据而已，因为我们的所为之于我们的性格就犹如疾病的症状之于这一疾病。因此，罪孽和功德就必然在于这一本质（esse），在于我们是什么样的人。我们在他人身上所尊敬和爱戴的，或者所鄙视和憎恨的，并不是一些可以改变和消逝的东西，而是长驻、维持不变之物，是这些人的素质。而一旦我们对这些人改变了看法，那我们不会说他们改变了，而是说我们看走眼了。同样，我们对自己的满意和不满意之处，就是我们的自身，是那已成定局、永远不变的东西；这些甚至包括了智力乃至面相方面的素质和特征。所以，罪孽和功德除了就在我们自身，又会是在哪里呢？那对我们自身越来越完整的了解，那不断填满了行为记录，就称为良心（gewissen）。良心的课题首要的就是我们的行为，更确切地说，就是那些要么我们对同情所发出的呼唤充耳不闻而做出的行为，同情要

175

求我们起码不要伤害别人，而且还要帮助别人，因为我们受到了利己心或者恶毒心的指引；要么就是抵制自己的利己和恶毒之心、听从同情的呼唤而做出的行为。这两种情形显示了我们在自己与别人之间划分出多大的差别。而我们道德或者不道德的程度，亦即我们公正、仁爱或者恰恰相反的程度，最终就取决于这种人我之间的差别。随着对具有这方面涵义的行为的回忆不断丰富，自己的性格图像、我们对自己的真正认识也就越发变得完整。但由此认识，产生了我们对自己、对我们所是的满意或者不满，也就是说，根据利己心、恶毒心、同情心在我们自身所占据的支配地位，亦即根据我们心目中人我之间差别的大小，而相应感觉到的满意或者不满。按照这同一衡量标准，我们也同样地评判别人，而对于了解别人的性格，那就像了解自己的性格一样，都是经验以后才获得认识，只不过对别人性格的认识更加有欠完整。这样，我们在自我评判时对自己的满意或者不满（这种不满可以一直达致良心不安的程度），在评判别人的时候，就表现为赞许、表扬、尊重，或者指责、愤慨和鄙视。许多很常见的语言表达方式也证实了：我们对他人的指责虽然在开始时是针对他人所做出的行为和事情，但其实却是针对行为者无法改变的性格，美德或者恶行则被视为内在、持续的素质。例如，"Jetzt sehe ich，wie du bist！"（德语，"我现在才看清楚你是个什么样的人！"）、"Now I see what you are！"（英语，意思同上）、"Voila donc，comme tu es！"（法语，"啊，原来你是这样的人！"）、"我可是有眼无珠，看错你了！""我可不是这样的人！""我不是做得出这种欺骗事情的人"，等等。还有就是，"Les ames bien nees"（法语，"出身高贵、禀性良好的人"，直译为"天生就有高贵的灵魂"——译者），西班牙语中的"bien nacido"（"出生高贵"）、希腊语"ευγενπξ"，"ευγενεια"表示"美德"、"具美德"和拉丁语"generosioris animi amicus"（一个高尚心灵的朋友）等。

良心是以理智功能为前提条件，原因在于有了理智功能以后，清晰、连贯的回顾记忆才成为可能。事情的安排就是良心只是在事后才发言；正因为这样，我们也把良心称为评判的良心。在事情发生之前，良心并非是在真正意义上发话，也就是说，这时良心只是间接地表白自己，因为反省思维是根据对过去类似事情的记忆，认定对这仍只是计划要做的事情是不赞成的。我们意识中的伦理道德事实就到此为止了；这些事实本身就是形而上的问题，并不直接属于我们必须要回答的问题。虽然如此，关于这些，我将在本文的最后部分《伦理道德的形而上的基础》简要谈论一下。我们已经认识到：良心其实只是通过一个人所做出的事情，对这个人的不变性格所获得的了解。与这一认识完全吻合的是下面这一事实：不同的人对自私、恶毒、同情等动因的敏感度都极为不同——这一个人的道德价值也就取决于这个人对这些动因的敏感度，这种不同的敏感度并非可以以其他的事情加以解释，也不是可以经由教育而获得；因此，这些东西并非出自时间，并非可以改变，甚至不是取决于偶然，而是与生俱来的、不可改变的，对此我们也无法作出更深入的解释。据此，一个人一生的轨迹连同其变化多端的活动，其实不过就是一只座钟的外在钟面；藏在座钟里面的，另有某一原初的驱动装置。或者说，这一生的轨迹不过就是一面镜子，只有透过这面镜子，我们的意欲成分（这是我们的内核）才暴露给我们的智力。

谁要是认真想清楚在这里和在本文第10节所说的内容，就会发现我对道德基础的论述是整体连贯、一致的，而这却是所有其他的道德基础学说所欠缺的。在另一方面，我的这些论述也与经验中的事实相吻合，而这些理论与事实互相一致则在其他学说中更少见到。这是因为只有真理才可以与自身协调、与大自然普遍吻合和对应，而错误的基本观点则在内在自相矛盾，在外在实践经验中处处碰壁，所碰到的尽是对其错误的无声抗议。

我也清楚地意识到，我在这篇论文里（尤其是临近结束的部分）所阐述的真理，迎头痛击了许多根深蒂固的错误观点和认识，特别是那些现正风行一时的某些幼稚园道德理论。但我对此没有半点惋惜和歉疚。

这是因为，首先，我现在不是在跟小孩或者大众说话，而是面对一个能有正确认识的科学院。这一科学院提出了这一纯粹理论性的问题，目的就是要找出伦理学的最终根本真理；科学院也期待能有对这极其严肃的问题一个严肃的回答。其次，我认为并没有什么所谓有用的谬误、无害的谬误；没有什么谬误可以有特权不遭受驳斥。相反，每一谬误所带来的害处绝对远远大于益处。如果人们让现时的偏见和定见作为鉴别真理的标准，或者作为真理探讨所不能超越的界限，那我们就倒不如诚实一点，完全停办哲学系，取消科学院算了，因为实际上并不存在的东西，那也不应该让其有名无实地存在下去。

第四部分　对道德原始现象的形而上的解释

21. 如何理解这附加部分

在前文，我已证实道德推动力是事实存在的，同时也表明：惟独从这道德推动力才可产生出不带私心的公正和名副其实的仁爱；而所有其他的美德都是建立在这两大首要美德的基础之上。要为伦理学找出理据、基础的话，所有这些也就足够的了——只要我们的讨论是以可被证实的确存在的事实为依据，不管这些事实是在外部世界还是在意识之中，而不是像许多我的先行者那样，纯粹只是随意假设某一抽象的命题，然后就从这一命题引出道德的准则；或者就像康德那样，只用一个概念，亦即法则的概念，就可引申一番。由丹麦皇家科学院所提出的问题，在我看来似乎在这篇论文里已充分解答了，因为科学院所提出的问题针对的是伦理学的基础，而不是要求得到一套形而上学的理论，以便回过头来为伦理道德提供理据。但是，我知道得很清楚：我们并不仅仅以获得这样的解答而得到最终的思想上的满足和安宁。正如在从事所有现实科学研究时，到最后，我们所看到的就是原初或说基本的现象。我们虽然可以以这些原初现象去解释所有隶属于和出自这些原初现象的其他现象，但这些原初现象本身却仍然无法得到解释，对于我们仍然是一个不解之谜。同样，我们现在探索伦理学也不例外。在此，我们仍然需要有一形而上的学说，亦即需要对这些原初现象——这些原初现象总体加在一起，就构成了这一世界——作出一个最终的解释。这样的需要就提出了这一问题：为何这一存在的、我们所理解的现象是这样的一种情形，而不是另外别的样子；我所描述的性格现象是如何出自事物的自在本质的？的确，在伦理学，我们更加迫切地需要一个形而上的基础，因为无论是哲学体系还是宗教体系都对此意见一致：人的行为其伦理道德方面的深长涵义，同时也是形而上层面的深长涵义。这形而上的涵义扩展至事物纯粹现象以外、超出经验的可能，因此是与这世界的整个存在和人的命运密切相连的，因为存在的涵义最终所抵达的顶点肯定就是道德方面的。这一点得到了无可否认的事实的证明；在临近死亡的时分，每个人的思绪都朝着道德的方向，不管这个人是否信奉宗教的教义；每个人都会完全从道德的角度，不厌其烦地给自己所走过的一生作一总结。关于这一事实，古人所作的证词尤其具有分量，因为古人并没有受到基督教的影响。在据说是古代立法者扎勒科斯所写的、由斯托拜阿斯为我们保存下来的一段话中，已经明白表达这一事实了：

> 我们要留意我们生命临近完结的时分，因为人之将死，想到自己所做过的不公正的事情，都会心生悔疚；人是多么希望自己在一生中都是正直行事啊。

同样，在我想起的一个历史事例里面，伯里克利[1]临终躺在病床上，并不想听别人说起他一生中所成就过的大事，而只想知道他是否给任何一个公民带来悲痛（普卢塔克著《伯里克利传》）。除了这一例子，

---

[1] 伯里克利（Pericles，约前495—前429）：古代雅典最伟大的政治家。——译者注

我再举出另一相当不同的情形——我是在一份宣读给英国陪审团的陈词中读到这件事情的。一个 15 岁的粗野黑人少年在一艘船上与人打架时遭受重创。垂死之际，这个黑人少年急切地让人唤来了他的所有同伴，很想知道自己可曾在感情上伤害过或者侮辱过他们当中的任何一人。在得到否定的回答以后，这个黑人少年心头总算落下了一块大石。经验普遍告诉我们：在垂死之际，人们都希望与所有人达致和解。证实这一说法的另一类证据就是这一为我们所熟知的经验，对于自己所做出的智力成就，甚至这世上的第一流思想杰作，成就者都会乐意为此接受报酬，如果他能够获得这报酬的话。但对于自己在道德上所做出的了不起的事情，几乎每一个做出这种事情的人都会拒绝为此领取酬劳。尤其对于做出了伟大的道德行为的人，就更是这样。例如，当一个人冒着失去自己生命的危险，挽救了一个甚至几个人的生命的时候，那一般来说，尽管这个人是一位穷人，他仍然会不取任何报酬。这是因为他感受到：如果为此行为收取了酬劳，那他的行为所具有的形而上的价值就会因此而打上折扣。戈德弗立德·奥·毕尔格[1] 在《正直的人》的颂歌的结尾处，就为我们提供了这方面的文学描写。在现实生活当中，也经常发生同样的事情。我在英国报纸上也常常读到对这一类事情的记载。这些是普遍发生的事实，不分宗教之间的差别。正因为生活中有着这一无法否认的道德、形而上的倾向，所以，如果不对此倾向在伦理道德和形而上的意义上作出解释的话，那任何一个宗教都无法在这一世上立足，因为宗教是通过其伦理道德的一面在人的情感驻足。每一个宗教都把其教义作为每一个人都感觉到的、但却不明所以的道德推动力的基础，并且把教义与道德推动力如此紧密地联在一起，以致两者看上去似乎是不可分离的。事实上，教士们尽力把不信神和不道德混为一谈。这就是为何信神者把不信神者与道德败坏等同起来。这一点，我们可以从下面这些词

---

[1] 毕尔格（Gottfride August Bürger，1747—1794）：德国法学家、哲学家。——译者注

语中看得出来，因为"不信上帝者"、"不信神者"、"不信基督"的人、"异教徒"等是作为"品德恶劣"、"道德败坏"的同义词运用。对于宗教来说，由于从一开始就要求信众相信，无条件地要求甚至是夹杂着威胁要求其信众信仰其教义，这样，那些深奥的问题就得以轻松地敷衍过去。哲学体系在现正处理的问题上却并不轻松，因此，在检查所有这些体系时，就会发现不光是伦理学的基础、理据，就算是伦理学与某一既定的形而上学说的连接处，也一样是相当不尽人意。但伦理学需要得到形而上学说的支撑。这一需要是无法回避和拒绝的，我在本文的引言部分已经引用沃尔夫和康德的权威意见强调了这一点。

但形而上的问题却是让人们煞费思量的最困难的问题。许多的思想家甚至把形而上学的问题视为根本上就是无法解答的。在撰写本篇论文时，因为受到这自成一篇的专题论文的形式所限，我平白又多了一重特殊的困难。也就是说，我不可以从某一特定我所承认的形而上学体系出发，因为我要么必须详细阐述这一形而上学体系——这样做会占去太多的篇幅，要么把形而上学体系认定为理所当然的、肯定是没有问题的，但这样做是极其靠不住的。再者，由此可知，在这里就像在这论文的前半部分一样，我同样无法运用综合法，而只能采用解析法，亦即不能从根据引出结论，而只能从结论找到根据。这种迫不得已、只能在没有任何前提和假定的情况下展开论述，这种除了从每个人都普遍共有的角度进行审视以外别无其他办法的困难处境，使我阐述道德基础的工作平添了难度。甚至现在当我回头检视这篇文章时，那简直就像是表演了某一难度极高的魔术，情形就犹如徒手在空中做出了一样本来必须有某一结实支架或者承托物才可以进行的工作。但现在，在没有任何前提和假设的情况下，要对伦理道德基础作出形而上的解释，难度就越发加大了。我惟一能够想到的解决办法就是仅仅勾画出一个大概的轮廓就算了，更多地是约略提及，而不是详细地解释；那只是指出朝着目标方向的路径，而不是沿着这一路径一走到底；并且我只是大致上说出一小部分在其他情况下我在此可以悉数表达的东西。除了上述所说的原因迫使我要这样处理外，另一个理由就是这之前的部分已解答了丹麦科学院所提出的问题。所以，我在这里就这话题所作的额外阐述，已经超出了科学院的要求。这一附加部分我尽管提供给读者，读者诸君也就尽量一阅可也。

22. 伦理道德形而上的基础

现在，我们就要离开在此之前一直脚踏的经验实地，要在经验不可能抵达之处，寻找最终的理论上的满足。只要能窥见一点点蛛丝马迹、获得瞬间的一瞥，并以此得到某些满足，那我们就已经是幸运的了。虽然如此，我们不会舍弃的是在到此为止的考察中我们一直秉持的诚实态度。我们不会像那些所谓后康德哲学那样，只是满足于梦幻空想，只顾搬出一些不实的假话、用字词去吓唬别人、一味故弄玄虚迷惑读者。相反，我们许诺给读者的只是一点点的东西，但这些不多的东西却是我们诚实、认真献给读者的。

到此为止一直被我们用以解释事情的理由和根据，现在却成了我们要解答的问题。我指的是人们那与生俱来的、无法根除的天然同情心——这同情心已获证明就是产生并非利己的行为的惟一根源，也惟独只有这一类行为才具有道德价值。许多当代哲学家把好（善）（gut）和坏（bose）当作是非常简单的概念，亦即不需要、也无法作出解释。然后，这些哲学家在大多数情况下都深奥莫测、虔诚庄重地大谈某一善的理念，从这一理念就引申出他们那套伦理学的支撑理论，或者至少弄出一块遮丑布，以掩藏其伦理学理论的贫乏。面对这种情形，我有必要在此插入几句解释：这些好（善）、坏的概念可一点都不是简单的，更加不是先验给予的，而是表达了某种关系，这些概念是从最日常的经验中获得的。所有与某一意欲的奋斗和企图相符合的东西，对于这一个体意欲来说，就是好的，例如，好的食物，好的道路，好的预兆。与此相反的就是坏（schlecht）的，如果应用在生物身上，就换上另一"坏"的德语词（bose）。如果一个人由于自己性格的原因，并不愿意妨碍别人的奋斗和争取，相反，在力所能及的情况下，都会不吝相助，促成别人的好事，那这个人就被得到其帮助的人称为好人。所以，好的概念是从某一被动主体、从相对的和经验的视角出发，套用在一个人的身上。但现在如果我们探讨一个人的性格，并不只是在这人与别的关系而言，而是就这个人的性格本身，那我们从前文的论述就已经知道：对别人的苦与乐的直接同感和关注——其源头我们已认清就是同情心——就是产生出公正和仁爱诸美德的原因。但如果我们深入这个人性格的本质，那我们就明显发现：原因就在于在这个人的眼中，人、我之别并没有常人所看到的那样大。这种人、我之别对于恶毒的人是如此之大，对于他们，别人的痛苦直接就是一种乐趣；因此，恶毒的人在没有得到利益好处的情况下，甚至不惜损害自己的利益也要得到这种乐趣。在利己主义者的眼中，人、我之别的程度仍然大致这样：为了自己小小的利益，他们可以不惜以他人的痛苦作为手段，目的就是要得到这些利益。因此，对于这两种人来说，局限在他们肉身之中的"我"与除"我"以外的包括整个世界的"非我"，两者之间隔着一道宽阔、不可逾越的鸿沟，两者有着极大的区别。"只要我一人得生，哪管这世界沉沦和毁灭"就是这种人信奉的格言。相比之下，对于好人来说，这种人、我之别可没有那么巨大；在一些品德高尚的人的行为里，这种区别似乎消失了，因为这些品德高尚的人为了帮助别人得到幸福而牺牲了自己的幸福，因而把别人的"我"与自己的"我"一视同仁。如果能够拯救许多人，这种人甚至可以完全牺牲自己的"我"，为了多个生命而贡献出一己的生命。

读者可能会问，这后一种人对人、我关系的看法——这是善良之人的行为根源——是不是错误的，是不是基于某种的错觉？抑或与此相反的看法——自私和恶毒的人就坚持这种看法——才是错误的、是错觉所使然？

自私自利的人对人、我之别的看法，这构成了他们利己的根源，从经验上说是严格合理的。人、我之间的区别，根据我们的经验，似乎就是绝对的。使他人与自己分离开来的空间上的差异，也把他人的苦、乐与我相分离。在另一方面，首先需要指出的是：我们对自己本身的认识一点都不是已经透彻、清楚明白的。通过脑髓对感觉素材的直观，因此也就是以间接的方式，我们认识到那作为空间中物体的自己的肉身；透过内在的感觉，我们了解到了那持续不断的、经由外在动因刺激而起的渴望和意欲行为；最后还有我们意欲那多种多样、或强或弱的激动，我们所有内在的感觉都可以还原为这些意欲的激动。我们所认识的就是这些了，因为认知能力本身并不为我们所认识。在另一方面，这所有现象的底层和根基，我们内在的自在本质，那意欲着和认识着的本身，却是我们无法接触和了解的，因为我们只是向外察看，内在却是一片黑暗。因此，我们对自己本身的认识一点都谈不上完整、详尽和彻底；其实，这种认识还只是相当表面的。就其主要的和大部分而言，我们自己本身对于我们自己都是陌生不可解，是一个不解之谜；或者像康德所说的，

　　我只是了解作为现象的自身，而不是那自在之物。

至于那为我们所认识的另一部分，虽然人与人之间彼此完全有别，但由此并不可以得出结论说：在那大的和本质的、每个人都无法看见、都感到陌生的部分，人们也是彼此完全有别。就这一部分而言，起码有可能每个人身上的这些部分是相同的。

　　存在物（wesen）的多样性和数字差别究竟是由什么造成的？是时间和空间。惟有经过时间和空间的作用，多样性和差别才成为可能，因为所谓"许多"、"多样性"（viele），我们只能理解为要么彼此并列，要么分先后排列的表象。因为多个的同类就是各个个体，所以，我把时间和空间名为"个体化原理"，因为时间和空间使这"许多"、"多样性"成为可能，而不管这是否就是经院哲学家在选用这名称时心目中的精确涵义。

　　康德那令人惊叹的深刻头脑对这一世界作出了解释。在康德的这些

解释里面，如果有一些东西是真实和毋庸置疑的，那就是康德的超验美学，也就是关于时间和空间观念的学说。这一学说的理据是那样的清晰、透彻，人们根本不可能对此提出像样的异议或者反对意见。这一时间、空间观念的学说是康德的辉煌成就，我们可把这学说视为极少数已得到确实证明的形而上学说之一，是在形而上理论领域中的一大突破。根据康德的这一学说，时间和空间是我们直观功能的形式，是隶属于这一直观功能，而不是隶属于透过这直观功能所认识的事物；因此，时间和空间永远不会是自在之物本身的一种限定，而只能是属于这自在之物的现象——类似情形也只是在我们对外在世界的意识才惟一可能存在，而我们的意识受其生理条件所限。如果时间和空间对于这自在之物——亦即这世界的真正本质——是陌生的话，那多样性对于这自在之物也必然是陌生的。所以，在感官世界的无数现象之中显现出来的，只能是一样的东西：也只有那一样的、相同的本质才会在所有那些现象中显现出来。反过来说，那显现为多样的、因而是显现在时间和空间里面的东西，不可能是自在之物，而只能是现象而已。但作为现象的这种多种多样，也只是在我们那受到多方制约，并的确是取决于某种机体功能的意识中展现为多种多样。这种多种多样在我们的意识之外就不存在了。

　　这一学说告诉我们所有的多种多样只是表面上多种多样；在这世界上的所有个体当中，无论这些个体如何依次和同时展现为无限的数量，表现出来的仍只是相同、一样、在所有这些个体里存在着的真正存在本质。这样的一种学说，当然早在康德之前就已存在；我们甚至可以说：这种学说自古以来就有了。首先，这是这世界最古老的著作、神圣的《吠陀》里面的主要和基本思想，而《吠陀》的教义部分，或者更准确地说，深奥莫名的学说，则可在《奥义书》[1]中找到。在《奥义书》的

---

[1]《奥义书》是印度最古老的经典文献《吠陀》的最后一部分，其中多数是宗教、哲学著作。——译者注

几乎每一页，我们都可读到那一伟大的学说。作者不厌其烦地运用不计其数的名称和说法、采用多种多样的形象和比喻，重复阐明这些思想学说。至于这些思想学说也同样是毕达哥拉斯的智慧的基础——就算只是根据传下来的点点关于毕达哥拉斯哲学的报道而得出这一结论——那也是毫无疑问的。爱利亚学派[1]的差不多全部哲学也惟一包含在这些思想当中，这是众所周知的。在这之后，新柏拉图主义者对这些思想深信不疑，因为新柏拉图主义者教导说："由于所有事物的同一性，所有的灵魂都是同一的。"在 9 世纪，我们看到这些思想经由斯各图斯的帮助而出人意料地出现在欧洲，那是因为受到这些思想鼓舞的斯各图斯，把这些思想裹以基督教的形式和表达外衣。在伊斯兰教中灵气十足的苏菲[2]神秘学说中，我们重又看到这些思想。但在西方，乔尔丹诺·布鲁诺由于忍不住冲动说出了这一真理，而为此付出的代价就是充满耻辱和痛苦的死亡。尽管如此，我们也可看到，不管何时何地，只要这些思想一出现，那些基督教的神秘主义者就会身不由己、有违初衷地陷入其中。斯宾诺莎的名字与这些思想是联系在一起的。最后，时至今日，在康德摧毁了旧的思想教条以后，在世人看着仍在冒烟的废墟而目瞪口呆之际，那古老的思想经由谢林的无创造性的折中哲学又被再度唤起。谢林把帕罗丁[3]、斯宾诺莎、康德、雅可布·布默[4]等人的学说，与新的自然科学的成果糅合在一起，迅速组合成一个整体以暂时缓解他的同时代人的迫切需要；然后，谢林就变换着花样演奏着这一杂烩曲子。结果就是那

---

[1] 爱利亚学派是古希腊前苏格拉底时期最重要的哲学派别之一。——译者注
[2] 苏菲教派是伊斯兰教中神秘派别之一。教派试图通过直接体验真神以找到真理。——译者注
[3] 帕罗丁（前 269—前 203）：新柏拉图主义哲学家。——译者注
[4] 布默（Jakob Bohme，1575—1624）：德国哲学神秘主义者，文艺复兴和宗教改革后理性运动中最有影响的领袖之一，对后世唯心主义和浪漫主义运动有着深远影响。著有《曙光》等著作。——译者注

古老的思想得到了德国学术界的普遍承认和接受，甚至在只是接受过一般教育的人士当中，那古老的思想也几乎是普及传播开来。只有今天的大学教授是例外，因为这些教授肩负着抵制所谓泛神论的重任。这样，处于如此艰难和尴尬的地位，情急之下他们就一会儿搬出让人可怜的似是而非的论点，一会儿只顾倾泻浮夸之辞，希望以此可以拼凑成一件像样的体面外衣，以包装那些迎合上头意思的、强令人们接受的、又长又臭的哲学。一句话，"一与万物"在任何时期都是傻瓜的笑料，但却启发着智者无尽的思考。对这个思想的严格证明只能从康德的学说中获得，正如上文所说的那样，虽然康德本人并没有做出这样的证明，而是采用聪明演说家所采用的方式：只给出前提，然后把得出结论的乐趣留给他的听众。

因此，如果多样性和互相分离只是属于现象，在所有生物身上显现出来的是同一样的本质，那么，上述那种取消了人、我之别的看法就不是错误的了，与此相反的上述另一种看法才是错的。这后一种看法，印度人把它形容为纱幕（玛雅），亦即表面的假象、幻象。至于前一种观点，我们可以发现那就是同情现象的根源，并且同情的确就是这种看法的现实表达。因此，这种看法就是伦理学的形而上的基础；这种看法其实就在于一个个体在另一个个体的身上重又直接认出了自身，重又认出了自己的真实本质。因此，实践的智慧，亦即在实践中做出公正、仁爱的行为，与达到极致的理论智慧及其最深刻的教义殊途同归。那些实践哲学家，亦即做出公正和仁爱的行为、不念旧恶、宽大为怀的人，以其实际行动说出的也就是上述的同一看法和认识，而这一看法和认识是理论哲学家最深奥的思想与作出了最艰辛的探究所带来的结果。优秀的道德品质比所有一切理论上的智慧都要高出一筹，因为理论上的智慧永远都是不完整的，并且要经过很长的推论过程才到达目的地。优秀的道德品质一下子就抵达了这一目的地。具高贵道德情操的人，哪怕智力上平平无奇，仍然通过自己的行为清楚显示出他们具有最深刻的认识、最高级的智慧，并使思想的天才、知识渊博的学者相形见绌——如果这些天才和学者以自己的行为暴露出那一伟大真理其实与他们的内心格格不入的话。

个体化就是确实的，个体化原理和建立在这原理基础上的个体之间的区别就是事物的法则秩序。每一个体都从根本上有别于另一个体。我惟独在自身之中才有了我真正的存在，而其他别的一切都是'非我'，对于我来说都是陌生的。

这种认识的真实性，可由我们的骨、肉作证。这种认识是一切自我、利己主义的根源，每一缺少爱心、有欠公正或者用心狠毒的行为都是这种认识的现实表达。

个体化只是现象而已，是经由时间和空间而产生；时间和空间只是所有我的头脑认知对象的形式，是以我的脑髓认知功能为条件。因此，甚至个体的多样性和个体之间的差别纯粹只是现象而已，亦即只存在于我的表象之中。我的真实内在本质其实也同样直接存在于每一有生命的个体之中，虽然这一真实本质在我那自我意识中只向我显现出来。

在梵文里，表达这种认识的是"tat tvam asi"，亦即"这就是你"。这种认识以同情的形式迸发出来；因此，一切真正的亦即不是出于利己之心的美德行为，都是建立在同情心的基础之上，其现实表达就是所做出的每一善良的行为。我们在请求得到人们的宽容、饶恕和仁慈的时候，我们诉诸别人的，归根到底就是这种认识，因为诸如此类的请求就是提醒人们不要忘了这一点：我们所有人在本质上都是同一的。相比之下，利己、嫉妒、憎恨、迫害、刻薄、报复、残忍、幸灾乐祸等所依据的却是那上述另外一种的认识，并以那种认识安慰自己。我们在听闻一桩高贵行为时，之所以会有内心的感动和欢乐（如果是我们自己亲眼目睹这种行为，那就更加体会到这种感动和欢乐；要是我们自己做出这样高贵的行为，对这感动和欢乐则感受最深）归根到底在于这样的行为使我们确信，尽管个体化原理向我们呈现出多种多样和彼此分离的个体，但超越这些以外的，则是这些个体的同一性：这同一性实在地存在，甚至是我们可以接触得到的，因为这作为事实凸显出来了。

随着人们坚持这种或者那种的认识方式，人与人之间也就相应产生了恩培多克勒[1]所说的"爱"或者"恨"。但谁要是满怀无比的憎恨，深入其仇敌的最内心深处，那他会很惊讶地在其痛恨的对象身上发现自己本身。这是因为正如在梦里，我们藏身于所有所出现的人物当中，在醒着的时候也是同样的情形——虽然要看出这一点并不那么容易。"这就是你。"

在一个人的身上，到底是这种还是那种认识方式取得主导地位，不仅会反映在这个人的个别行为里面，而且还显现在这个人的意识和情绪的整个特征之中。因此，在一个好人那里，这些意识和情绪是和一个坏人身上的意识和情绪根本上不同的。一个心肠歹毒的人无论在哪里都会感觉到在自己与自己以外的一切之间有着一层厚厚的隔膜。对于这样的一个坏人，这一世界是绝对的非我，他与这一世界的关系根本上就是敌对的；这样，他的情绪的主音就是猜疑、嫉妒、憎恨、幸灾乐祸。相比之下，好人却生活在一个与其本质相一致的外在世界。他人对于好人来说并不是"非我"，而是"另一个我"。所以，好人与其他人的原初关系是友好的：他们感觉与所有其他人在内里是同源、相通的，他们会切身关注别人的苦与乐，同时也自信地假定别人也会切身关注自己的苦、乐。由此产生了他们内心深处的平和，以及那获得了安慰、宁静和

---

[1] 恩培多克勒（Empedocles，约前490—前430）：古希腊哲学家、政治家、诗人、宗教教师和生理学家。——译者注

满足的心绪。在他们周围的人都会受他们平和心境的感染而变得愉快起来。在遭遇困境时，卑劣、恶毒的人并不相信别人会施予援手；他们在请求别人给予帮助时，心里其实并没有多大的信心；一旦获得了别人的帮助，他们也不会真的有所感激，因为他们只会把别人所给予的帮助视为别人的愚蠢所致。这是因为这样的人还没有能力在他人的身上重又认出自身，虽然在他人身上的自身已经透过清楚无误的迹象显示了出来。这就是不知感恩的行为如此招人反感的真正原因。歹毒之人所无法逃避的、根本上必然面对的道德孤立的处境，很容易会让他们陷入绝望之中。好心肠的人在向他人求助时充满信心，因为他们意识到自己同样会乐于助人。这是因为：正如我所说的，对于坏心地的人来说，别人就是"非我"，对于好人来说，别人则是"另一个我"，那宽宏大量、原谅自己的敌人、以德报怨的人是品格高尚的，理应受到最高的赞誉，因为他们甚至在自己的那一内在本质受到断然否定之处，仍能把它认出来。

每一纯粹的善事，每一完全不带私心的帮助，亦即其动因完全就是他人的困境、痛苦，如果要对这些行为究本寻源的话，那这些行为的确就是神秘的，是实践的神秘主义，只要这些行为归根到底也是出于上述的那种认识——正是那种认识构成了神秘主义的内核——只要以任何其他方式都无法予以真正解释的话。当一个人在施舍他人的时候，没有丝毫其他别的目的，惟一的目的只是要缓解匮乏者的痛苦，那这样的事情之所以有可能发生，就全因为这个人透过匮乏者此刻的凄凉形体的表面，认出了自身，也就是在别的现象中重又认出了自己自在的本质。所以，我在前文把同情称为伦理学的最大神秘之谜。

谁为了自己的祖国而赴死，那就是摆脱了存在就局限于自己肉身的幻象。他把自身本质扩展至他的同胞——在他的同胞和这些同胞将来的一代的身上，他将继续活着，为他们发挥作用。这样，他就把死亡视为眼睛的眨动而已，而眼睛的眨动是不会让眼睛中断视物的。

至于那些把所有别人都当作是"非我"的人，的确从根本上只把自己视为真实的，别人则只是幻影而已；只有当别人成为帮助或者妨碍其达到目的工具时，别人才会在这些人的眼中有了某一相对的存在，这样，在自己与所有的"非我"之间就横跨着一道深沟——这样的人，完全就是存活在自己的肉身之中；他们会认为随着自己的死亡，一切现实、整个世界也就一并沉沦。相比之下，那些在所有其他人，甚至在一切有生命之物身上都瞥见自身的人，其存在因此就与所有有生命之物的存在融合了。他们在死亡的时候也就只是失去他们存在的一小部分，因为他们在所有其他生物的身上继续存在下去——在所有其他生物的身上，他们永远会认出和珍爱着他们自己的本质；同时，那使他们的意识与其他生物的意识相分离的幻象消失了。特别好的人和特别坏的人在面对死亡时，态度差别如此之大，就算这不是全部的原因，也起码是大部分的原因了。

在所有世纪里，外貌平凡的真理都得因其显得似是而非而脸红，但这不是真理自身的过错。真理并不像普遍谬误那样正襟危坐、不可一世，因为真理只能叹息着、静待它的守护神——时间。时间已经示意给予真理辉煌和荣耀，但这守护神灵的翅膀太大、拍动也太慢了，个体还没等到胜利的到来就死去了。我完全意识到，我这里对伦理道德原初现象所作的形而上的解释，对于受过教育的、习惯了接受完全另外一种伦理道德根据的西方读者来说，必然是荒谬的；尽管如此，我不能有违真理。相反，出于这方面的考虑，我能让自己做的，就是通过引用古人的话语以证明我所提出的伦理道德的形而上理论，早在数千年以前就已经是印度人智慧里面的基本观点。我指出这些古老的基本观点，一如哥白尼指出遭受亚里士多德和托勒密排斥的毕达哥拉斯的世界系统说。在《博伽梵歌》里面，根据奥古斯特·冯·施莱格尔的译文，是这样说的：

谁要在所有生命之中都看到那活着的最高神灵，就算这些生命死亡，那活着的最高神灵也仍存活，那他就是洞察者。这是因为无论在哪里都发现最高神灵的人，是不会因其肉身而伤害其真正的自身，因为他由此踏上了通往最高目标之路。

在约略提及了伦理学的形而上基础以后，我也就此打住这一话题，虽然在这形而上的领域里还可以再迈出一大步。但这样做的前提条件就是人们也得在伦理学本身往前迈出一步。这并非我所能做的，因为在欧洲，伦理学定下的最高目标仅是法律准则和道德学说。一旦越过这些范围，人们就要么一无所知，要么就不予承认。这种必然的忽略因而可以归咎于这一事实：上述草草勾勒出来的伦理学的形而上学说仍然无法让我们哪怕只是从老远处一窥形而上学整幢大厦顶部的拱顶石，或者说看到"神圣喜剧"的真正脉络。这些却不是这篇论文所要完成的任务，这不是我的计划要做的事情，因为我们不可能在一天之内就把话说完，并且也不应该回答问题以外的东西。

我们在努力增长人类知识和思想的过程中，总会遇上来自时代的抵抗和阻力，这些东西就像一块块沉甸甸的拦路石，人们费尽九牛二虎之力也难挪动其分毫。但我们只能以这一想法安慰自己：虽然偏见、定见在反对我们，但真理却站在了我们的一边；一旦时间——这一真理的同盟者——赶上来与真理汇合，那真理必定能够获胜。所以，胜利就算今天来不了，明天也会到的。

论 禁 欲

人的存在和本质要么是带有他的意愿（意欲），亦即取得他的同意和赞许，要么就是不带有他的意愿（意欲）。如果是后一种情形，那因不可避免饱受多种多样的苦难而变得痛苦和怨恨的存在，就是一种极大的不公正。古老的智者，尤其是斯多葛主义者，还有逍遥学派[1]和柏拉图哲学的学院派，都不遗余力地试图证明：美德足以使我们生活得幸福。人生经验却大声地反驳这一点。虽然那些古老哲学家并不曾清晰意识到自己的理据，但他们之所以如此极力宣扬他们的看法，其理据就是他们假定了这里面有其公正性：谁要是清白无过的，谁就会免除苦痛，那也就是得到了幸福。但严肃和深刻解决此难题的，却是基督教的这一教义：对于人来说，功始终难以抵罪；因此，虽然一个人作出了所有公正和仁爱的行为，因此也就是做出了希腊词的"善行"（αγαθου）、拉丁词的"美德"（honestum），但仍然就像西塞罗所认为的那样，并不就此"摆脱了罪咎"，而是"人最大的罪过就是出生了"——正如剧作家卡尔德隆[2]所表达的那样。卡尔德隆受到了基督教的启发，他这句话所包含的见解，明显比上述那些智者的看法更为深刻。因此，也只有那些认

---

[1] 人们经常以"逍遥学派"形容亚里士多德学派的哲学，因为亚里士多德和他的门徒多在学园的花园和门廊，一边散步一边讨论和探究哲学。——译者注
[2] 卡尔德隆（Pedro Caiderón de la Barca, 1600—1681）：西班牙剧作家、诗人，是继洛佩·德·维加之后，西班牙黄金时代最著名的剧作家。著有《人生如梦》等作品。——译者注

为人是来自无物、是别的生物的作品的人，才会认为这一观点（人们来到这一世上已是负有罪疚）是荒谬的。所以，由于这一罪疚的缘故——这一罪疚必然是来自他的意欲——尽管一个人的行事都合乎美德，但仍然非常合理地饱受肉体和精神上的痛苦，因而就是不幸福。这是一种永恒正义所使然；这一永恒正义我在《作为意欲的表象的世界》第1卷第63页已谈论过了。但就像使徒保罗（《致罗马人书》3，21）、奥古斯丁和路德所教导的那样，功并不足以抵罪，因为我们本质上和始终都是罪人——这一道理归根到底是因为这一事实：因为"先有本质，后有本质的发挥"，所以，如果我们做出我们应该做出的行为，那我们也就必然是我们应该是的样子；那样的话，我们就不需要获得解救，不需要摆脱我们目前的状态了，而摆脱目前这种状态，获得解救，不仅是基督教所说的最高目标（用英语表达，则是"final emancipation"——"最终的解放"），而且也是婆罗门教、佛教所宣传的最高目标；也就是说，我们就不需要成为与我们目前并不一样，甚至是恰恰相反的那种样子了。正因为我们就是本不应该是的那种人，我们才会必然做出我们本不应该做出的事。因此，我们所需要的就是对我们的感官和本质来一个完全、彻底的改变，亦即需要一种重生，其结果就是解救。虽然罪疚在于做出行为，在于发挥，但罪疚的根子却在于我们的本质和存在（essentia et existentia），因为是有了本质以后，才有这些本质的发挥。这些我在《论意欲的自由》里已经阐明。因此，原罪就是我们惟一的真正罪疚。虽然基督教神话只是告诉我们，人存在了以后产生了原罪，并为了自圆其说而瞎说人具有犯下原罪的自由意愿（这实在是不可能的），但这只不过是神话而已。基督教的内核和精神与婆罗门教和佛教的内核和精神是一样的，这三者都旨在教导我们，人类由于自己的存在本身就已招致了深重的罪孽。只不过基督教在宣讲这一道理时并不像另三个更古老的宗教那样直截了当，也就是说，基督教并没有说罪孽完全就是由存在本身而来，而是认为罪孽是出自人类第一对配偶的一桩行为。这也只有在"人

194

无须根据、原因就可以自由、任意作出选择"这一假设的前提条件下才是可能的；也只是因为犹太教基本教义的缘故，才有必要给出这一说法，而基督教的学说是移植到犹太教里面的。根据真理，正因为人的产生本身恰恰就是他自由意欲的行为，并因此与原罪是一样的事情，正因为原罪是连同人的本质和存在一道出现的——所有其他的不过就是这原罪的结果而已——而犹太教基本教义却不允许这样的说法，所以，奥古斯丁在其《论自由意欲》教导我们说，只有在偷吃禁果之前的亚当才是无罪和拥有自由意欲的；但自那以后，他就陷入罪孽的必然性之中。《圣经》意义上的律法，总是要求我们改变我们的行为——但我们的本质却始终保持不变。正因为这种事情是不可能的，所以，保罗说，没有一个人在律法面前可以为自己释罪；只有通过获得赦免，在耶稣基督那里得到重生，只有经过这样的脱胎换骨（亦即气质、品性的根本上改变），我们才可以脱离罪孽的状态，获得自由和解救。这就是基督教的神话，在此涉及的是伦理道理方面的涵义。当然，把这一神话嫁接在一神论的犹太教的话，那这一神论就必须得到某些相当怪异的补充才行。而这一因偷吃禁果而堕落人间的寓言正好惟一可供嫁接那古老印度的枝权。正是这种勉为其难的自圆其说，使基督教的神秘之谜才有了一副如此古怪、违犯常理的样子；这就加大了让别人皈依的难度。所以，因为没有能力理解其深奥含意，贝拉基主义，或者说理性主义，就反对那些神秘之谜并试图对其胡乱解释、打发了事。这样做也就把基督教还原为犹太教了。

撇开神话、直截了当地说吧：只要我们的意欲维持不变，那我们的世界就不会是另外别的样子。虽然所有人都希望能脱离痛苦和死亡的状态，得到解救；就像人们所说的，他们都想达到永久极乐，进入天国。但仅靠他们自己的双腿却是无法登上天国的。人们就希望借助大自然的进程被带进天国。可惜这是不可能的事情。因为大自然只是我们意欲的映像和影子。所以，虽然大自然永远不会让我们化为无物，但大自然除了始终让我们重回大自然的怀抱以外，不会把我们引往另外别的地方。作为大自然的一部分是多么的艰难和危险——这是每个人在自己的一生和死亡都可经历到的。因此，生存确实应被视为某种步入迷途，从这迷途折返就是解救。生存无一例外地带有这一特征。因此，古老的印度宗教就是在这一意义上理解生存的，真正的和原初的基督教对生存也是如此理解，虽然后者在如此理解时，绕了一个圈子。甚至犹太教本身也至少在亚当犯下原罪、痛失天堂的神话里包含了这一观点的种子（这是犹太教的惟一可作弥补之处）。只有希腊的异教和伊斯兰教是完全乐观的；所以，在希腊异教那里，与乐观主义相反的倾向就至少在悲剧里得到表达；在伊斯兰教那里，作为最新的同时也是最糟糕的宗教，与乐观主义相反的倾向就由苏菲教派这一奇葩表达出来——苏菲教派的精神和源头彻头彻尾是印度的，到现在为止已存在了超过一千年的时间。事实上，关于我们存在的目的，除了这一认识以外，亦即如果我们不曾存在就更好，人们再也提不出其他什么观点。但这一认识可是一切真理中的最重要的真理，所以，必须把这一真理表达出来——尽管这一真理与现今欧洲的思维模式是那样的格格不入。相比之下，在整个非伊斯兰教的亚洲[1]，这一真理却是普遍公认的基本真理，在三千年前是这样，时至今日仍是这样。

现在，如果我们对生存意欲从整体上客观地进行审视，根据以上所言，我们就要把生存意欲理解为处于虚妄或说错觉之中，迷途知返，亦即否定其所有挣扎和努力，就是各宗教所形容的否认自身，是《马太福音》：16，24所说的"不再拥有自己"，因为真正的自己是生存意欲。因为美德，亦即公正和仁爱，正如我已表明了的，如果是纯粹的话，那就是因生存意欲看穿了个体化原理，并在所有其他现象中重又认出自身所致，所以，美德首先就是一道迹象——这一迹象表明了：现象中的意

[1] 原文如此。——编者注

欲已不再完全受困于上面所说的虚妄了；幻象其实已经开始破灭了。这样，我们就可以采用这一比喻的说法：意欲已经准备振翅飞越自身。反过来，不义、卑劣、恶毒则标示着相反的情形，亦即标示着现象中的意欲深深地囿于虚妄而无法自拔。其实，美德就是帮助否认自身，因此也就是帮助否定生存意欲的一种手段。这是因为真正的诚实，始终不渝地保持公正——这一首要和最重要的美德——是如此困难的一个任务，谁要是无条件地、发自内心地信奉这一美德，就得为此作出牺牲，就得失去使生活变得有声有色的甜美享受；这样做也就可以使意欲回头是岸，亦即引导出死心断念、无欲无求。但正是为实践公正所付出的牺牲，使公正之一美德受人敬重，因为如果这一美德只涉及无关痛痒的小牺牲，那是不会得到别人的敬佩的。这一美德的实质就在于公正的人并不会把与生活须臾不离的负担和痛苦，通过玩弄狡猾或用使用强力，转嫁到别人的身上，就像那些不义者所做的那样；而是自己扛起命运给予自己的那一份负担和痛苦。这样，公正之人就得不打折扣地承担起人生所应有的全部祸害和磨难。这样，公正这一美德就成了帮助否定生存意欲的手段，因为困顿和苦难，这些人生的宿命，就是生存意欲所带来的，但困顿和苦难却可以引导我们走向死心断念。与公正美德相比，更进一步的仁爱美德当然是更快捷地到达同一个目标，因为由于仁爱这一美德，我们甚至把本来落在别人肩上的苦难也接了过来，使自己得到了比在正常情形自己个人所要承受的更多份额。心怀仁爱的人，在其他每一个人的身上重又认出了自己的本质。这样，心怀仁爱的人就把自己的命运与人的总体命运等同了起来。但人的总体命运却是沉重和残酷的，那是挣扎、受苦和死亡的命运。因此，谁要是通过放弃每一意外获得的好处，愿意承受人的总体命运，那他也不会对此乐此不疲，因为对生及其乐趣之依依不舍很快就会消失，很快就会让位于全面的无欲无求。这样，否定意欲就随之而至。据此，正因为由于完全奉行公正和仁爱的美德已经为我们带来了贫穷、匮乏和各种各样特别的痛苦，所以，许多人就摒弃最狭窄意义上的禁欲和苦行，认为这些苦行纯属多余。这些人或许还是对的呢。这些禁欲和苦行也就是放弃所有的财产，有目的地自寻让人不适和不快的东西，穿着粗呢衣服，自我折磨，节食禁欲。公正本身就是一件粗呢衣服，它使公正者总是承受着辛苦；而仁爱则是把所需的东西施舍给别人，这让仁爱者总是处于忍饥挨饿的状态。[1]正因为这样，佛教是没有那些严格和过火的禁欲和苦行，亦即没有那些有目的的自我折磨，而这些东西在婆罗门教却扮演着重要的角色。佛教只是满足于要求僧侣独身，甘于贫穷，谦卑和服从，戒绝肉食和所有一切世俗的功名利禄。再者，正因为美德所引往的就是在此所指出的目标，所以，吠檀多哲学说得很对：在有了真正的认识及其引出的结果——完全的无欲无求、死心断念——以后，亦即在出现了再生以后，那在此之前的行为是道德的抑或不道德的就无关重要了；并且吠檀多哲学引用了婆罗门教徒经常引用的话语，"（谁要是一睹至高、至深的道理）心结尽开，疑虑尽释，所做的一切尽成泡影"。许多人对这种观点感到格格不入，因为对这些人来说，到天堂领取奖赏、下地狱遭受惩罚——这在解释人的所做所为在伦理涵义方面，更加令人满意。温迪什曼[2]就是这样的例子，因为甚至善良的温迪什曼在解释上述学说时，也厌恶地提出反对。虽然如此，谁要是有能力直达问题的根源，就会发现这一学说是与基督教的学说并行不悖的，尤其是路德所坚定提倡的基督教教义，亦即功并不足以抵罪，得到解救只能通过随着主的恩赦所获得的信仰；所

---

[1]只要人们承认有禁欲、苦行这种事情，那我在《论道德的基础》一文列出的人的行为的基本推动力（亦即1. 愿望自己快乐；2. 愿望别人痛苦；3. 愿望别人快乐）就得补上这第4中基本推动力：愿望自己痛苦。我在此顺便提到这一点，只是为了系统上的更加连贯。在《论道德的基础》中，因为有奖征文所提出的问题具有新教欧洲盛行的哲学伦理学的涵义，所以，这里所说的第4种基本推动力我就略而不提了。——叔本华注

[2]温迪什曼（1811—1861）：德国学者，对《圣经》、东方思想和学说均有研究。——译者注

以，我们永远无法通过自己的所为而释罪，而只能通过耶稣基督为我们赎罪而获得宽恕。更有甚者，我们可以轻易看出，缺少了这些看法的话，基督教所罗列的就是众生遭受无休止的惩罚，婆罗门教所告诉我们的则是众生没完没了的转世轮回；这两种宗教因而都不会有解救之道。罪孽行为及其后果必须在某一时间要么通过获得赦免，要么通过自身有了更好的认识，而一笔勾销。否则，这一世界是没有得救的希望的。获得解救以后，那些罪孽就无关紧要了。这也就是《新约》上说的"对罪孽的忏悔和赦免"，是已经从墓穴起来的基督对其门徒最后作出的宣告，是交付这些使徒的使命的总括（《路加福音》：24，47）。美德恰恰不是最终的目标，而只是迈向最终目标的一个梯级。这一梯级在基督教神话里是以偷吃分别善恶树上的果子标示出来，道德上的责任也就与原罪同时出现了。这原罪本身其实就是肯定生存意欲，而否定生存意欲——这是由产生了更高的认识而来——则是解救。因此，在肯定和否定生存意欲两者之间，就是美德情操和美德行为，这些伴随着一个人犹如灯光伴随着他从肯定生存意欲走向否定生存意欲；或者用神话来表达，在原罪出现以后，美德就是通过信仰神的化身，而终于获得解救；又或者根据《吠陀》的学说，经过所有的转生轮回——这些都是每一世所作所为的因得出的果——直到终于获得开悟，及与开悟相伴的最终的解救，亦即与梵（众生之根）的再度结合。佛教徒完全坦白地以否定意义的涅槃，形容得救的情形。那是关于这一世界或说关于这一"轮回"的否定性的表达。用"无"这一概念来形容涅槃，那只是表示了：生死相续的轮回并不包含任何成分可作定义或者建构涅槃之用。正因为这样，只是在名称上与佛教徒有别的耆那教教徒，把信奉《吠陀》的婆罗门教教徒称为"萨达婆罗门"——这一绰号的意思就是婆罗门教徒相信那些只是听来的、无法知道也无法证明的东西（《亚洲研究》第6卷，第474页）。

一些古老的哲学家，诸如奥尔甫斯[1]、毕达哥拉斯的信徒、柏拉图等，就像使徒保罗那样，为灵魂与肉体不可分离而哀叹，渴望能从这种灵与肉的纠缠中解放出来。只要我们从《作为意欲和表象的世界》第2卷认识到，身体就是意欲本身，是作为空间的现象为我们所客观观照，那我们就会明白上述古老哲学家的哀叹的真正含意。

在死亡的时分，决定了濒死之人是即将回到大自然的怀抱，抑或将不再属于这一大自然，而是……要形容这一对比的情形，我们并没有任何图像、概念和字词。这恰恰是因为图像、概念和字词是来自意欲的客体化，因此是属于这意欲的客体化。所以，与这意欲客体化绝对相反的情形是没有办法表达出来的，因此，这种相反情形对于我们来说始终只是一种否定性的表达。与此同时，个体的死亡都是大自然向生存意欲重又不厌其烦地提出的询问："你受够了吗？你想逃出我的手掌心吗？"这种询问相当频繁，因为个体的生命是那样的短暂。应该在这一意义上理解婆罗门教徒在死亡时分所进行的仪式、祈祷和告诫——这些就保存在《奥义书》中多处地方。同样，基督徒是那样关注妥善应用死亡来临之前的时间，以便完成告诫、忏悔、受圣餐和最后一次涂抹香油等。所以，在基督徒的祈祷里，他们希望免遭突然的死亡。至于时至今日，许多基督徒却恰恰希望能有这样的迅速、瞬间的了断，那只是表明了这些基督徒已不是站在基督徒的立场上了，因为基督徒的立场观点就是否定生存意欲。他们其实已经站在了肯定生存意欲的立场，而这立场是属于异教的。

但是，谁要是认清了自己本就已经是无，并因此不再关心自己个体的现象，那就最不会害怕死了以后化为无。因为在这个人的身上，认识力就好比是把意欲燃烧净尽了，这样，再没有剩下多少意欲，亦即欲望，去关注和追求个体的存在了。

---

[1] 奥尔甫斯（Orpheus）：传说中的希腊歌唱家和预言家。——译者注

个体性可以说首先是寓于智力——反映现象的智力属于现象，而现象则以个体化原理作为形式。但个体性也寓于意欲，只要这一性格是个体性格；但个体性格本身将在否定意欲时一举消除。也就是说，只是在意欲肯定自身，而不是否定自身的时候，个体性才是寓于意欲之中。每一纯粹的道德行为之所以有其神圣性，就是因为这样的行为，归根到底是出自对众生内在同一性的直接认识。但要真正体会到这种内在的同一性，那必须是处于否定意欲的状态下（涅槃），因为肯定意欲（即轮回）的话，那同一性就会以复杂多样的现象形式表现出来。对生存意欲的肯定、现象的世界、众生各自有别、个体性、自我、仇恨、卑劣都是出自同一个根源。同样，在另一方面，自在之物的世界、众生的同一性、公正、仁爱、否定生存意欲也是出自同一个根源。如果美德已经是出自对众生同一性的认识——我已充分表明——而这种同一性并不存在于现象里面，而是存在于众生的根源，那么，美德的行为就是暂时越过了界线，而否定生存意欲则是永久越过这一界线、永久的返回。

从上述得出的推论就是，并没有任何根据可以让我们认为，在这世上还存在着比人的智力还要高的智力。这是因为我们可以看到，人的智力已经足以为意欲带来认识——凭藉这一认识，意欲就可以否定和取消自身；意欲否定自身的话，个体性和智力，纯粹作为为个体和动物本性服务的一道工具，也就一并消除了。这一观点并不太过让人难以接受，如果我们考虑到下面这一事实，试着要假设出那有可能存在的完美智力，我们也可以说是无能为力，因为我们无法想象这一完美的智力可以坚持熬过无穷无尽的时间，因为这段无了期的时间太过贫乏了，根本无法向这种智力不断提供新奇的、配得上这一智力的东西。也就是说，正因为所有事物的本质根本上都是同一的，所以，所有关于这一本质的知识必然都是同义重复；一旦把握了同一性质——最完美的智力很快就可以做到这一点——那在无尽的时间里，除了只是不断重复以及由此而来的单调、无聊以外，还能剩下些什么？因此，甚至只是从这一角度考虑，我们也会回到这一看法：所有智力的目的只能就是针对某一意欲所做出的反应；正因为所有意欲活动都是一个错误，所以，智力的最终目的始终就是取消意欲活动——而在实现这一最终目的之前，智力的目的就是为意欲服务。据此，那可能有的最完美的智力，也只不过是一个过渡性的阶梯，其通往的目的地是任何智力都无法抵达的；事实上，这样的一种智力，在本质上只是和瞬间获得的完美的认识差不多。

与所有这些思考以及我在《作为意欲和表象的世界》第 2 篇里所表明的事实（亦即智力本来是出自意欲，因为智力是为帮助意欲实现目标服务，并以这样的方式映照出那在肯定自身过程中的意欲，而真正的解救全在于否定意欲）不谋而合的，就是我们可看到所有的宗教，在其顶点都会以玄思、冥想、神秘主义告终，亦即演变为幽暗和晦暝，而这些玄想和神秘主义真正说来只是指示了一处对认识力而言是空白的地方；也就是说，到达了这一领域，一切认识都必然终止了。因此，这些东西对于我们的头脑思维，只能以否定来表示，但对于感觉直观，则可以用象征符号表达；在庙宇里，透过昏暗和静谧来传达其特性，在婆罗门教里，则甚至通过要求信众中止所有的思维和直观活动，在内心默念神秘的"嗡"以便返回自身的最深处。[1] 最广泛意义上的神秘

---

[1] 如果我们记住，我们所有的知识具有的形而下的特性，这是因为我们的认识力是次要之物、纯粹是为意欲的目的服务，那对此现象的解释就是所有宗教的神秘主义者最终都会达到某种的心醉神迷。在达到这种状态时，所有的认知及其基本形式，主体和客体都完全停止了，也只有到了这一超越一切认知的另一领域，神秘主义者才敢肯定达到了他们的最高目标，因为他们已经达到没有主体和客体，因此也就是没有认知的境界。这恰恰是因为此时已没有了意欲，而为意欲服务本就是认知的惟一使命。

谁要是明白了这一点，就不会再把静坐、凝视自己的鼻尖、一心驱除杂念的托钵僧视为极度癫狂，或者不会对《奥义书》中的一些段落大惊小怪，因为那些段落给予我们指引，要我们默念从内在发出神秘的"嗡"声，沉浸于没有了主体和客体及一切认知的内在深处。——叔本华注

202

主义就是某种的指引手段——它帮助我们直接领悟到无论是直观还是概念都无法抵达的地方，亦即知识无法涉及之处。神秘主义者与哲学家构成了对照，因为神秘主义者是以内在为出发点，而哲学家的出发点则是外在。也就是说，神秘主义者从自己内在、肯定、个体的体验出发；透过这些体验，神秘主义者发现自己就是永恒的和惟一的存在物，等等。神秘主义者的这些体验和发现，却是无法传达给别人，除了宣称一些只能让我们姑且相信的说法以外。所以，神秘主义者无法让别人心服口服。相比之下，哲学家却从每一个人所共有的、每一个人眼前所见的客体现象出发，从每一个人的自身意识的事实出发。哲学家的方法因此就是对所有这些现象和事实进行思考，对在这些材料中的事实论据进行组合。正因此，哲学家可以让人信服。所以，哲学家应该慎防采用神秘主义者的方法，如不要擅发什么智力直观的断言，或者据称是直接的理智领悟，以试图把一些与所有知识绝缘的、顶多只能用否定表示来形容的东西，绘声绘色、当作是肯定和实证知识一样表达出来。哲学的价值和优点就在于拒绝所有缺乏根据的假设和看法，所接受的资料和证据只能是那些在直观所见的外在世界，在我们把握这世界的智力构成形式，以及在所有人都有的对自身的意识，都可以确切得到证实的东西。因此原因，哲学必须是宇宙学，而不能成为神学。哲学的课题必须局限在这一世界：从各个方面阐述这一世界是什么，其深邃的内在是什·么——这些就是哲学老老实实所能做出的工作。据此，我的学说在到达其顶点时，自然就带上了某种否定的特质，因而是以某种否定表示作为··结束。也就是说，在所到达的顶点处，就只能谈论所要否定、所要放弃的东西，但以此换来的、所能得到的到底是什么，我的哲学（在《作为意欲和表象的世界》第 4 篇的结尾）只能勉强形容为无，最多只能稍加安慰地认为，这一无只是相对的，而不是绝对的。这是因为如果某些东西并不是我们所能知道的，这对于我们确实就是总而言之的无。由此不可以推论：这是绝对的无，亦即无论从哪个可能的角度审视、在各种可

203

能的意义上都必然是无。我们只能说，对此我们只局限于完全是否定性的认识——而这很有可能是因为我们角度的局限性所致。神秘主义者正好是从这里肯定地出发；所以，从这里开始，除了神秘体验以外，再无其他。谁要是希望得到一些关于否定性认识的额外补充——惟有哲学才能把我们引往这种否定性认识——那在《邬布涅伽》、柏罗丁的《九章集》，在司各图斯[1]、布默著作的部分段落中，尤其是在德·居伊昂夫人[2]奇妙的《奔潮》、安吉奴斯[3]的作品、苏菲派的诗歌（图卢克为我们提供了一本拉丁文译集和另一本德文译本）以及许许多多的著作里，我们可以找到这一类作品最美丽和最丰富的代表。苏菲教派是伊斯兰教的诺斯替（神秘直觉）派，因此，萨迪[4]也用了一个字词形容苏菲教派——那一字词翻译过来的意思就是"洞烛幽微"。一神论考虑到大众的能力，认为我们生存的最原初的源头是在我们的自身以外的某一客体。所有神秘主义宗教，还有苏菲教派，则在进行仪式或授予圣职的不同阶段，慢慢地把生存的最初源头引回到我们作为主体的自身。信徒们最终就会惊奇和欢乐地认识到：自己本身就是这一原初源头。关于这一所有神秘主义者都共有的体验过程，我们可在德国神秘主义之父埃克特大师的著作中找到描写：这不仅见之于这一告诫追求完美的苦行者的准则——"不要在自身以外寻找上帝"（《埃克特著作》，普法夫编，第1卷，第626页）——而且也以下面这一方式极其纯朴天真地表达出来：埃克特精神上的女儿在自身体验到了那种转变以后，找到了

---

[1] 司各图斯（约810—877）：德国神学家。——译者注
[2] 德·居伊昂夫人（1648—1717）：法国奥秘神学家，著作家。提倡静修主义，从而成为17世纪法国神学论争中的中心人物。静修主义主张极端无为，使心灵甚至对永世救恩也无所反应，以免取代上帝的作为。——译者注
[3] 安吉奴斯（1624—1677）：波兰神秘主义诗人。——译者注
[4] 萨迪（Sádi，1208—1292）：波斯诗人。著有《果园》等作品。——译者注

埃克特，高高兴兴地冲他喊道："大师，与我一道欢乐吧，我已成上帝了！"（同上书，第465页）苏菲教派的神秘主义者也普遍以同样的神韵表达自己，主要沉浸于这样的意识：我们自己就是这世界的内核，就是所有生存都要返回的源头。虽然苏菲教派也经常会有要求，要人们放弃所有的意欲活动，因为只有这样才有可能从个体的存在及其痛苦中获得解救，但这些要求并不那么重要，并且那都是容易做得到的事情。相比之下，印度教的神秘主义，对放弃意欲的要求却是强烈得多。而在基督教神秘主义那里，这方面的要求则是首位重要的，以致那作为所有神秘主义核心的泛神论意识，在此只变得次等重要了，只是作为放弃一切意欲、作为与上帝联合以后的结果。与这种理解方式方面的差别相应的是，穆罕默德神秘教派具有相当快乐的特征，基督教神秘主义则具忧郁和痛苦的特性，而高于这两者的印度教神秘主义，则在这方面界乎两者之间。

寂静无为主义（亦即放弃一切意欲活动）、禁欲主义（亦即有目的地抑制自己的意欲）和神秘主义（亦即意识到自己的本质与所有事物，或者说，与这世界的内核是同一的）互相密切关联；这样，谁要是信仰了这其中之一，就会慢慢在潜移默化之中，甚至在非自己所愿的情况下接纳其他两者的看法。陈述上述不同学说的不同作者，彼此却是惊人的一致——还有什么比这更让人感到奇怪的吗？尤其是这些作者相互间在年纪、地域和宗教方面都存在极大的差别。此外，这些不同的作者在陈述自己的确实内在体验时，都是坚定不移，充满发自内心的自信。他们并没有组成某一教派，并没有谨守、捍卫和宣扬理论上合他们口味、已为他们认定了的教条。其实，他们互相大多并不认识。可以说，印度教、基督教和穆罕默德教派的神秘主义者、寂静主义者和禁欲主义者，在其他各个方面都是不一样的——除了其学说的内在涵义和精神是彼此相同和相通以外。一个至为明显的例子就是德·居伊昂夫人的《精神奔流》与《吠陀》学说相互间的大同小异，尤其是前者与《邬布涅枷》

（第 1 卷，第 63 页）的一个段落之间的比较：《邬布涅柳》的这一段就包含了《奔潮》的内容，篇幅虽然简短，但却精确地甚至以同样的比喻表达了相同的内容。而德·居伊昂夫人是不可能在 1680 年就知道《邬布涅柳》的。在《德国神学》（惟一的没有破损的版本，斯图加特，1851）的第 2 章和第 3 章写道，魔鬼和亚当的堕落就在于魔鬼，还有亚当，给自己用上了主格的"我"、宾格（第 3 格和第 4 格）的"我"、所有格的"我"等多个词语；在第 89 页上写道："在真爱里面，是没有主格的'我'、宾格的'我'、物主代词的'我'、主格的'你'、物主代词的'你'等诸如此类的词语"。与此相吻合的是，在《库拉尔》（由格劳尔翻译自泰米尔语）的第 8 页，"那指向外在的激情'我'（所有格）与指向内在激情的'我'（主格）停止了"（346 首诗）。在斯宾塞·哈代所写的《佛教手册》第 258 页，佛陀说："我的徒弟们，不要老是想到我（Ich）就是这，或者这是属于我的（mein）。"如果我们撇开外在环境所带来的形式，深入事物的根源，那我们就会发现释迦牟尼佛和埃克特大师向我们教导的其实是同一样的东西，只不过释迦牟尼佛大胆直截了当地表达自己的思想，而埃克特大师却不得不把自己的思想以基督教的神话外衣包裹起来，借这些神话表达自己的意思罢了。事实上，对于埃克特来说，基督教神话不过就是一种比喻的语言，就跟新柏拉图主义者对待希腊神话差不多。埃克特始终把基督教的神话作寓言之用。在这一方面，值得注意的是，圣·佛朗西斯放弃财富，转而过着乞丐生活的做法，是与佛祖释迦牟尼所跨出的更大一步（释迦牟尼是从太子变为出家修道）完全相似的。据此，圣·佛朗西斯的一生，以及他所创立的团体，过着的恰好就只是某种印度遁世者的生活。的确，在此值得一提：圣·佛朗西斯与印度宗教精神的关系同样反映在圣·佛朗西斯对动物的热爱、与动物的频繁接触和交往以及他所给予动物的"兄弟"、"姐妹"等称号上面。他的优美的诗歌通过赞颂太阳、月亮、星星、地、水、火、风，证明了圣·佛朗西斯那与生俱来的印度精神气质。

甚至基督徒的寂静主义者也肯定是经常对同道中人并不知晓，或者知道得很少，例如，就像莫利诺斯[1]和德·居伊昂夫人对陶勒[2]和《德国神学》并不了解，或者吉什特[3]对摩里奴斯和德·居伊昂夫人也不认识。同样，这些人在文化修养上的巨大差别对于他们所教导的学说并没有什么本质上的影响，例如，像莫利诺斯那样的一些人很有学问，其他像吉什特等许多人则没有受过多少教育。他们的学说那惊人的内在相互一致，透过他们那坚定、确实的表达，更加证实了他们所说的是发自真正的、内在的体验：这一体验虽然不是每个人都会有的，而是只有为数极小的异秉者才可获得，这种体验因此就有了"得到恩宠"的名称——虽然这样，但这种体验的真实性却是毋庸置疑的。理由在上面已经说了。要明白所有这些东西，我们就必须阅读那些神秘主义者的作品，而不能满足于只是阅读来自二手的报道，因为一定要明白了他们以后才可以对其作出评判。所以，要了解寂静主义的话，我特地推荐埃克特的著作《德国神学》、陶勒、德·居伊昂夫人、安托奈特·布里尼翁[4]、约翰·班扬[5]、莫利诺斯、吉什特等人的作品；而要了解严肃、认真的禁欲主义的话，那作为证明和例子，我们有由罗什兰编的《帕斯卡尔的一

---

[1] 莫利诺斯（1628—1696）：天主教神父，因鼓吹极端的寂静主义而被视为异端，受到天主教会的谴责。——译者注
[2] 陶勒（John Tauler，约1300—1361）：基督教多明我会修士，与M.爱克哈特和H.苏索同为莱茵兰一带的主要奥秘修行家。——译者注
[3] 吉什特（1638—1710）：荷兰神秘主义者。——译者注
[4] 布里尼翁（1616—1680）：法国女奥秘神学家、宗教热情分子。自信是圣经《新约·启示录》第7章中所说的"身披日头的妇人"。她是天主教徒，自发地隐退苦修并管理孤儿院，由于她不相信人性和生性粗暴专横而归于失败。她抨击任何形式的宗教组织。——译者注
[5] 班扬（John Bunyan，1628—1688）：英国清教徒牧师和传道士，著名的清教主义著作《天路历程》一书的作者。——译者注

生》以及罗什兰所写的《皇家港的历史》、蒙塔朗贝尔伯爵[1]的《圣伊丽莎白传》、夏多布里昂[2]的《朗塞的一生》等。这些都是值得一读的书。属于这一类的重要作品远远不止这些。谁要是读过这些著作，并且把这里面的精神，与串穿于婆罗门教和佛教、在其所有典籍的每一页都表达出来的禁欲主义和寂静主义精神作一比较，就会承认：每一种哲学，如为了保持一致、避免自相矛盾而摒弃上述的整个思维模式，那就只能把上述思维模式的代表人斥为骗子或者疯子——但这样做，就恰恰已经表明这一哲学必然就是虚假的。除了我的哲学体系以外，所有的欧洲的哲学体系都遭遇这一处境。但说人家是疯子、精神错乱的话，那的确就是一种奇怪的精神错乱，因为各个极不相同的人，在各种极不相同的环境，却能够如此众口一词，并且这种精神错乱却由这地球上最古老和为数最多的种族，亦即由亚洲四分之三左右的人口提升为他们宗教的主要教义！如果把问题提了出来，那任何哲学都不可以对寂静主义和禁欲主义的课题置之不理，因为这些课题就其素材而言，与所有形而上学和伦理学所探讨的课题是一样的。对此问题，我期望和要求每种哲学都发表自己的见解。如果在我的同时代人的眼里，我的哲学与寂静主义和禁欲主义那种说来让人难以置信，并且是没有先例的不谋而合，看上去有碍观瞻、让人反感，那我却是把这种互相一致视为证实我的哲学是正确、真实的一个证明，同时也是在新教大学，人们为何狡猾地对我的哲学忽略不理、不置一词的原因。

这是因为不仅东方的宗教，甚至真正的基督教也完全、彻底地具有上述禁欲的根本特性，虽然新教尤其是今天我们所见的新教，极力要隐瞒这一点；而这一禁欲的根本特性，在我的哲学里就清楚解释为对

---

[1] 蒙塔朗贝尔伯爵（1810—1870）：法国演说家、政治家和历史学家，19世纪反对法国教会和国家中的专制主义斗争的领袖。——译者注

[2] 夏多布里昂（Chateaubriand，1768—1848）：法国外交家和浪漫主义作家。著有《朗赛的一生》、传世之作《墓畔回忆录》等。——译者注

生存意欲的否定。就算是最近冒出的基督教的公开的敌人，也把无欲无求、死心断念、自我否认、彻底的禁欲和总体上的取消意欲（这些被他们相当正确地称为"反宇宙的倾向"）归于基督教，并且透彻地表明：这些教义从根本上属于原初和真正的基督教。这些无可否认说的都是对的。但那些反对者对基督教的这些明显的指责，恰恰正是基督教的深刻真理、基督教的伟大价值和崇高特性的所在。这样的一个事实证明了那些反对者思想上的含混不清，对此的解释只能是：这些人的头脑相当不幸地与当今德国成千上万的其他头脑一样，因受到那可耻、粗劣的黑格尔主义的影响而遭受了极大的摧残和永久性的扭曲。黑格尔主义除了是一个平庸的流派，是毒害头脑的虚假思想，信奉它的是既愚昧又无知的乌合之众，还能是些什么呢？现在，人们终于开始认识到黑格尔主义就是这样的一类货色。很快就只剩下丹麦科学院才会对这帮家伙顶礼膜拜，在那些院士们的眼中，黑格尔这个笨拙的江湖骗子就是他们口中的"杰出哲学家"[1]；为了捍卫这个"杰出哲学家"，他们不惜赤膊上阵：

> 因为他们服从无知和愚昧大众
> 的选择和眼光，
> 这其中最愚笨的闷蛋，
> 竟成了评判。

——拉伯雷：《巨人传》68 章，Ⅴ，45—47

在真正和原初的基督教，禁欲的倾向当然是显而易见的——这种倾向从《新约》的内核发展出来，在基督教早期神学家的著作里逐渐成

---

[1] 丹麦科学院在退回和评论叔本华的论文《论道德的基础》时，指责叔本华"以很不恰当的方式谈论我们当代的杰出哲学家"。——译者注

形。这种禁欲思想是一个顶峰，其他的一切都朝着这一方向而努力。我们发现《新约》就已经把真正的、纯粹的独身（这是否定生存意欲的第一步和最重要的一步）作为其主要教义[1]推荐给人们，斯特劳斯在其《耶稣传》里，就《马太福音》：19，11以下所建议的独身这一点是这样说的，

　　为了不想让耶稣说出一些与时下看法相左的话，人们就匆忙涂抹耶稣的观点，说耶稣只是考虑到当时的时代，为了不拖门徒传教的后腿，才推荐独身。只不过在这上下文里，却比相关的段落（《哥林多前书》：7，25以下）更少这方面的暗示和提及；相反，在此再有另一处地方让我们看到，在埃斯纳人当中相当普遍的，或许在犹太人当中甚至更为流行的禁欲原则，也出现在耶稣的教导里面。

这一禁欲的倾向在后来比在基督教的初期更为明显，因为在刚开始的时候，基督教还在寻觅追随者，所以不敢把要求定得太高。到了第三世纪初叶，基督教就强调和督促禁欲了。在真正的基督教看来，婚姻只是鉴于人的有罪本性所达成的某种妥协，是作出的某种容忍和让步，是对于那些缺乏能力争取至高目标的人的某种特许，并且是作为避免进一步堕落而采用的某种不得已的手段。教会是在这一意义上认可了婚姻，并以此使婚姻不可以解除。但男的保持独身和女的保持童贞却被认定为基督教更高一级的净化，人们以此得以进入上帝的选民的行列。只有通过独身我们才可以获得胜利者的王冠。直到今天，人们仍然在一生未曾嫁娶的死者的棺材上面放置花冠，所表示的正是这里所说的意思。根据同一道理，在结婚那一天，新娘就把花冠收了起来。

---

[1]《马太福音》：19，11以下；《路加福音》：20，35—37；《哥林多前书》：7，1—11和25—40；《帖撒罗尼迦前书》：4，3；《约翰一书》：3，3；《启示录》：14，4。

在这方面的一个肯定是源自基督教最早期的证据，就是亚历山大的克雷芒从埃及的福音书中所引用的救世主的一个意味深长的回答："当莎乐美向主问道，死亡将要统治多长的时间，主回答说，'只要你们妇女一直生育儿女，死亡就将一直维持下去。'主的意思就是，只要欲望仍旧显示其力量，死亡就将继续统治"。克雷芒补充了第6章，然后马上把《罗马书》：5，12中著名的段落与此连接起来。此外，在第13章，克雷芒引用了卡西亚奴的话：

　　当莎乐美向主问道，什么时候才会知晓她所询问之事，主回答说："那就是当你践踏矜持的面纱，当两种性别合而为一，同时也就是当男不再是男、女也不再是女的时候。"

也就是说，当她不再需要矜持的面纱的时候，因为所有性别之间差别都消失了。

　　在禁欲这一问题上，异教徒当然是走得最远的。例如，在2世纪，就有了倡导禁欲的塔提阿尼提教派，或者安卡拉提教派、诺斯替教派、马亚奥尼提教派、蒙塔尼斯提教派、互伦提安那教派和卡西安那教派，但他们这样做只是因为他们眼里只有真理，而不曾考虑到后果，并因此根据基督教的精神，教导人们完全清心寡欲地生活。与此同时，基督教教会却精明老到地把所有妨碍其深谋远虑的策略的一切，宣布为异端、异教。奥古斯丁评论塔提阿尼提教派说：

　　他们摒弃婚姻，把婚姻与淫乱和其他的道德败坏的行为相提并论；他们也拒绝结了婚的人进入他们的行列，不管这些已婚者是男还是女。他们不沾肉食，讨厌荤菜。

只不过甚至正统的教士在当时也是以上述的眼光看待婚姻，热切地倡导

完全的清心寡欲。圣·亚大纳西[1]认为婚姻的原因就是

　　我们祖先遭受的诅咒落在了我们头上……因为上帝心目中的目的，并不是要我们经由婚姻和堕落而出生；但触犯上帝的戒律以后就产生了婚姻，因为亚当并没有服从上帝。

德尔图良[2]把婚姻称为"某种轻微的坏事，得到宽容和谅解以后的产物"，并且说，

　　婚姻就像通奸一样，都是一种肉体的交合，因为上帝把对肉体交合的欲望与通奸相等同。所以，人们是否也可以提出反驳：你也应该谴责（人类）最初的、当时惟一的婚姻？当然可以，并且这一反驳非常正确，因为那也是我们所说的通奸。

事实上，奥古斯丁本人完全承认这一教义及其结果，因为他说过，

　　我知道有些人会发这样的牢骚：假如人人都愿意克制自己不交配，那人类又怎么能够长存？我巴不得人人都愿意克制自己！假如那是伴随着爱，是发自纯正的心，良心清白、信念真诚，那上帝之国就会更快地突现，因为这尘世也就会加速完结。

　　难道那种徒劳的抱怨会诱使你偏离正道？那些人喋喋不休地发问：如果人人都克制、节欲，那人类又何以为继？你在努力达成目标的过程

---

[1] 圣·亚大纳西（约920—1000）：拜占庭修士。963年在东罗马帝国皇帝的支持下，将隐居在圣山中的独修士组成大隐修院。——译者注
[2] 德尔图良（Tertullianus，约155或160—220以后）：基督教早期重要的神学家、雄辩家、伦理学家，教会拉丁语的创始者，在传播西方基督教词汇和教义方面起到一定作用。——译者注

中，开始刺激着许多人争相效尤。就好像这一世界获得缓刑，除了要凑够预定数目的圣者这一原因以外，还需要另一个原因似的。但这圣者的数目越快凑够，就越没有必要推迟这一世界的终结。

与此同时，我们可看到奥古斯丁把解救与这一尘世的终结视为同一样事情。奥古斯丁著作关于这一问题的其他段落可在奥古斯丁总集中"论婚姻"、"论独身"等篇章里找到。读过这些段落，我们就可以确信，在古老、真正的基督教里，婚姻只是一种让步；除此以外，婚姻的目的还只是为了生育孩子，而完全的禁绝色欲则是比婚姻更胜一大筹的美德。如果不想追究事情本末，但又想消除关于这所说的基督教倾向的一切疑虑，那我建议你们阅读两本作品：卡罗威写的《论独身法》（1832）和林德写的《基督教的独身主义》（哥本哈根，1839）。但我要大家关注的却一点都不是这些著作者的观点，因为这些观点与我的观点是相反的。我要大家留意的只是这两位作者精心收集到的报道和引语——这些东西完全没有让人怀疑的地方，完全值得我们信任，原因正在于这些资料的两个收集者都是反对独身的：卡罗威是一位理性主义的天主教徒，而林德则是新教的参加毕业考试的学生，其说话的语气也完全与其学生身份相符。在上述第一本作品里（第1卷，第166页），关于上面讨论的基督教的独身问题，我们可读到这样的结果，

    根据教会的观点，这些观点反映在规范的教会神父、教会会议成员和罗马教皇的教导里面，见于数不胜数的正统天主教徒的文字作品——始终保持贞洁被誉为一种神圣的、脱离凡尘的、天使般的美德，而能否承蒙神的恩赐和助力，以达成保持贞洁的目的，则取决于人们是否对此认真恳求。我们已经证明：奥古斯丁的这一教导作为始终不变的教会信仰在卡尼修斯和特里恩特的宗教会议（1545—1563）已经提了出来。至于人们直至今日仍然坚持把这作为教规，我们有1831年6月期的《天

主教徒》可资充分证明。在这一期期刊的第 263 页写道，在天主教教义中，遵守永久贞洁——为了上帝的缘故——就其本身而言似乎就是人的最高成就。保持永久贞洁作为目的本身，使人获得提升，使人神圣化——这一每个受过教育的天主教徒都确信不疑的观点，是深深扎根于基督教的，这无论是根据基督教的精神，还是对于基督教明确提出的准则而言，都是如此。特里思特的宗教会议已经扫除了有关这方面的所有可能的疑虑。确实，每一个不怀偏见的人都必须承认：不仅仅《天主教徒》所表达的教义是真正天主教的，而且所提出的论据，用天主教徒的理性分析，也是完全无可辩驳的，因为那些论据是直接取自教会论述生活及其目的的基本观点。

另外，在同一本书的第 270 页写道：

虽然保罗把禁止结婚说成是错误的，同时，《希伯来书》的犹太教味道更浓的作者要求人们，'在所有人当中，婚姻都应该是可尊重的，婚床也应该毫无污秽'（《希伯来书》：13，4），我们却不能因这些话而误解这两位撰写圣者传记的作者的主旨。对这两位作者来说，保持贞洁是完美的事情，婚姻只是弱者不得已而为之；婚姻也只是作为这种权宜之计而不容侵犯。而要达到最高的目标，则要努力做到完全的、物质上的消除自我。自我应该拒绝和远离一切为自我和为自我只带来刹那间乐趣的东西。

最后就是第 288 页：

我们同意扎卡利亚神父的观点，他认为独身（并不是独身的律条）首要是出自耶稣基督和使徒保罗的教诲。

违背这一真正基督教基本观点的始终只是《旧约》及其"上帝看着一切所造的都甚好"。这在克雷芒的《杂论》重要的第三篇里异常清楚地反映出来。在这一篇里，克雷芒与上述那些严格要求节欲的异端们论战，却总是以犹太教及其乐观的创世历史应对；而《新约》里面的否定俗世的倾向却肯定是与这种乐观的创世历史格格不入的。其实，《新约》与《旧约》的结合从根本上只是外在的、偶然的，而且的确是勉强至极的。正如我已说过的，《旧约》为基督教学说所提供的惟一连接处，就是亚当堕落的故事；而且，这一故事在《旧约》是孤零零出现的，并没有得到更进一步的发挥。根据福音书的阐述，正是《旧约》的正统信众导致了创始人被钉上十字架，因为这些信众发现他的教导与这些信众所信奉的教义互相矛盾。在上述克雷芒《杂论》的第三篇里可异常清楚地看到：乐观主义以及一神论，与悲观主义及其禁欲道德明显地互相对立。这本书是针对诺斯替教派的，而诺斯替教派恰恰正是宣扬悲观主义和禁欲苦行的——包括各种各样的禁欲，但尤其是要禁绝性欲的满足。克雷芒为此对这一教派大加挞伐。其实，《旧约》与《新约》的精神对立矛盾已是昭然若揭。这是因为，《旧约》中除了亚当犯下原罪这一餐前小吃以外，《旧约》的精神与《新约》的精神是正好相反的：因为《旧约》是乐观的，而《新约》则是悲观的。克雷芒本人在第 11 章的结尾处就突出了这一矛盾（"保罗持有与造物主相反的意见，等等"），虽然他不会同意这一点，而是认为这一矛盾只是表面上的——就像一个听话的犹太人所认为的那样。总而言之，看着克雷芒如何总是把《新约》和《旧约》互相混淆，然后又竭力把两者调和起来，但通常都是以《旧约》反驳《新约》，却是挺有趣的事情。在第三章的一开始，克雷芒指责马基奥教派，说他们仿照柏拉图和毕达哥拉斯的做法，认为上帝的创造是相当的糟糕，因为马基奥教导说：大自然是糟糕的，其构成材料是糟糕的；因此，人们不宜居住在这一世界，应该放弃缔结婚姻。克雷芒对这种观点大为光火，因为总的来说，《旧约》比《新约》更合克雷芒的心意，也更让他明白和接受。克雷芒认为马基奥这一观点反映了持这种观点的人，对待这一世界的公正创造者是多么的心怀不满、充满敌视和忘恩负义，而持这种观点的人，自己就是那造物主的作品！但他们却目无上帝、在"放弃合乎自然的思想"的造反中，耻于应用上帝的创造（"因为他们反抗其创造者……坚持对其创造者怀有敌意，因为他们并不愿意应用这创造者的作品……在反对上帝的罪恶抗争中，放弃了合乎自然的思想"）对此，克雷芒难以按捺心头的神圣怒火，甚至拒绝承认马基奥教派的观点有其独创性。克雷芒凭借自己渊博的知识批评他们，用了不少优美的引言证明：古老的哲学家，还有赫拉克利特和恩培多克勒，毕达哥拉斯和柏拉图，奥尔甫斯和平达，希罗多德和欧里彼德斯，另外再加上先知师贝尔，早就深深哀叹这个世界的悲惨本质，亦即倡导了悲观主义。克雷芒在热情发挥他的博学时，却不曾留意到他这样做，正好为马基奥教派助了一臂之力，因为他表明了"所有时代的所有智者"（歌德语）也和马基奥教派一样，都众口一词教导同一样的东西。克雷芒可是信心十足、大胆无畏地引用古人在这一意义上明确、有力说出的话语。当然，克雷芒并不会受到这些话语的迷惑。那些智者们尽管慨叹生存是悲惨的吧，文学家们尽管就生存这一主题倾泻震撼人心的哀诉吧，大自然和我们的体验尽管高声反对乐观主义的学说吧——所有这些都不会扰乱我们的教会之父，因为他手里拿着的可是犹太教的上帝启示录。他是信心十足的。造物主创造了这一世界——单凭这一点，就可以先验地确信：这个世界是美好的，不管这世界表现出何种样子。至于第二点禁欲的问题，也是一样。根据克雷芒的观点，透过鼓吹禁欲，马基奥教派暴露出了对造物主不思感激、桀骜不驯的态度——他们就是这样倔强地否认和拒绝了造物主所给予的礼物。因为克雷芒认为悲剧作家已经为这些鼓吹严格禁欲者做好了准备工夫（这使他们的原创性打上了折扣）和说出了同样的话，也就是说，悲剧作家们也痛惜生存无尽的苦恼和哀伤，并且还补充说，不要再把孩子带到这一世界就将更好。克雷芒就再一次引用优美的段落来证明自己的话。与此同时，他也指责毕达哥拉斯的门徒正是因为这一理由而放弃满足性欲的乐趣。但所有这些优美的引证并不会让克雷芒感到不利，因为他坚持自己的这一原则：所有鼓吹或者实施禁欲的人就是对造物主犯罪，因为他们教导人们不要结婚、不要生儿育女、不要把新的不幸的生命带到这一世界、不要再把饲料喂养死神（"这是因为他们的禁欲，就是对创造物和神圣的造物主的犯罪，对全能的、惟一的上帝的犯罪；他们还教唆人们不要缔结婚姻和生育孩子，不要把更多的不幸的生物带到这一世界，给死神投掷更多的饲料"）。如此谴责禁欲的博学教会之父，似乎并不曾估计到就在他那时代过去以后，神父保持独身的情形就越发流传开来，最后，到了11世纪，神父保持独身还成了教规，因为这与《新约》的精神相吻合。对这一《新约》精神的理解，诺斯替教派却比我们这位教会之父深刻得多。与其说他是基督徒，还不如说是犹太教徒更为正确。诺斯替教派的理解在第九章的开首清楚地表达了出来——在那里，有一段摘取自埃及人福音书的话："救世主自己就说过，'我就是为废除妇人的果实而来'，所谓妇人的果实也就是性欲的果实。这些成果就是生育和毁灭。"但第十三章的结尾和第十四章的开首尤其表达了诺斯替教派的观点。当然，教会所必须关注的是如何扶持一种宗教，让宗教能够以自身的样子自立于这一世上，立足于人群。所以，教会就把诺斯替教派宣布为异端。在第七章的结尾处，我们的教会之父把印度的禁欲和苦行视为不好的东西，是与基督教、犹太教相对立的。在这一问题上，两类宗教在精神上的根本差别清晰凸显出来了。也就是说，在犹太教和基督教，所有一切都还原为我们——这些"全能上帝的意志的创造物"——对上帝命令的服从或者不服从。此外，作为第二个义务，就是为上帝效劳，称颂上帝的作品，并心怀感激。婆罗门教和佛教则当然是完全另一回事，因为对于佛教来说，所有的改进、皈依、获救、脱离这苦难的世界、脱离这一轮回都是以认识到这四大根本真理而开始：（1）生活根本上就是痛苦；

（2）痛苦的源头；（3）除苦惟有断欲；（4）断欲就得采用八正道。对这四大根本真理的解释可以阅读布诺朗所写的《佛教历史介绍》第629页以及所有有关佛教的介绍。

事实上，在精神和伦理倾向方面与基督教相通的，不是犹太教及其"看着一切所造的都甚好"，而是婆罗门教和佛教；是一门宗教的精神和伦理倾向，而不是作为包裹的神话，才是这门宗教的本质性的东西。因此，我始终坚持相信：基督教的原理是从那些原初的宗教（婆罗门教和佛教）那里以某种方式引申出来的。在《附录和补遗》第2卷第179节，我已经指出了这方面的一些蛛丝马迹。除此之外，还有圣·伊皮凡尼乌斯[1]的著作中所说的，耶路撒冷的首批犹太基督徒（他们自称拿撒勒的基督徒）是禁吃所有肉类食品的。由于这一源头（或者起码是由于这一共通之处），基督教源自和隶属于人类古老、真正和高贵的信仰——这一信仰与虚假、平庸和有害的乐观主义相对立。这一乐观主义就在希腊异教、犹太教、伊斯兰教那里表现出来。琐罗亚斯德教[2]在某种程度上守持中庸，因为这个宗教里面有着阿里曼邪神的悲观成分，犹太宗教就出自琐罗亚斯德教，由 J.G. 罗德在《琐罗亚斯德民族的神圣智者》（法兰克福，1820）一书已彻底表明了的，耶和华出自奥穆，魔鬼撒旦则由阿里曼邪神而来。撒旦在犹太教里只是扮演一个次要的角色，并且的确是几乎完全消失了。如此一来，乐观主义就占得了上风；剩下的只有作为悲观成分的亚当犯下原罪的神话，而这神话也是出自琐罗亚斯德教的经典《波斯古经》，这神话几乎已经被人遗忘了——直到基督教把这一神话，还有撒旦的神话重新接受过来。但奥穆本身也是出自婆罗

---

[1] 圣·伊皮凡尼乌斯：巴勒斯坦早期基督教教士。坚持正统教义，勤于苦行。——译者注
[2] 琐罗亚斯德教是伊斯兰教出现之前，在古代伊朗的主要宗教。——译者注

门教的。也就是说，奥穆不是别的，正是因陀罗[1]一个经常与人竞争的天空和大气的低级神灵。这些已由杰出的学者 J. 施密特在《论诺斯替及通神论学说与东方宗教的亲缘关系》（莱比锡，1828）中已经正确证明了的。这一因陀罗—奥穆—耶和华的人物后来一定是进入了基督教，因为基督教是在犹太地区产生的。由于基督教后来传到了世界各地，这一人物就抛弃了自己的名字，而在每一皈依了基督教的民族，采用这一民族的语言、换上已被挤掉了位置的超人的名称，诸如 Deus（宙斯）——这是来自梵文的 deva（英语和德语的魔鬼一词 "devil"、"teufel" 也是来自这梵文词）；或者在哥特和日耳曼民族那里，这个印第拉—奥穆—耶和华的人物就用上从 "odin" 或者 "wodan"、"guodan"、"godan" 而来的 "god"、"gott"（上帝）一词。这位人物以同样的方式在同样是源自犹太教的伊斯兰教那里，换上了之前在阿拉伯语里就已经有的 "阿拉" 名称。与此相类似，希腊奥林匹斯的神灵在有记载的历史以前被转移至意大利时，这些神灵都换上了在这之前占统治地位的神灵的名字。所以，主神宙斯到了罗马人那里就成了朱庇特，天后赫拉成了朱诺，信使神赫耳墨斯成了墨丘利，等等。

不管其他方面是怎样的情形，但《旧约》中的 "上帝看着一切所造的都甚好"，在真正的基督教看来，确实是古怪和陌生的，因为在《新约》里，一旦说起这一世界，那都是并非属于我们的地方，是我们无法喜爱的东西，统治这一世界的则是魔鬼。这是与否定自我、克服尘世的禁欲、苦行精神相吻合的。这一禁欲、苦行精神就和对邻人，甚至对敌人所怀有的无边的爱一样，是基督教与婆罗门教和佛教共有的根本特征。这一根本特征也就证实了这三种宗教之间亲缘关系。对于基督教，我们需要花费特别大的力气去分清其表里。正因为我很珍视基督教的内核，所以，有时候我就对其外壳不那么客气了。这一外壳可比常人所想象的要厚。

---

[1] 因陀罗是印度教《吠陀》经籍所载众神之首。此神好战，是典型的雅利安神灵。——译者注

新教在消除了禁欲及其中心点，保持独身以后，其实就已经放弃了基督教的最内在的核心，并且就这一点而言，新教可被视为对基督教的背离。时至今日，这种背离已经表现在新教逐渐转变为肤浅的理性主义，亦即当代的贝拉基主义。到最后，这一贝拉基主义又蜕变成这样的一套学说：一个慈爱的父亲创造了这一世界，目的就是让这世界的所有一切都能相当轻松愉快（当然，这一目的他是肯定不会成功实现的）；只要我们在某些方面顺应他的意志，那他就会在以后为我们提供一个更加美好的世界（惟一可惜的是，这一更加美好的世界却有着如此痛苦的入口）。这套学说对于过着舒适婚姻生活、思想开明的新教牧师来说有可能是不错的宗教，但这并不是基督教。基督教的学说告诉我们：人类由于自己的存在就已经负有深重的罪孽，人的内心强烈渴望着由此得到解救；但要获得这种解救，只能通过作出最沉重的牺牲，通过否定自身，亦即通过人性的回头是岸。从实际的角度出发，亦即联系到路德试图解决他那时代的教会丑闻，路德有可能是完全正确的；但从理论的角度考虑，却并非如此。一种学说越是高贵，面对总体上人性中低下的情操和恶劣的气质，这一学说就越容易被糟蹋。这就是为什么在天主教里，这种受糟蹋的情形比在新教更多、更严重。例如，在修道院修道和生活是一种高贵的安排，这种有目的、有计划、大家相互扶持共同实施的对意欲的否定，却正因为其高贵的特性而经常变得有违初衷。教会当中种种糟蹋基督教精神的行为，使正直的路德义愤填膺。面对当时的情形，路德最终不得不把基督教的要求尽可能地减低。为此目的，他首先把基督教限制在《圣经》的字词范围之内。出于好意的热情鼓动，路德却做得太过了，因为他攻击禁欲原则就等于攻击了基督教的核心。这是因为在禁欲原则退出基督教以后，乐观主义的原则很快就必然乘虚而上。乐观主义无论在宗教还是在哲学，都是一个根本性的错误；它妨碍人们接受各种真理。根据以上所论，在我看来，天主教就是基督教遭受了可耻糟蹋以后的产物，新教则是基督教腐败、劣化了的结果；而基督教总的来说就是承受了所有伟大、高贵、崇高的事物都必然要承受的命运——只要这些非凡之物在人群当中立足的话。

尽管如此，甚至在新教内部，基督教那本质上的禁欲和苦行精神重又春风吹又生，其结果就是出现了无论在规模还是在明确目标方面或许都从未有过的现象，亦即在北美由英国人安娜·李在1774年所创立的、相当引人注目的震教派。这一教派的人数已达6000名。这些人分为十五个团体，居住在纽约州和肯德基州的多个村庄里，特别是在纳塞村附近的新黎巴嫩区里。这一教派的宗教生活规则的基本特点就是不结婚和完全禁绝性欲的满足。这一条规则得到了严格和诚实的执行。关于这一点，就算是那些在所有其他方面都讽刺和取笑他们的英国和北美来访者，也是一致承认的，虽然教派中的兄弟们和姐妹们有时候甚至同住一个屋檐下、同在一张桌子上吃饭、在礼拜时集体一齐跳舞。这是因为谁作出了最大的牺牲，谁就可以在上帝面前起舞，因为他就是胜利者、克服者。他们在教堂里的唱颂总体上是欢乐的，其中一部分唱颂甚至是诙谐、逗乐的。布道以后接下来就是跳舞，其余人则齐声歌唱做伴。整个歌唱节奏很明快。最后就是四分之二拍的横步舞，一直延续到众人身疲兴尽为止。每跳完一次舞，其中的一位教师就大声喊道："记住了：你们是在上帝面前欢庆克制了肉体！因为我们惟一运用我们那桀骜不驯的肢体，就是在这里起舞"。其他大部分的规定，是与保持独身自动相连的。由于没有家庭，所以也就没有私人财产，有的只是共同财产制。所有人都穿着同一样的衣服，就像公谊会教徒一样，并且穿着得相当干净、整洁。这些教徒都很勤快做事，因为人们不会容忍游手好闲。他们还制订出这些令人羡慕的规定：不要制造任何无谓的噪音，诸如喊叫声、使劲地关门或敲门声、马鞭声，等等。他们其中一位表达了他们的生活原则："过着纯洁、无邪的生活；爱你的邻人就像爱你自己一样；与世无争，和平相处；禁止对他人实施任何血腥、暴力行为；禁止追求世俗的功名利禄；把别人的东西还给别人；保持虔诚，因为没有虔诚，人就永远看不到上帝；只要有机会、只要是力所能及，就要为大家做出好事。"这一教派的人不会拉劝任何人入教，而申请加入者会有一个为期数年的见习期，以作考验。人们也可以随时自由退出。很少有人因为行为不检而被逐。此前婚姻所生下的孩子则得到精心的教育。孩子只有在长大成人以后，才由这些孩子自愿宣誓入教。有人举出例子，说是每当他们的导师与英国圣公会的教士发生论争时，后者通常都以败北告终，因为所争论的段落是出自《新约》。有关他们的更详细的报道可在《麦斯维尔之遍游美国》（1841）找到，另外还有本尼迪克著的《所有宗教的历史》（1830）、1837 年 11 月 4 日的《泰晤士报》和 1831 年 5 月份的德国《哥伦布》月刊。在美国还有一个德国教派与此教派非常相似，称为"敲击派"。这一教派的人也是过着严格的独身、禁欲的生活。在 F. 勒荷所写的《美国的德国人，历史和状况》（1853）就有一篇关于这一教派的报道。在俄罗斯，据说拉斯科尼基教派也与此教派相似。吉什特教派也是同样过着严格保持贞洁的生活。但在古老犹太人那里，我们就已经发现所有这些教派的范本——埃斯那人。关于埃斯那人，甚至普林尼[1]也有过描述（《博物志》Ⅴ，15）。这些埃斯那人与震教派非常相似。相似之处不仅在于他们都保持独身，而且还反映在其他方面，甚至在进行礼拜活动时的跳舞也是相似的。这引起人们推测成立这一震教派的英国女人，是以埃斯那人作为范本。与这些事实相比，对路德下面的这一断言，读者有何感想？——"硬要把上帝植给我们的本性拔掉的话，除非结婚，否则是绝不可能仍过上贞洁生活的。"

虽然基督教本质上只是教导整个亚洲很久以前就已经知道，并且知道得更清楚的道理，但这一道理对于欧洲来说仍是一个崭新和伟大的启示。由于这一启示的作用，欧洲人民的精神倾向得以完全改观。这是因为基督教所教导的道理，向欧洲人揭示了生存的形而上方面的涵义，并

---

[1] 普林尼（Gaius Plinius Secundus, 23—79）：古罗马大科学家、作家，他的著作现仅存《博物志》。——译者注

因此教导他们把目光越过这一狭窄、贫瘠和匆匆即逝的尘世生活，不要再把这一尘世生活视为生活本身的目的，而是要把生活视为苦难、罪孽的状态，是考验、斗争、净化的过程；要让自己飞升、脱离这一尘世的话，就得凭藉做出功德、付出沉重的牺牲和否定自身，从而到达某一更好的、我们无法意会的存在。也就是说，基督教透过神话寓言向我们教导有关肯定生存意欲和否定生存意欲的伟大真理，因为基督教说：由于亚当犯下原罪，诅咒就落在了所有人的头上，罪恶就来到了人间；这一罪孽就遗传给了每一个人；但耶稣通过牺牲生命，为所有人赎罪、消除罪孽、伸张正义、拯救世界。要理解包含在这一神话里的真理，我们就必须不仅仅把人视为被时间分离的、互不相干的各个存在物，而必须把握人的（柏拉图式的）理念；人的这一理念与顺序排列的人，两者之比就犹如永恒本身与在时间上分离开来的永恒之比。因此，那在时间上分散开来的各个时段的人，又可以经由把他们互相连接起来的生殖链，重新在时间上显现为一个整体。那么，如果我们眼睛盯着人的这一理念，那我们就会看出：亚当所犯下的原罪就表现了人那有限的、动物性的、有罪的本性；据此，人就是在罪恶、痛苦和死亡中挣扎的存在物。而耶稣基督的所作所为，他的教导和他的死亡则表现了永恒、超自然的一面，表现了人的自由、解救。每一个人，在其可能性方面，既是亚当也是耶稣：这取决于这个人对自己的理解和根据这一理解这个人的意欲所作出的决定；其结果就是这个人要么遭受诅咒、归于死亡，要么得到解救、获得永生。这些真理无论是在寓言的层面，还是在真正意义上，对于古希腊人和古罗马人来说都是全新的。希腊人和罗马人那时候仍然完全沉浸在生活当中，并不曾认真地把目光投向生活之外。谁要是对后一句话有所怀疑，那就看看像西塞罗和萨鲁斯特[1]这样的人

---

[1] 萨鲁斯特（Saluste，约前86—前35或前34）：罗马历史学家和伟大的拉丁语文学文体家之一，以描写政治人物、腐败和党派斗争的记事作品而闻名于世。著有《喀提林战争》、《朱古达战争》等作品。——译者注

物，是如何谈论死亡以后的情形的。虽然古希腊人和古罗马人在其他几乎各个方面都很进步，但对于主要的问题，却仍然是小孩子一样。在这一主要问题上，甚至古代凯尔特人中有学识的祭师一类也超越了他们，因为他们的确还教导灵魂转生的学说呢。至于毕达哥拉斯、柏拉图等某几位哲学家另有不同的想法，那并不因此在整体上改变得了上述事实。

因此，基督教以及婆罗门教和佛教所包含的伟大基本真理，亦即我们需要获得解救，需要脱离这与苦难和死亡为伍的存在；要获得解救，就必须否定意欲，也就是说，必须断然抵制本性——就是我们所能有的无与伦比的和最重要的真理。但这真理也是完全违反人的天然倾向的，其真正理据也是很难明白的，因为凡是只能在抽象中思维的、具有普遍性的道理，对于大众来说都是无法理解的。因此，为了把这些真理引入实际应用的范围，就需要有一神话载体，或者说器具，以承载这些真理，帮助大众理解。否则，这些真理就无法保留和传递。因此，无论怎么样都得为这些真理借用寓言的外衣；除此之外，还得时时争取把历史上发生过的、已是广为人知和广受人们敬仰的东西与这些真理联结起来。对于无论在哪个时代、哪个地区的大众来说，由于其低下的情操、迟钝的智力和总的来说凶残的本性，他们无法理解这些真理的真正涵义；所以，为了实际的需要，必须用寓言、比喻的语言把这些真理改写以后，才可以让大众接受它们，让这些真理成为他们的指路明星。这样，上文提过的宗教教义就可被视为某种神圣的器具，正是有了这些传达的器具，数千百年来，甚至自从有了人类以来，就已被人们认识和表达的伟大真理，现在就根据这些大众的能力而相应或多或少地得到理解，得以保存下来和历经数千百年地传递下去，虽然这些真理本身，对于大众来说总是深奥、隐秘的原理。正因为只要不是完全彻底由纯粹真理那些不可摧毁的材料所组成，就会有沉沦和湮没的危险，所以，一旦承载真理的器具因到了另一个不同的年代而不被人们接受，那这器具所承载的神圣内涵就必须改换另一承载物，以抢救和保存这些真理。哲学的任务是把那些等同于纯净真理的内涵，纯粹、不含杂质地表达出来，亦即只是用抽象的概念，不需依靠那些承载物的帮助，为那些有思想能力、无论什么时候都只是极少数的人表达出那些真理。就这一点而言，哲学与宗教的关系，就犹如一条直线与多条伴其左右伸展的曲线的关系，因为哲学表达了真理的本来涵义，并因此直达宗教在遮遮掩掩、拐弯抹角之下所达到之处。

现在，为了用例子说明我刚才所说的，同时也赶一下我们这一代的哲学时髦，亦即试用我的哲学的基本概念解开基督教的最深刻之谜，亦即三位一体之谜，我作出了下面这样的解释——这样的自由解释是进行类似解释所允许的。圣灵就是对生存意欲的断然否定；这种对生存意欲的否定，具体表现在一个人的身上就是圣子；那肯定生存并因此产生出这一直观所见的世界的意欲就是圣父，只要肯定和否定是同一意欲的彼此相反的行为；意欲对这两种行为的能力就是惟一真正的自由。这些解释纯粹只是思想游戏而已。

在我结束本文之前，我想为我在《作为意欲和表象的世界》第1卷第68页所说的"第二条最好的途径"提供某些证明。所谓"第二条最好的途径"就是：由于自己亲身深切感受到痛苦而导致否定意欲，而不只是通过了解别人的痛苦以及由此认识到我们生存的虚无和可怜，来导致这种否定。在体验这样一种升华，以及由此升华所引致的净化过程时，人的内心深处到底发生着什么，那只要我们看看每一个敏感的人，在观看悲剧时的体验，我们就可以明白了，因为两种的内心感受是性质相近和相通的。也就是说，大概到了悲剧的第三幕和第四幕，敏感的观众因看到了主人公的幸福越来越受到威胁和破坏而感到痛苦和恐惧。而到了第五幕，主人公的幸福遭受到完全的破坏——这时候，观众感受到了某种情感上的升华；这种情感的升华所给予观众的愉悦，比起看到主人公非常幸福时观众所感受到的快感，前者比后者不知要高出多少等级。观剧时，那由充分意识到的假象所刺激起来的内在体验、那种伴随着黯淡水彩般同情的感觉，与实际中，在亲身感受自己命运的真实打击时的体验，两者是一样的——只要在后一种情形里，这一厄运的沉重打击最终让我们进入完全死心断念的境界。我在《作为意欲和表象的世界》第一卷 68 所插述过的所有那些使人们内心产生天翻地覆改变的事情，就是基于这种内心体验。我想在此用短短几句讲一下朗赛神父的皈依故事，因为这跟在《作为意欲和表象的世界》第 1 卷里所讲过的雷蒙·卢里奥斯的皈依史非常相似，并且这一故事发展的结果发人深思。朗赛神父在年轻的时候，沉湎于寻欢作乐。后来，他与德·蒙巴松夫人有着激情、狂热的关系。一天晚上，他去看望德·蒙巴松夫人时，发现她的房间空无一人，整个房间零乱而阴暗。他的脚无意中踢到了某样东西。定睛一看，原来是德·蒙巴松夫人被割下的头颅！在德·蒙巴松夫人暴毙以后，忤工们为了能把她的尸体塞进此刻就在旁边摆放着的铅制棺材中去，而不得不把她的头颅割下，先摆放在棺材的旁边。从那巨大痛苦中恢复过来以后，朗赛在 1663 年就成了苦修会教团的改革者，而苦修会教团在当时是完全偏离了严格规则。朗赛马上加入了苦修会。苦修会经过朗赛的努力以后，恢复了以往禁欲、苦修那吓人的严格程度。在法国特拉帕，苦修会至今仍旧保持着这种严格的苦行。苦修会进行的有计划的、难度极大的禁欲苦行，教士们那令人难以置信的严酷生活，都是为了帮助否定意欲。来访者在受到接待时就已被这些真正僧侣的谦卑所打动，接下来的所见所闻让来访者充满敬畏。这些憔悴、节食、值夜、祈祷、工作、冷得直打哆嗦的僧侣，现在就在那些俗人和罪人的面前跪下，请求得到他们的赐福。在法国，在所有的僧侣教团当中，只有苦修会在经历周围发生的所有巨变以后，仍旧能够完全保持自身的样子。这得归因于苦修会对其目的是极其认真、严肃的；其他的一切都得为此目的让路。就算基督教日渐式微，苦修会仍然不会受到丝毫的影响，因为它的根子，比起任何某一具体的宗教教义，都更深地扎在人的本性之中。

我们在此所考察的、但至今为止完全被哲学家忽略的情形——亦即人的内在所发生的突如其来的巨变——常常发生在一个人带着完全清醒的意识面对肯定马上就要到来的惨烈死亡之时，例如，在面临死刑的时候。这些我在《作为意欲和表象的世界》第1卷已经提过。为了更清楚地了解这一过程，我认为把一些死囚在接受死刑前所说的话语记录在此，并不是有失哲学尊严的事情，虽然我会招来嘲讽，说我鼓励犯人在绞刑架下讲道。我的确认为绞刑架是一个可以给予我们相当奇特启示的地方；绞刑架也是一个瞭望台：由此往外观察，只要观察者还保留着知觉和意识，那这一瞭望塔就能为他呈现一幅经常是更广阔、更清晰的关于永恒的全景——这是与大多数哲学家及其关于理性心理学和神学的大段论述相比较而言的。下面的一篇绞刑架下的遗言，是一个谋杀了自己丈母娘的名叫巴特利特的死囚于1837年4月15日在格罗切斯特留下的：

英国同胞们！我只有不多的几句话要说，但我希望这寥寥几句话能够抵达你们的内心深处；希望你们能够记住这些话，不仅是在你们目睹这悲凉一幕的此刻，而且还要把这些肺腑之言带回家里去，把这些话重复说给你们的孩子和朋友。我是作为一个濒死之人向你们作出这样的请求。你们看，甚至死亡的工具都已为我准备好了。我要说的这些话就是：不要再这样痴迷地眷念这一可朽的尘世及其快乐了。少一点想着这一尘世，多一点想想上帝吧。照我说的做吧！忏悔吧，忏悔吧！因为不经过深深的、真诚的忏悔，不转向你们的天父，你们是永远不会到达，也永远不会有丁点希望到达极乐之处和安宁之地。现在，我相信很快就将进入这极乐和安宁之地。

——摘自1837年4月18日《泰晤士报》

更加值得注意的是著名的杀人犯格林艾卡的临刑遗言。格林艾卡是 1837 年 5 月 1 日在伦敦被处决的。英国《邮报》对此作了如下报道——这一报道也重登在 1837 年 5 月 1 日的《卡利那尼信使报》：

> 在处决格林艾卡的早上，有人建议格林艾卡相信上帝，祈祷经由耶稣获得宽恕。格林艾卡回答说，希望经由耶稣而获得赦免，这只是人们的一种看法而已；他本人则相信：在至高存在物的眼里，一个穆罕默德的信徒是和一个基督教徒同等的，同样都有权利享受极乐。他说自从进监狱以来，他就把注意力投放在神学上面，并得到了这一结论：绞刑架就是通往天国之路。

那些罪人们在此并不注重具体的宗教教义，这正加重了他们的表白的分量，因为这表明他们作出这些表白，并不是因为虚安和幻想所致，而是由于自身所获得的某种直接的认识。还有下面的报道也值得一提，这报道取自《林莫利克记事报》，登在 1837 年 8 月 15 日的《卡利那尼信使报》上面：

> 玛丽亚·科尼由于残忍谋杀了安妮·安德森太太已于上周一被执行了死刑。那可怜的罪人深感自己的罪恶，她甚至亲吻套在她脖子上的绳圈，恳求得到上帝的宽恕。

最后还有 1845 年 4 月 29 日《泰晤士报》所登载的一位死囚的几封信件。那是死囚贺克因为谋杀德拉吕而被执行死刑的那天写的。在其中的一封信里，贺克写道：

> 我现在确信，要不是自然的心遭受破碎、因获神的恩赦而重生，那就算世人认为高贵和可爱的人，不经历一番内心的战栗，也是永远不会

想到永恒的。

这些就是从那瞭望塔所窥见的永恒。我毫不犹豫地把这些所见陈述在此，就像莎士比亚所做的那样，

> 从这些皈依的罪人那里，
> 可听到和可了解到许多的东西。
>
> ——《随心所欲》最后一幕

斯特劳斯在《耶稣传》中表明，基督教也把诸如此类的苦难视为一种这里所说的净化和神圣化的力量，而与苦难相对立的完全称心如意则发挥着相反的作用。也就是说，据斯特劳斯所言，在登山宝训中，耶稣所说的快乐，在《路加福音》：6，21的涵义与《马太福音》：5，3的涵义有别，因为只有在后者才在"贫穷的人快乐了"以外，还补充了"有灵性需要的人快乐了"，在"饥饿的人快乐了"以外，还补充了"对正义又饥又渴的人快乐了"。在《马太福音》里，耶稣指的是心地纯洁的人、谦卑的人，等等，而在《路加福音》，指的则是真正贫穷的人。这样，在此的对比就是现在的痛苦与将来的幸福的对比。对于伊比奥尼派[1]来说，这是一个首要的原则：谁在现时拿到了自己的份额，那在将来他就一无所得，反之亦然。据此，在《路加福音》，耶稣所称颂的快乐和福气都是经历同样多的苦难以后才到来的，而同样多的苦难——根据伊比奥尼派的意思——也将回到有钱、满足、欢笑的人那里去。在《耶稣的一生》第604页，斯特劳斯认为富翁和拉撒路的寓言（《路加福音》：16，19）表达的也是同一样的意思，因为这一寓言既没有提到富

---

[1] 伊比奥尼派：早期基督教会苦修派别，他们强调基督教义中的犹太教成分。——译者注

翁任何不轨的行为，也没有交代拉撒路的功德；而衡量将来所得报应的尺度，并不是在这一辈子所做的好事或者坏事，而是这辈子所承受过的或者享受过的伊比奥尼派意义上的苦厄或者好处。斯特劳斯接着写道：

> 其他对观三福音书[1]的作者，也认为在有钱的年轻人的故事和骆驼穿过针眼的格言里面（《马太福音》：19，16；《马可福音》：10，17；《路加福音》：18，18），耶稣珍视外在的贫穷。

如果我们对事物一究到底，那我们就会认出：甚至登山宝训的著名段落也包含了这一间接指示：要自愿选择贫穷和以此否定生存意欲。这是因为假如这些诫令（《马太福音》：5，40以下），诸如对别人问我们提出的所有要求，都要无条件地答应；有人要夺取你的里衣的话，那就连外衣也给他，等等；还有就是在《马太福音》：6，25—34；不要再为将来，甚至为明天早上忧虑什么，而是一天的坏处已经够一天担当的了——假如这些诫令作为指导生活的原则而得到执行，肯定就会导致彻底贫困；这些诫令因此是间接道出了佛陀直接对其门徒言传身教的内容，亦即放弃一切财物成为比丘，亦即成为托钵化斋的僧人。这一点在《马太福音》：10，9—15的段落更为明确；在那些段落里，使徒们不准拥有财物，甚至不准筹措鞋子和手杖；而应去沿途乞讨、求宿。这些诫令后来就成了圣·弗兰西斯托钵修会的基础。所以，我认为基督教道德的精神与婆罗门教和佛教的精神是同一的。埃克特大师说过的一句话，与我这里的整体观点相当吻合，他说：

> 痛苦是一只能够驮你最快到达完美的动物。

---

[1] 所谓对观三福音书，指的是《新约》中的《马太福音》《马可福音》和《路加福音》。这三卷书自18世纪80年代起就称"对观福音书"，因为它们在结构、内容和用词上十分相近，可以互相参照阅读。——译者注

为何我们羞于暴露性行为以及性器官

如果生存意欲只是展现为自我保存的本能和冲动，那这就只是对个体现象的肯定，而这一个体现象自有其天然持续的时间。这样一种生命，不会有多大的操劳，这样的存在因此将是轻松和快活的。但因为意欲绝对和永恒地渴求生存，所以，意欲同时也展现为性的冲动和欲求，其盯着的目标是生命的代代相传，永无穷尽。这一冲动和欲求就把只与纯粹个体存在为伴的快乐、无忧、无邪一扫而光，因为这种冲动和欲求把不安和忧郁带进意识，把不幸、操劳和困顿引入生活的进程。而一旦人们有意地抑制这种冲动，就像我们偶尔所看到的一些例外情形那样，那就是意欲掉转了方向，有违其初衷。这样的话，这种冲动就会消融于个体，而不会越出个体之外。这种事情只有经过这一个体与自身进行一番痛苦挣扎和搏斗以后才可以发生。如果真发生这样的事情，那本文一开始就说过的那种纯粹个体存在的无忧和快乐就重回意识之中，其能量甚至还得到了提升。相比之下，一旦那所有欲求和愿望中的最强烈者获得了满足，与此相连的，就是一个新的生存的起源，那也就是重新一次展开生命及其所有重负、困顿、烦恼和痛苦。虽然这是发生在另一个体的身上，但是，如果这两个在现象方面不同的个体，是绝对的不同，那永恒正义又何在呢？生活所表现出来的，就是一项需要履行的任务、某一必须完成的工作份额。因此，生活一般来说就是与匮乏、困顿的一场持续不休的战斗。所以，每一个体都想打发生活，尽其所能地把生活应付过去。生活就像是背负罪责者必须完成的苦役似的。到底是谁让这人承担了这一罪责？是这人的生育者，就在其享受性欲之时。也就是说，因为一个人享受了性欲的快感，另一个人就生下来、受苦和死亡。与此同时，我们都知道和记得：人与人（同类）之间的差别是以时间和空间为条件——我把这一事实在这一意义上名为个体化原理。假如情况不是这样的话，就没有永恒正义可言了。正因为生育者在其生育的后代身上重又认出了自身，所以才产生了父爱；由于父爱的缘故，父亲就甘愿为了孩子而不是为了自己，去做事、受苦和冒险，并把这视为还债或者抵罪。

人的一生及其无休止的劳作、困顿和苦难，可被视为对性行为，亦即对明确肯定生存意欲的说明和解释。而且，也正因为这种对生存意欲的肯定，人就向大自然欠下了一份死亡债务；一想到所欠的这一债务，人就惶恐不安。这难道不证明了：我们的存在本身就已欠下了债务？当然，在周期性的负债、还债——出生和死亡的情况下，我们始终存在着，接连品尝着生活的苦与乐，生怕漏掉这里面的任何东西。这些正是肯定生存意欲所结出的果子。就此而言，那对死亡的恐惧——这一恐惧让我们甘愿饱受生活的苦头、与生活难舍难分——根本就是虚幻的。把我们引诱进入生存的性的冲动也同样是虚幻的。这一引诱本身可以从两个恋人之间互投的渴望眼神客观看得出来：这就是生存意欲肯定自身的最纯净的表达。生存意欲在此是多么的温柔！它渴望得到祥和的幸福和温柔的快乐，为自己、为别人、为所有人。这些是阿那克里安[1]歌咏的主题。生存意欲就是这样百般逢迎和诱惑，让自身进入生存。一旦进入了生存，烦恼、折磨就导致了罪孽，而罪孽又导致了烦恼和折磨。举目尽是恐怖和苍凉。这些是埃斯库罗斯[2]悲剧的主题。

---

[1] 阿那克里安（约前582—约前485）：古希腊诗人，后人多引用他歌咏爱情和美酒的诗句。——译者注
[2] 埃斯库罗斯（Aeschylus，前525—前456或前455）：古代雅典三大悲剧作家中的第一位。著有《波斯人》等作品。——译者注

但是，意欲借以肯定自身、人们借以进入生存的行为，却是所有人在内心深处都为之感到羞耻的行为；怪不得人们要小心翼翼隐藏起这些行为。事实上，一旦自己的这些行为被人们撞个正着，所引起的慌乱就犹如在犯罪时被别人逮个正着一样。这样的行为，在我们冷静对其反省时，通常会引起我们的不快；在心境升华之时，想起这些行为，会引起我们的厌恶。在这一意义上对性行为的讨论，我们可在蒙田《随笔集》第三部第五章读到。蒙田在书页边上的注释对此冠以《这就是爱情》的题目。在性行为完成以后，某种奇特的苦恼和懊悔就会尾随而至，在第一次完成性行为以后，这种情形就尤为明显。而总的说来，一个人的本性越高贵，那他就越清楚地感受到这些心情。所以，甚至不信基督教的多神论者老普林尼也说过：

> 只有人才会在初次交媾以后感到后悔。这一点确实挺能说明这一生活：人对自己的起源感到了懊悔。
>
> ——《博物志》X，83

此外，请看歌德的《浮士德》：魔鬼和女妖在其安息日做些什么和唱些什么？淫行和秽语。在同一部著作（《浮士德》的精彩的补充篇）里，真实的撒旦向聚集的人群宣扬些什么？淫行和秽语。除此别无其他。惟有持续进行这样的性行为，人类才得以继续存在。假如乐观主义是对的，假如我们的生存是在大智慧指导下给予我们的、需要我们谢领的某一极好的礼物，因此，假如这一生存本身就是弥足珍贵、值得称颂和高兴的——假如是这样，那延续这一生存的性行为就应该表现出完全另外的一副样子才对呀。相比之下，假如这一生存是某种失足或者某种误入歧途所致，假如这一生存就是本性盲目的意欲的作品，这一意欲的作品要是真能得到至为幸运的发展，那也不过就是达成自身以消除自身，那延续这种生存的行为就必然是现在它这副样子。

在涉及我的学说中的第一基本真理方面，在此值得一提的是，上述对性行为所感到的羞耻甚至还包括了为性行为服务的身体器官，虽然性器官与其他身体部位一样，都是与生俱来的。这再一次令人信服地证明：不仅人的行为可被视为人的意欲的外现、客体化，是意欲的作品，其实人的身体就已经是这些东西了。因为对自己的意欲不曾牵涉进去的事情或者事物，人是不会感到羞耻的。

性行为之于这一世界，就犹如文字之于文字所要表示的巨谜。也就是说，这世界在空间上是宽广的，在时间上是古老的，并且有着无穷无尽、多种多样的形态。但所有这些只是生存意欲的现象而已；生存意欲的集中和焦点就是性行为。也就是说，通过性行为，这一世界的内在本质至为清晰地表达了出来。在此，还值得注意的是，性行为本身在德文的这一独特的表达里，干脆就被称为"der Wille"（意欲）："Er verlangte von ihr，sie sollte ihm zu Willen sein"（直译为"他希望她顺从他的意欲或意愿"。这一委婉说法的意思就是他要那女子委身于他）。因此，性行为作为意欲最清晰的表达，就是这一世界的内核、精髓、总纲。因此，透过性行为，我们得以一窥这一世界的本质和驱力。这就是标示那神秘之谜的文字。据此，人们就把性行为理解为"知识之树"名下的东西，因为对此有了了解以后，人们就开始明白生活是什么，就像拜伦所说的，

摘下了知识之树上的果子——一切就都知道清楚了。

——《唐·璜》Ⅰ，128

与性行为这一特性同样相吻合的事实就是：性行为是人人都必须忌讳的事情，是一公开的秘密——这种事情是我们无论何时无论何地都不可以赤裸裸拿出来谈论的。对这种事情，无论何时无论何地人们又都心照不宣；这种事情因此总是藏在每一个人的头脑里面。正因为这样，稍要一点点暗示，大家马上就会心领神会。性行为以及所有与性行为沾上关系

的一切，在这世上所发挥的首要作用是与这世界巨蛋那"关键之点"的重要性互相吻合的，因为不管在哪里，人们一方面热衷于男女情事，另一方面对别人的风流韵事丝毫不会感到奇怪，不用说也能猜到几分。让人感到滑稽的只是对这一头等的大事，人们却总是秘而不宣。

但看看，当人们那年轻、无邪的头脑在初次了解到这世界的巨大秘密之时，那是多么的震惊！对此的解释理由就是：原初并不具认识力的意欲，需要经过长远的发展路途才能达致具智力的等级，尤其是达致人那具理性的智力等级；经过这一长远的路途以后，意欲对自己都已感到陌生了；这样，意欲连自己的本原——那事后让自己悔不当初的本原——都不认识了；现在，意欲从纯粹的并因此是无邪的认识力角度看视自己的本原时，竟为自己的所见感到了惊骇。

既然意欲的焦点，亦即意欲的浓缩、集中和意欲的最高表达，就是性欲及其满足，那么，采用大自然异常独特和象征性的语言，就可直率地把这一事实表达为：个体化的意欲，亦即个人和个体动物，都是通过性器官的门户进入这一世界。

对生存意欲的肯定——其中心因此就是性行为——对于动物来说是不可避免的。这是因为意欲（创造一切的大自然）只是到了人的级别才有了思考和回想。有了思考和回想就意味着认识力并不只是局限于认识到个体意欲短暂瞬间的需求、应付现时此刻的迫切需要，就像动物的认识力那样，而动物认识力的完美程度是与动物的需求同步的。但人却有着范围广泛得多的知识。这是因为人们具有对过去的清楚回忆和对将来的预计；这样，人们对个体的一生，对自己、对他人甚至对总体的生存得到了多方面的大致了解。每一种属的动物，虽然历经了成千上万年的存在，但在某种程度上的确就像是某一短暂的瞬间，因为动物只意识到现时此刻，而不会对过去、对将来和因此对死亡有所意识。在这一意义上，我们可把动物的存在视为一个持久的瞬间。顺便一提的是，在此我们至为清楚地看到：总的来说，生命的形式，或者说具备意识的意欲

235

现象的形式，首先和直接就只是现时此刻：只有到了人的级别，才有了
过去和未来，更确切地说，才有了纯粹只是概念中的过去和未来；人们
只是在抽象中认识过去和未来，充其量是以想象中的图像加以说明。因
此，当生存意欲，亦即大自然的内在本质，永无休止地争取完美的客体
化和完美的乐趣以后，在历经动物全部各个系列的递进以后，最终在有
了理性装备的生物、在人那里达到了可以思考、回想的程度。这样，对
于人来说，情形就开始变得让人疑虑和忧心了；问题就会不由自主地升
上脑海：所有这一切到底从何而来，目的又是什么？并且，最首要的问
题就是：他一生中的烦恼和困顿，到底是否值得？就像这一句法语成语
所说的："le jeu vaut-il bien la chandelle？"（"赌桌上赢来的钱还不够蜡烛
的费用呢！"）因此，在这里，人其实就站在了一个十字路口：在其清晰
认识力的帮助下，他必须就肯定生存意欲抑或否定生存意欲作出决定，
虽然后一种选择是怎样的一种情形，一般来说在这个人的意识中只是披
着一层神秘的外衣。所以，我们没有根据可以假设：还存在着比人更高
一级的意欲客体化现象，因为到了人的级别，意欲的客体化已经抵达其
转折点、拐角处了。

通往解救之路

  我们只有一个与生俱来的错误，那就是认为我们来到这一世界，目的就是要过得幸福愉快。这一错误是与生俱来的，因为这一错误是与我们的存在本身相一致的，我们的整个本质只是对这一错误的阐释，我们的身体的确就是这一错误的图案标记，因为我们肯定就只是生存意欲，而接连不断地满足我们的所有意欲，也就是"幸福"这一概念所包含的意思。

  只要我们坚持这一错误，甚至以乐观主义观点来巩固这一错误，那这一世界看上去就是充满矛盾的。这是因为我们所迈出的每一步，都会让我们体会到：这一世界和这种生活可一点都不是为了让我们享受幸福而设计。没有思想的人在现实中就只是感受到痛苦和折磨而已；对于有思想的人，在感受到现实的苦楚之余，还多了某种理论方面的困惑：这一世界和这一生活，既然其存在就是为让我们得到幸福，却为何与其目的如此糟糕地不相匹配？刚开始，他们会唉声叹气，发出诸如"啊，为何月亮之下是如此之多的眼泪"（克·奥弗贝克[1]《对忧郁的流泪者的安慰》）一类的感慨。在感叹一番后，接下来就是让人不安地怀疑起那些先入为主的乐观主义观点。尽管如此，我们仍然总是把自己个人的不幸时而归因于环境，时而又归咎于别人；要不就是埋怨自己运气不济，再不然，就怪自己蠢笨所致；又或者，我们已是心中有数：自己

---

[1] 克利斯蒂安·奥弗贝克（1755—1821）：德国抒情诗人。——译者注

的不幸其实是所有这些因素共同作用的结果。无论怎么样，这一结果是改变不了的：我们并没有实现人生本来的目的，而这一目的就是得到幸福。一想起这样的事情，尤其正当我们行将结束自己一生的时候，我们通常都会意兴阑珊。因此，几乎所有老者的脸上都挂着英语所说的"disappointment"（"失望"）的表情。除此以外，直到现在为止，我们所生活过的每一天都告诉我们：快感和享受，就其自身而言，就算是得到了它们，也是骗人的玩意；快感和享受并不曾真的给予我们它们所许诺的东西，并没有让我们的内心得到满足；得到了这些快感和享受以后，与这些快感、享受结伴而来或者出自这些快感、享受本身的不便和烦恼，也让这些快感享受变了味道。相比之下，苦痛和磨难却是异常真实，并且经常超出了我们对其的估计和预期。所以，生活中的所有一切都的确可以让我们认清那一错误，使我们确信：我们生存的目的并不就是快乐和幸福。的确，如果不怀偏见和更加仔细地审视这一人生，那人生就更像是故意告诉我们：我们是不会在这生存中感受到幸福的，因为这一生存，以其整个本质所带有的某种特性，会败坏我们的兴致，我们也会巴不得从这生存中折回头，就像后悔犯下了错误一样。这样，那要寻欢作乐的嗜好，甚至那要长活下去的病态欲望，就得到了消除；我们从此就会背对这一世界。因此，在这一意义上而言，把生活的目的定位为受苦比定位为享福更为准确。在上一篇《论禁欲》的结尾处所作的思考已经显示：一个人受的苦越多，就越早达到生活的真正目的；而一个人生活得越幸福，就越发延迟达到这一目的。塞内加的最后一封信的结尾，也与这里的说法暗合，

这样，当你看到最幸运者就是最不幸的，那你还会感受到你自己的好运吗？

——《书信集》124，24

这一句话也的确好像是透露出基督教的影响。同样，悲剧所发挥的特有效果，从根本上就在于悲剧动摇了我们那与生俱来的错误，因为悲剧透过伟大和令人诧异的例子，让我们活生生地直观看到人为的奋斗终归失败、整个生存就是虚无的，并以此揭示出人生的深刻涵义。正因此，人们把悲剧奉为最高贵的文学形式。谁要是透过这样或者那样的途径从我们那先验就有的错误、从我们存在的"错误的第一步"醒悟过来，那很快就会在另一种光线下看视所有事情，就会发现这一世界虽然并不合乎自己的所愿，却是合乎自己现在的所想（观点）。各种各样的不幸虽然仍会伤害到他，但却再也不会让他感到惊讶，因为他已看出：苦痛和悲伤恰恰是服务于生活的真正目的，使我们的意欲背对生活。这样，无论他将会遭遇到什么，他都能保持某种奇特的镇定自若。这种情形就类似于一个需要缓慢和痛苦治疗过程的病人：其痛苦就是治疗有效的标志。痛苦向人的整个生存清清楚楚地表示，痛苦就是这一生存的宿命。人生深陷于痛苦之中而无法自拔；我们是夹杂着泪水来到人间，人生的历程从根本上永远都是悲剧性的，而要离开的时候，就更是悲惨的情形。这里面所带有的某种目的性是明眼人不难看出的。一般来说，在一个人的愿望和渴求达到最炽热之时，命运就以某一极端的方式在这个人的意识和感觉闪现；然后，这个人的人生就获得了一种悲观的倾向。由于这一悲观倾向的缘故，就相对更容易把这个人从那欲望中解放出来——而每一个体的存在就是那一欲望的显现——并把这个人引往与生活分道扬镳、不再留恋这生活及其快乐的方向。事实上，痛苦就是一个净化的过程。在大多数情况下，人只有经过这一净化过程才会神圣化，亦即从生存意欲的苦海中回头。与此说法相映成趣的是，基督教的修身读物是那样经常地探讨十字架和痛苦的益处；而总的说来，把十字架这一痛苦的工具，而不是人们所做出的功德，作为基督教的象征，是相当恰当和贴切的。甚至那犹太教的、但却充满哲学意味的《传道书》，就已经正确地指出：

忧愁更胜喜乐，因为面带愁容，终必使心喜乐。

——《旧约·传道书》：7，3

我所说的希腊词"第二条最好的途径"[1]，是把痛苦在某种程度上说成是美德和圣洁的替代品。但在此，我必须大胆说出这样的话：在仔细考虑所有这些以后，我们所承受的痛苦与我们所做出的功德相比，我们更能寄望凭藉前者得到拯救和解脱。拉马丁[2]在谈论痛苦的《痛苦颂》里，优美表达的正是这一层意思：

你无疑厚待我如天之骄子，

因为你并没有少让我流泪。

好！你给我的，我都接受，

你的痛苦将是我的幸福，

你的叹息将是我的欢乐，

不费吹灰之力，在你的身上，

我感受到某一神圣的美德，

你并不是灵魂的死亡，而是灵魂的生命，

但愿你的臂膀，在拍动时，

能够复元、充满生机。

——拉马丁：《诗歌和宗教的和谐》II，7

所以，如果痛苦已经有着这样的神圣化力量，那比所有痛苦都可怕

---

[1] 参见叔本华《作为意欲和表象的世界》第 1 卷第 68 页。——译者注
[2] 拉马丁（Alphonse Marte Louis de Lamartine，1790—1869）：法国诗人和政治家。他的抒情诗《沉思集》使他成为法国文学中浪漫主义运动的主要人物之一。——译者注

得多的死亡就具备更高程度的神圣化力量了。据此，每当我们看着一个死去了的人，心里所感受到的，就近似于巨大痛苦所迫使我们产生的敬畏之情。事实上，每一个人的死亡都在某种程度上表现为一种神化或者圣化，因此，我们在看着一个人的尸体时——哪怕这个人在生前是多么的微不足道——总免不了某种敬畏之情；甚至可以说——虽然在此这样说听起来有点古怪——在每一个尸体面前，我们都会像持枪立正的士兵一样肃立。死亡的确可被视为生活的真正目的：在死亡的瞬间，一切都有了个定夺，而之前的整个一生只是为此定夺做着准备工夫而已。死亡就是生命的成果、生命的概要。或者这样说吧：死亡把一生中个别、零星透露出来的教训集中起来，一下子就全表达了。也就是说，死亡表达了这一真理：这整个努力和争取——其现象就是这一生存——就是徒劳、空虚和自相矛盾的，从此回头就是一种解救和解脱。就像植物整体的、缓慢的生长与其果实的关系一样——那果实一下子就百倍地做出了之前逐渐和一点一点做着准备的事情——人的一生，连带其艰难挫折、希望破灭、功败垂成和接连不断的痛苦，与那一下子就破坏了人们所渴望的一切、使在生命中获得的教训达到极致的死亡，也是同样的关系。即将走向死亡的人，对已经走完的一生所作的回顾，对那客体化在这垂死之人身上的整个意欲所发挥的作用，就类似于动因对一个人的行为所发挥的作用。也就是说，对自己这一生的回顾，为客体化的意欲（这一垂死之人）提供了一个新的方向，因此是这一生的道德和本质结果。正因为突发的死亡使我们不可能进行这种回顾，所以，教会把突发的死亡视为一大不幸。人们也祈祷避免这一不幸。因为这种对以往的回顾，就跟对死亡的准确预见一样，既然是以理性为条件，那就只有人，而不是动物才可以做到；也正因为这样，只有人才真正是饮尽死亡这杯苦酒，所以，只有到了人这一级别，意欲才会否定自身和完全从生活中回头。如果意欲并不否定自身，那对于这意欲而言，每一次的诞生都给这意欲带来了新的和不同的智力，一直到这意欲认出生存的真正本质并因此不再意欲生存为止。

　　随着自然规律的发展，一个人到了老年，身体的衰败是与意欲的衰败同步的。追求快感的欲望轻易地随着享受快感的能力的消失而消失。最激烈意欲活动的理由、意欲的焦点（亦即性欲）首先逐渐减弱和消失。这样，人就好像回复到那在生殖系统还没有发育之前的无邪状态。人那头脑中的错觉、那种能把种种空想幻变成最诱人好处的倾向消失无踪了，取而代之的是认识到：在这世间，所有好处其实都是虚无飘渺的。自私自利让位给了对孩子的爱；这样，人就已经开始更多地活在别人而不是自己的"我"里面，而自己的"我"很快也就不再存在了。这种合乎自然规律的进展起码是合乎我们心意的：这也就是意欲的安乐死。婆罗门就是为了能有这样的结局，在度过了最好的年月以后，听从吩咐放弃自己的财产和家庭，过上隐居者的生活（《摩奴法典》B，6）。如果事情并不是这样发展，如果在享受快感的能力消失以后，贪欲仍苟延残喘，如果我们现在为那些个别错过了的快感享受而痛感懊悔，而不是看穿所谓快乐的空洞和虚无的本质；如果这时候，那些我们已经无福消受的东西让位给金钱这一所有快乐之物的抽象代表，并且从此以后，这一抽象代表就跟过去那些能带来真正快感享受之物一样，一如既往地刺激起我们的情欲；也就是说，现在，在感官意识衰弱了以后，对一样没有生命的，但却不可毁灭的东西，我们又有了同样不可毁灭的贪欲；或者在这时候，如果那只是在别人心目中的存在取代了在现实世界中的存在和活动，并点燃起了同等的激情——那么，意欲就已升华和精神化为吝啬和沽名钓誉。这样的话，意欲就退守在这最后的堡垒以负隅顽抗，直至与死神同归于尽。生存的目的也就没有得到实现。

　　所有这些思考都为"净化"、"意欲掉转方向"、"解救"等提供了更进一步的解释，这些"净化"、"意欲掉转方向"、"解救"，亦即希腊词所说的"第二条最好的途径"，是由生活中的痛苦所引致，并且这一净化的途径毫无疑问是最常见的。这是因为罪人们所采用的途径，而我们

242

都是罪人。另一条通往同一个目标的途径，则纯粹是通过认识整个世界的痛苦，并把这些痛苦化为自己的痛苦。这是天之骄子、圣者所走的狭窄路径，是稀有的例外。所以，如果没有那"第二条最好的途径"，对于大多数人来说，解救就是没有希望的了。但我们却抗拒踏上这一条道路，竭尽全力要为自己准备和安排安全、愉快的生存——这样，我们也就把我们的意欲与生活牢牢地锁在了一起。禁欲者的做法却与此恰恰相反：他们有目的地使自己的生活尽可能的贫困、艰难和缺少欢乐，因为这些禁欲者有着自己的目标，那就是最终的和真正的幸福。但是，在照顾好我们的问题上，命运和事情的发展却比我们自己懂得更多，因为命运和事情的发展处处挫败了我们要过上童话故事中那种极乐乡生活的企图和努力——我们这种幻想愚蠢至极，从这种生活的短暂、不确切和最后以痛苦、怨恨的死亡告终，就已经可以清楚看出这一点。同时，命运和事情的发展在我们的前路上铺满荆棘，到处让我们面对的都是有益的痛苦——这一治愈我们愤恼和悲伤的万应灵药。我们的生活之所以具有某种奇异的和双重涵义的特性，的确就是因为在生活中，两个彼此完全相反的根本目标总是相交在一起。一个目标是个体意欲的，那是着眼于在这转瞬即逝、如梦如幻、带欺骗性的存在中谋取虚幻的幸福；在这一存在中，那些过去了的幸福与不幸，都成了无关重要的事情，而现在却每时每刻都在变成过去。另一个目标是命运的，那是明显要破坏我们的幸福并以此取消我们的意欲、消除把我们与这一世上的桎梏拴牢在一起的那些幻象。

目前这一流行的，特别具新教意味的观点，亦即认为生存的目的惟一和直接就在于道德的优点，亦即在于实施公正和仁爱，其欠缺和不足通过下面这一事实就已经暴露出来了：在人与人之间，我们所能见到的真正和纯粹的道德简直少得可怜。我根本不想谈论那些更高一级的美德，诸如高尚、慷慨、宽容、自我牺牲，等等，因为这些东西只是人们在戏剧和小说里才可看到。我只想说一说每一个人都有义务做出的美德。谁要是活到了一把年纪，那他尽管回顾一下：在与自己打过交道的人里面，到底有多少个是的确和真正诚实的？直率地说，难道不是绝大多数的人都是与诚实恰恰相反吗？难道他们不是只要别人对其诡诈或者只是对其不真实稍有怀疑，就不知羞耻地暴跳如雷？难道卑鄙的自私自利、永不厌足的金钱欲、隐藏得天衣无缝的欺骗行为，还有那带毒的嫉妒、魔鬼般的幸灾乐祸，这些东西不是已成生活的惯例，真有极少数的例外情形就能引起人们的敬佩？至于仁爱，除了把自己多余的、再也不会想起和需要的东西，作为礼物给予别人以外，如果还能扩展至更远的范围，那又是多么的绝无仅有！存在的全部目的难道就在于诸如此类极其少见的微弱道德痕迹？如果我们认为存在的目的就在于借助苦难，让我们这一本质完全掉个头来，那事情看上去大不一样了，并且就与我们眼前所见的事实互相吻合了。这样，生活就表现为一个净化的过程，那起净化作用的碱液就是苦痛。一旦这一净化过程完成以后，那在此之前的卑劣和不道德就作为炉渣遗留下来，而《吠陀》中所说的情形也就出现了：

（谁要是一睹至高、至深的道理，）心结尽开，疑虑尽释，所做的一切尽成泡影。

与此观点相吻合的，还有埃哈特大师的颇值一读的第 15 篇布道。

图书在版编目(CIP)数据

叔本华论道德与自由/(德)叔本华
(Arthur Schopenhauer)著;韦启昌译. —4版. —上
海:上海人民出版社,2018
ISBN 978 - 7 - 208 - 14897 - 0

Ⅰ. ①叔… Ⅱ. ①叔… ②韦… Ⅲ. ①叔本华
(Schopenhauer,Arthur 1788—1860)-伦理学-研究 Ⅳ.
①B516.41

中国版本图书馆 CIP 数据核字(2017)第 287946 号

责任编辑 任俊萍
封面设计 南房间

叔本华论道德与自由
[德]叔本华 著
韦启昌 译

出　　版　上海人民出版社
　　　　　(201101　上海市闵行区号景路 159 弄 C 座)
发　　行　上海人民出版社发行中心
印　　刷　常熟市新骅印刷有限公司
开　　本　635×965　1/16
印　　张　16.5
插　　页　4
字　　数　215,000
版　　次　2018 年 5 月第 4 版
印　　次　2022 年 6 月第 4 次印刷
ISBN 978 - 7 - 208 - 14897 - 0/B · 1306
定　　价　49.00 元